CHINA WIND
Jiangnan Culture
江南文化

主编 刘士林 洛秦

江南文化的诗性阐释

刘士林 编著

上海音乐学院出版社

西洲在何处,两桨桥头渡。

想好好地做一点江南的书,这个愿望实在是不算短了。

每登清凉山,临紫霞湖,看梅花山的灿烂云锦,听秦淮河的市井喧阗,这种想法就会更加难以抑制……更不要说在扬州瘦西湖看船娘腰肢轻摇起满湖涟漪、在苏州的网师园听艺人朱唇轻吐"月落乌啼霜满天",以及在杭州的断桥边遥想许多已风流云散的"三生石上旧精魂"了。这是一片特别容易招惹起闲情、逸致甚至是几分荒凉心的土地,随便一处破败不堪的庭院,也许就是旧时钟鸣鼎食的王谢之家,而山头上一座很不起眼的小小坟茔,也许深埋的就是曾惊天动地的一泓碧血……而在江南生活的所有诗性细节之中,最令人消受不起的当然要算是还乡感了。特别是在明月之夜、风雨之夕的时候,偶尔走进一个陌生的水乡小镇,它一定会勾起那种"少小离家老大回"的人生沧桑。在这种心情和景物的诱惑下,一个旅人会很容易陷入到一种美丽的幻觉中,搞不清楚此时此刻的他和刚才还在红尘中劳心苦形的那个自我,谁的存在更真实一些,谁的音容笑貌更亲切温柔一些……

然而,毕竟是青山遮不住逝水,一如江南佳丽总是难免于"一朝春残红颜老"的命运,像这样的一种诗性江南在滚滚红尘中的花果飘零,也仿佛是在前生就已签下的悲哀契约。而对于那些生逢其时的匆匆过客们,那交集的百感也不是诗人一句"欲说还休"就可以了断的。一方面是"夜深还过女墙来"的旧时明月,另一方面却是"重过阊门万事非"的江边看月之人;一方面是街头桂花的叫卖声、桂花酒酿的梆子声声声依旧,另一方面却是少年时代的长干、横塘和南浦却早已不可复闻;一方面是黄梅时节的细雨、青草池塘的蛙鼓依然如约而来,另一方面却是采莲、浣纱和晴耕雨读的人们早已"不知何处去";一方面是在春秋时序中的莼菜、鲈鱼、荸荠和慈姑仍会历历在目,另一方面在夕阳之后却再也没有了夜唱蔡中郎的嗓音嘶哑的说书艺人,还有那良辰美景中的旧时院落,风雨黄昏中的客舟孤侣,浅斟低唱的小红与萧娘,春天郊原上的颜色与深秋庭院中的画烛,以及在江南大地上所有曾鲜活过的一切有声、有形、有色、有味的事物。如果它们的存在不能上升到永恒,那么还有什么东西更值得世人保存呢?对于这个世界上存在的万物来说,还是苏东坡的《前赤壁赋》说得好:"盖将自其变者而观之,则天地曾不能以一瞬;自其不变者而观之,则物与我皆无尽也。"而对于一切已经丧失物质躯壳的往昔事物,它们的存在和澄明当然只能依靠语言和声音来维系。用一种现代性的中国话语去建构一个有生命的古典人文江南,就是勉励我们策划"江南话语"并将之付诸实践的最高理念和实践力量。就像东山魁夷在大自然中写生时的情况一样,漫步在美丽的江南大地上,我们也总是会听到一种"快把我表现出来"的悲哀请求。而有时这种柔弱的请求会严厉得如同一道至高无上的命令,这正是我们必须放弃许多其他事务而首先做这样一件事情的根源。

记得黑格尔曾说古希腊是"整个欧洲人的精神家园",而美丽的江南无疑可以看作中华民族灵魂的乡关。尽管正在人们注目中的这个湿润世界,已经更多地被归入历史的和怀旧的对象,但由于说话人本身是活的、正在呼吸着的生命,因而在他们的叙事中也会有一种在其他话语空间中不易见到的现代人文意义。让江南永远是她自身,让江南在话语之中穿越时光和空间,成为中华民族生活中一个永恒的精神家园,这就是《江南话语》希望达到的目标和坚持不懈的人文理想。

2003年7月7日于南京白云园

目 录

绪篇 闻歌始觉有人来

桂楫兰桡浮碧水，江花玉面两相似，莲疏藕折香风起。香风起，白日低，采莲曲使君迷。

壹 《采莲曲》与语言本体论

荷叶罗裙一色裁,芙蓉向脸两边开。

乱入花中看不见,闻歌始觉有人来。

（王昌龄《采莲曲》）

还有什么比采莲的细节更能使人作江南地际真人之想呢?青青罗裙,芙蓉如面,扁舟轻唱,水碧于天……但是且慢,当你想更接近这采莲人的江南看个仔细明白时,则正如古代诗人曾经遭遇的那种尴尬,那个有着最动人的音容的对象却倏而不见了。有些灰心与失望么?但是再且慢一步,当你正准备放弃那似乎不可能真实的美丽时,一阵缥缈的歌声又从芦花荻叶深处传来,那眼中刚刚消失的一切仿佛正凌波而至……

在此之所以把《采莲曲》特别提出来,绝不仅仅是由于诗本身具有很高的审美鉴赏价值;在其中还包含着一个更为基本的深层语法结构,而且它恰好可以用来充当江南文化的解读与阐释语境。也可以说,在《采莲曲》中深藏不露的是一个中国文化中特有的语言本体论。它与江南文化在阐释语境上的隐喻关系主要有三:一是如同"荷叶罗裙"与"芙蓉如面"的采莲人一样,江南文化本身就是中国民族古典美和诗意生活的最高代表。二是如同诗中"乱入花中看不见"一句所象征的,在现代文明的苦难历程中,不仅"江南可采莲"的地方早已无莲可采,从小唱惯采莲曲的吴侬软语者也已是"曲终人不见"了。而最重要的是第三个方面,在今天还能不能再现出"闻歌始觉有人来"的动人场景。大凡一种美丽事物的消失,都会刺激人们已衰退的神话思维、诗性智慧或审美想象力,对于精神日趋赤贫的当代人当然更是如此。因而比以往任何时候都需要提出的追问则是:在那"有三秋桂子,十里荷花"的乡邦风土中,那"芙蓉如面柳如眉"与"骚客遥驻木兰舟"的旧时人物,还能不能像一次短暂的出门远行那样如约归来?我想,这大概就是关于江南文化最重要的现代性问题吧。

如果说,乱入花丛的采莲人正是凭借她们独特的歌唱,才使已消失于湖面的自身重新进入了澄明之中,那么仿此也可以说,在现代世界的喧嚣声中正在沉入黑暗的古典江南能否重见光明,关键则在于如何才能建构出一种可以在现代条件下指称自身、表象自身、自己让自己出场的江南话语。也可以说,只要有了这个现代性的江南话语,那么已经在现代世界中隐匿起来的古典江南文化及其精神，则同样会以一种"闻歌始觉有人来"的方式完成它的还乡之旅。正是因为这个更深层的原因，在《采莲曲》中"目击而道存"的中国诗性智慧，与以晦涩艰深著称的现代西方分析哲学的语言本体论，才有可能出现一回"相视而笑，莫逆于心"的上乘交流境界。

一种声音，一种话语就可以使江南复活？这是许多人难免要提出的质疑。一方面，由于这里的江南在内涵上过于含混，因而要解开这个语义的疑团是十分困难的；但另一方面，如果不对古典江南的现代困境有一个积

《新道德主义》书影

极的回应，那么它将会如同一条懒婆娘的裹脚永远纠缠着当代人诗意的跋涉。这也是我们为什么对此放弃庄子的"不可与言"，而要借助现代西方语言哲学这个并不顺手的逻辑工具来应战的道理。要运用语言本体论的新工具，多少要理解一点西方20世纪哲学的"语言学转向"。或者进一步说要了解它与实践本体论的差异。简而言之，如果说后者的要义在于"存在决定意识"，把语言符号看作是对客观事物的反映；那么前者的精华则在于"语言决定世界"，即一个对象是否有意义并不在于它的客观存在，关键是人们是否可以建构出一种直接再现和描述它的存在的元叙事。这是两种很不相同的理解和观察世界的哲学视角，对它们的相互关系，我曾作过如下的通俗阐释：

对于任何进入现代人理论视野的对象，都同时存在着两种很不相同的考察方法。一种是直接与存在本身打交道的实践本体论，另一种则是以再现着存在本身的符号系统为对象的语言本体论。打一个比方说，前者有点像以"内容"为中心的传统小说理论，因而一个故事的时间、地点、人物和情节等，也就成为实践本体论特别看重的考察对象。而后者则类似于特别

注意"形式本体"的现代叙事学，因而那种直接决定着如何叙述"生活"（存在）的深层语法结构，才是语言本体论中最重要的研究对象。……尽管用两种不同的方法可能得出完全不同的结果，但由于存在本身只能通过话语才能显现出来，由于人的感性实践只有转换为意识的对象才能被把握和理解，所以决定着话语如何表达存在以及思维如何组织感觉的语言本体论也就具有了更重要的意义。（《新道德主义》自叙）

这当然是两种很不相同的哲学本体论，如果说它们各有各自的道理及相应的势力范围，那么由此可知，当我们说"有了江南话语就有江南的存在"时，它的哲学基础正是植根于以语言事实（而非物质存在）的语言本体论之中。

如果说即使最简单的哲学分析仍难以理解，那么让我们还是回到中国诗性智慧语境中去吧。例如在《采莲曲》中的采莲人，她们被隐匿的存在就是通过她们的歌唱重新出场的。如果不是采莲人有一种指称自身的"采莲曲"，那么很显然谁也不可能知道在湖面深处还会有那样美丽的生命。其实当然不限于采莲女，在由符号和声音编码而成的文化世界中，每一个对

象都只能借助"语言之光"的照耀才能显现自身。也可以把语言本体论的精华简化为这样两个基本原则：有了声音，才有存在；有什么样的声音，就有什么样的存在。在这里我还想到另一首十分感人的唐诗：

故国三千里，深宫二十年。
一声何满子，双泪落君前。

（张祜《宫词二首》其一）

要是没有"何满子"那样一种据说是"一曲四调歌八叠，从头便是断肠声"（白居易《何满子》）的声音符号，谁还可能了解到那个在历史长河中早已湮没无闻的宫女的存在和悲哀呢？由此可知，语言本体论是一种更为基础的生命本体论，人的一切生存活动都是由语言机能以及决定着话语活动的深层语法结构决定的。这大概也是海德格尔说"语言是存在之家"的原因吧。对此可以再略加引申，尽管没有物质躯壳就不可能有人生的一切，但正如人们常常把人的肉身称作"臭皮囊"一样，对于有文化理想、特别是审美需要的精神生命来说，由于他生活经验的陈述、记录、反思都需要借助语言工具，尤其是他生命中最重要与最真实的需要只有通过声音才能表达，这也就是我一再强调"语言本

体论更重要"的原因。其实，这种意识并不完全属于西方人，中国民族很早就通过诗性直观把握了这种经验。如许慎《说文解字》释"名"："从口从夕，夕者，冥也。冥不相见，故以口自名。"它已经隐约地表明了一个事物的存在完全是可以用一种"声音"（"名"）决定的。而先秦儒家等之所以非常看重"正名"，也是因为焦虑地意识到语言符号和实体存在的巨大差异。尽管由于他们的思维方式更多地局限在诗性直观中，而不能把这其中的原委讲得更清楚一些。

特别是在众声喧哗的当代条件下，如果没有一点自觉的语言本体论意识，那么人们不仅很难在世界之中

南曲总集《南歙萃雅》
江南话语在文学中的成熟

把握住他真实的存在，而且也很难了解到自己的需要和利益是如何被剽窃和出卖的。有时我经常会跟朋友发感慨：一种像语言哲学这样的晦涩的东西会产生影响，不是因为西方人吃饱了撑得没事干，而是因为它代表了一种真正有力量的当代理性精神。这个问题绕了半天，可以归结为一点，就是语言本体论对于中国文明在现代世界中出场的重要性。如果说，这一点纯是由于中国文明所处的文化殖民语境所造成，那么由此在逻辑上稍加延伸则是，对于本就在中国文化中处于话语边缘的江南文化来说，要想按照它的本来面目在当代世界中澄明出来一种关于江南话语的语言本体论意识，则是它惟一的桥梁。

正如古代诗人根据歌声可以判断采莲人的出没一样，当代人与那个正在走向遮蔽的人文江南的远近与亲疏，也完全系于我们是否可以找到一条直达江南烟水深处的话语扁舟。

贰　江南话语的
语言基础

如前所述，在当代世界的话语空间中，江南话语实际上面临的是来自内外的双重围困：一方面是中国话语在全球化语境中所遭遇的"失语"与"假唱"现状。另一方面则是基本上属于审美层面的江南话语体系，在以政治伦理为中心内容的北方主流话语中受"压迫"与被"异化"的历史。但与"攘外必先安内"的现代政治策略不同，由于西方霸权话语的兵临城下，所以"一致对外"、从当代的众声喧哗中清理出"中国的声音"，才应该成为我们必须先行完成的工作。另一方面，由于中国话语是江南话语的前提，所以这个工作本身也可以为江南话语的现代阐释打扫出一个干净、纯粹的中国语言基础。

从语言本体论上讲，中国的存在当然要靠一种中国的声音。我把这种中国的声音称作中国话语。这也许可以说是中国人文知识分子的一个痼疾吧，总是喜欢在自己的专业知识同天下兴亡之间找一点联系。但在当代世界中西方话语横扫千军以及第三世界人民只能"闭口作哑羊"之际，像这样的人文忧患也绝不能被视作是一种杞人之忧。自几年前初步意识到"语言决定世界"之后，我就开始了关于中国话语的阐释与批判工作，并在苏州举办了一个小型学术讨论会，这里把会议纪要附上，其中思考也罢，忧患也好，在当代学术的喧哗与骚动中，也许不乏一些有价值的东西。

中国文化语境中的人文知识分子话语
——苏州会议纪要

由济南出版社主办的"中国文化语境中的人文知识分子话语"学术讨论会于2001年5月28日至30日在古城苏州东吴饭店举行。本次会议设计为同仁性质的小型学术讨论,来自北京、南京、济南、石家庄等地的同仁出席了此次活动。

提出"中国文化语境中的人文知

钱松喦 《江南春》
寻常中追求的诗意生活

识分子话语"进行讨论的现实原因在于:建立在西方文化叙事基础上当代人文知识分子话语,由于脱离了中国民族固有的进行交流和对话的文化语境,所以不仅越来越无法被广大的汉语听众所接受和解读,而且正在越来越严重地剥夺着中国民族再现历史、表现时代与想象未来的可能。而一个民族如果只能借助于其他民族的语法与话语才能组织和表达自身的经验与生活,那就永远不可能使自身在现代世界中的存在获得真实而完整的再现。

本次学术会议重点讨论并在"什么是中国文化语境"以及"何谓人文知识分子话语"等问题上达成了如下共识:(1)从共时性角度讲,中国文化语境的基本内涵应该从它与西方文化语境的区别中加以挖掘。只有坚持这个重建中国文化叙事的第一原则,才能为再现和整理中国民族的现代经验提供一个具有合法性的深层话语结构。(2)从历时性角度讲,对中国文化语境的阐释要特别注意它同中国现代文化叙事的差异,这主要是因为后者基本上是按照西方文化叙事复制出来的一种音义系统,而人文知识分子也很难运用这个语境把中国民族真正的感受、需要与现实存在澄明出来。(3)从当代"滔滔者天下皆是也"的话语狂欢现场看,对中国文化语境

倪瓒 《枫落吴江图》

实的话语方式，才是人文知识分子迫切需要，同时又可以解决当下严重失语和充满表述危机的中国文化语境。（4）从话语类型角度讲，人文知识分子话语的本体内涵主要应从它与政治知识分子的"语音差异"来阐释，两者关心一在文化一在现实利益，因而文化符号在他们手中承担着完全不同的叙事功能。（5）从当代话语的空间分布角度讲，主要可以划分为主流话语、反主流话语和非主流话语。其中政治知识分子讲的基本上都属于主流话语和反主流话语，它们所陈述的只是负载着某种"意识形态使命"的现实欲望，非主流话语则是那种始终被这两种话语形态压抑着的一种"声音"，在这种边缘空间中它为中国民族中的个体再现自身提供了话语空间。（6）在这个意义上，只有非主流话语才可以称得上是人文知识分子以文化身份出场时必需的文化符号，它在本质上是一种接触着感性现实，再现着生命经验和表达着精神意义的话语方式。

从逻辑上讲，"中国文化语境中的人文知识分子话语"，是一种永远不可能被其他语言瓜分与据为己有的存在本身。然而另一方面，只有这个话语空间本身获得澄明，才能为中国民族在当代世界中再现自身提供一种语言本体论。在这个话语空间中，中国

这个概念本身有必要进行一种"量的阐释"。由于实际上既不可能有一种完全与西方文化语境无关，也不存在一种与中国文化失去所有联系的话语方式，所以必须在"量的分析"基础上对当代各种话语系统进行谱系分析，只有那种在"量"的意义上最大限度地反映和再现了中国本土经验和现

文化语境与人文知识分子话语是一种鱼水关系。只有捍卫了文化语境本身在结构上的完整独立，才能使人文知识分子话语获得有尊严的意义；另一方面，只有人文知识分子话语本身越来越纯净和清晰，中国文化语境才能在现代世界中获得感性的光辉。如果说，20世纪的中国文化最根本的变革在于建立了西方话语的合法性，那么，21世纪中国新文化运动的开篇就应该从恢复中国文化语境开始。只有解决了中国文化语境中的人文知识分子话语问题，才能为中国民族的"发言"和陈述提供一个"本体论承诺"，它是这个民族的"声音"能够被接受、被解读和赋予意义的先验前提，也是中国文化精神和中国人文知识分子走向新生的现实土壤。（原载《学术界》2001年第5期）

中国话语在20世纪一百年中形成的现代困境，当然不是很容易就可以冰雪消融的。然而在一切悲剧中最悲哀的却莫过于，由于西方现代话语的心智启蒙和后现代话语的物质诱惑，许多承担着思想职责的大脑对此已不再产生任何自觉意识。这也是我一再强调要对中国百年来思想学术进行先验批判的原因，如果不能首先从中国主体结构中清理出一个关于中国话语的内在观念，——这个中国社会再生产的主体基础，则正如设计图纸出了问题，再努力的工作又有什么稍微长久一点的价值呢？由于这个原因，在我读到杨海文关于"中国方式"、杭间关于"本土的知识体系"的文字后，当时心情和思维的复杂真是难以言表的，因为它们印证了在不同的学术领域中都有一种"中国话语"意识在悄然觉醒。这里将杨海文先生的文章附上，它无论在思想情感还是在语言上，可以说都是非常中国化的。

哲学需要关怀，中国哲学更需要关怀

我以学生的身份，摸过长达六年的中国古典哲学，终于慢慢明白：与其说一种叫做"中国古典哲学"的东西，残存在甲骨文、竹简、帛书、写卷、刻本的字里行间，不如说它鲜活地流淌在我们祖先孱弱而又坚强的心灵里。

将六年的光阴打发在一门根本就不实用的知识上，这样的人今天已经越来越少了。如果事情仅仅如此，也许并不要紧，问题来自我的许多同龄朋友。他们充满着弥足珍贵的哲学兴趣和人文关怀，但并不相信中国古人有自己的哲学。即使以为有，也认为中国古典哲学无法与舶来的西方哲学相提并论。

没有见过私塾先生和书院山长，

没有在他们的呵斥和杖打下，摇晃着脑袋，背过《三字经》《百家姓》《千字文》《千家诗》和四书五经，我们这代人是从汉语拼音、形式逻辑出发，变得慢慢有些知识的。我们这代人的知识，其实大多属于"引进项目"。电视、互联网，以及车天车地什么的，都是从国外引进，在国内开花的。被我们这代人愿意称为"哲学"的东西，何尝不是这样呢?!

西方古典的、现代的哲学，已经深植于我们许多人的思维与交谈之中。因此，像我这样一个中国古典哲学的科班，难免经常与同龄人商榷。说是商榷，于我则多多少少是在为中国古典哲学申辩。我期盼祖先留下的这笔财富，今天不致被人们当做垃圾扔掉。

我们每个人都有自己的故乡。这个故乡是血缘的，母亲在那里生育了我们。那里的山水与风情，给了我们幼小的心灵最直接、最有力的沐浴。然后我们离开了故乡，一段并不短暂的流浪岁月伴随着我们，从一个城市到另一个城市，或求学，或谋职。在流浪中，我们被社会化，"成熟"渐渐地在我们的眉宇间闪烁。肯定有那么一天，我们终于定居了，大多数人又总

杨海文

是定居在一个远离故乡的地方。

我是一个吃红薯饭长大的农村孩子，现在似乎体面地生活在一座很大的都市里。越来越高、越来越密的楼房，越来越挡住了蓝天碧云，但现代性的都市，也越来越唤醒着一个农村孩子对故乡的怀想。

在都市生活得越久，我就越怀念江南那个自己生活了十七年的小村。她有一个很诗意的名字——菖蒲塘，虽然那里好像从来没有生长过菖蒲，一种有香气的水生草本植物。举头望明月，低头思故乡。我常常在都市的喧嚣中，祭奠着我的故乡，乡愁使我一次次在孤立无援的时刻，变得温情而又充实。

然而，一个来自农村的孩子的乡愁，毕竟是复杂的。城市的文明有着降服所有农村孩子的魔力，我热爱这样的文明，我崇尚城市的生活方式和价值观。即使标准的城市生活只是一种昼夜被电灯操纵、季节被空调机控制、山水正在进入画框和阳台盆景的生活，你让我重新回到故乡扎根，我也绝对不会干。年轻的时候，我还不是一只思归的倦鸟。

就这样，乡愁对于城市化了的农村孩子来说，多少有些空洞、虚伪。不过，偶尔回家一趟，可以使空洞变得具体、使虚伪变得真实。衣锦还乡，一介书生是做不到的，但这并不妨碍父老乡亲以烈性酒、浓茶和低廉的纸烟款待我。款待简单而又隆重，我无法不在父老乡亲的瞳孔里读到一种纯朴。

——一种在都市生活中越来越被隐藏起来的纯朴，一种只有还尚未被"现代"完全征服的人才会有的纯朴。这种纯朴发自内心，她是一种心灵的纯朴。

我的同龄朋友，大多也是在"黑色七月"，幸运地跳出农门的。当他们体验了一番农村孩子特有的乡愁后，往往一下子猜中了我会用什么来比喻越来越被遗忘着的中国古典哲学。

许多比喻往往是蹩脚的，我的这个比喻大概也不例外，但我还是认为，中国古典哲学类似一个城市化了的农村孩子内心里不断涌动着的乡愁。她属于今天现代化进程中的一个民族，她是我们民族内心深处的精神故乡。

我相信，我们久远的祖先，肯定不知道古希腊哲学家的理论野心，和他们深邃的哲学思辨。即使明朝末年以来西学东渐的步子越迈越快，他们也未必知道古希腊哲学催生了文艺复兴，文艺复兴又塑造了博大精深的德国古典哲学。即使知道了这些，他们也不至于像我们这代人对待尼采、海德格尔、维特根斯坦一样，以为外国的哲学就好，中国的哲学就不好。

我相信，我们的祖先有了文化以后，也会雄心勃勃地干一番事业，立德、立功、立言，于是也就会滋生烦恼和孤独。他们也会像我们，去选择一种东西疗治自己的精神病症。

是的，对于我们的祖先来说，哲学正是一种需要，尽管在《文渊阁四库全书》里，找不出"哲学"这个词。这个词像"干部"一样，是日本人的创造。19世纪，日本最早的西方哲学传播者西周，在《百一新论》中，首次用"哲学"二字，表述源于古希腊罗马的西方哲学学说。稍后，晚清有名的旅日诗人、学者黄遵宪，将这一表述介绍到了中国。就这样，今天它成了汉语言世界的习惯用法。我们的祖先不说"哲学"这个词，但他们凭借着哲学，认识了自己，完成了人生，为一个民族营造了精神的故乡。

中华民族没有中国古典哲学的支撑，也许很难走过如此漫长的历程。任何一个有着悠久历史的民族，如果她的文化里少了哲学，绝对是很难想象的。哲学是任何一种文化的精髓，哲学是任何一个民族的灵魂。

这个比喻未必说服了与我商榷的朋友，然而，我的朋友们毕竟变得伤感起来。伤感倾泻在朋友们的脸上，怎么会没有缘由呢？

作为远离了父母的儿女，浓郁的

《心灵之邀》扉页
最难放舍的是心灵的归乡感

乡愁时常煎熬着他们的柔情，但他们并不可能完全、真正地回归故里。因为都市文明，已经实实在在地改造了他们的乡音、服饰和观念。这是一种矛盾，他们不能不在这种心态中伤感。

为什么不迅即打点行囊，回家一趟呢？我的朋友正是这样做的。此刻我要告诉我的朋友，对待中国古典哲学，也该这样做。

我的朋友大都奋斗得很艰难。西方哲人的智慧的确一次次地抚平过他们，但他们毕竟生活在中国。一个中国孩子的苦楚不是无缘无故的，至少它与中国的许多东西有关。既然如此，偶尔以中国的方式排解自己的心痛，也许并非没有必要。

像我们的祖先那样携着中国古典哲学的拐杖，蹒跚地走尽崎岖坎坷的生命历程，最后靠近宁静怡和的心灵港湾，——这就是我此刻和往后将反复诉说的"中国方式"。

（选自杨海文《心灵之邀——中国古典哲学漫笔》，安徽文艺出版社2000年版）

当然，这样一种中国话语意识和努力的热情，绝不是为了"木匠做枷枷木匠"，或者在话语战线上作"拒敌于国门之外"的花岗岩梦想；而是说只在先有了"区别东西"这个主体意识基础之后，才可以真正地从中国的土地上挖掘出一些值钱的东西。退一步说，即使仅仅是要为祖国一切有感情的东西作辩护，那也只有首先获得这样一种严肃的逻辑基础，才不至于使辩护成为一种吵闹乃至无理取闹。

还有一点必须申明的是，我们所说的中国话语，与现代中国的西方话语，以及现代中国的保守主义话语的根本区别。这种区别在我看来是一种真正的二元对立和两种实质上的一元论的不同。无论是全盘西化者还是顽

陆冶 《村居不事图册》

固的保守主义者，尽管它们都是在中西文明对立与交流的二元语境中出现的，但从其最终结果看，如果不是完全倒向西方就是彻底回归了本土，所以说它们在本质上都是一种一元论的独断论。在这样一种话语的独断论当中，所遮蔽的正是真正的中国的声音。再进一步，如果说全盘西化者出卖的是从古到今的全部中国话语资源，那么顽固的保守主义则牺牲了中国话语的现代性内涵。在这个意义上讲，真正的中国话语应该是一种正在孕育、建构中的现代性声音，而它的主要任务则是对在当代登陆的西方话语予以阐释与批判。一种最理想的中国话语在逻辑上的条件应该是：当一个西方话语者操着异域口音来"发现"和"建造"中国时，真正的中国话语者一定不仅可以把真实的中国再现出来，而且还可以从话语理论上讲清楚为什么西方叙事讲的不是那么一回事。中国经验一定要通过中国话语才能得到真实的再现，这是中国话语自身存在的全部语言学根据与历史社会基础。正是因为它所负担的这样一种特殊的职责与使命，才使得貌似保守的中国话语获得了在当代最高度的现代性内涵。

如果说，包括江南文化在内的整个中国文明，能否在现代世界中真实地出场，关键在于是否可以有一种语言本体论，那么由此也就可以得出这样一个结论：中国话语就是江南话语以及在这种话语中才能真正出场的江南文化的语言基础与本体承诺。

叁 "欸乃一声山水绿"

孟子有言："牛山之木尝美矣，以其郊于大国也，斧斤伐之，可以为美乎？"

（《告子上》）

用它来比喻江南文化在中国的历史命运，也是极其恰当的。只需要把"大国"换作以北方意识形态为中心的中国文明，把"斧斤"引申为以儒家伦理思想为主流的中国古典话语

永远进入不了政治中心的江南话语，同样被江南文人所淡漠

就可以了。而只要稍微了解一点历代大权在握的中国士大夫，甚至是那些"利刃不在掌"的道德斗士们，对山青水秀、明眸皓齿的江南所作的种种口诛笔伐，也就不难知道其中的秘密了。当然，与齐国那些只知道"坎坎伐檀"的樵夫不同，从语言本体论的角度讲，江南文化完全是被充满暴力的北方话语搞得面目全非的。如果说要恢复牛山之美就必须停止滥砍滥伐，那么要重建中国民族独一无二的诗性江南，则需要对各种传统的江南叙事进行语言谱系分析。这是一方面清理各种非法叙述和有意误读，以及另一方面建构真正属于江南自身的话语体系的前提。

对于传统的中国话语来说，主要有两种声音谱系，其一是作为中国话语中心的北方伦理谱系，其二则是以中国话语边缘形态存在的江南审美叙事。尽管由于中国文化、人种、地域、个体等差异，有时会出现所谓的"南人北相"或"北人南相"的倒错，但用"北方伦理"、"江南审美"这个二元叙事来编制一份中国历史文化地图，大体上是可以成立的。这是一个由于地理差异导致的中国文化元叙事。其他如中国哲学的儒与道、中国诗学的"言志"与"缘情"、中国散文的古文与小品、中国词学的豪放派与婉约派等

一系列二元对立的微型叙事，可以说都是根据这个母体复制出来的。

这里存在着一种家族类似性。如同中国话语在当代世界语言地图中属于弱势群体一样，江南话语在中国一直扮演的也是一种被污辱与被损害的角色。如果说其间还有什么不同，那么西方话语与北方话语则只有理性语言与伦理语言之差异。而它们对西方人讲的审美精神、中国民族的诗性智慧之敌视则是殊途同归的。在伦理语言洋洋乎盈耳的中国历史上，由于

归梦湖边，还迷镜中路。可怜千点吴霜，寒消不尽，又相对落梅如雨

"声音之道与政通"这个儒家的深层话语结构，所以美丽而富于情感表现的南音始终只能是一种边缘性的存在。这里可以举一个小小的历史细节，据说民族英雄文天祥被俘后被解往大都，"闻军中之歌阿剌来者，惊而问曰：'此何声也？'众曰：'起于朔方，乃我朝之歌也。'文山曰：'此正黄钟之音，南人不复兴矣。'盖音雄伟壮丽，浑然若出于瓮。"（孔齐：《至正直记》）这算什么逻辑呢？仗打败了，国破家亡了，不是在政治、经济与军事上查根子，而是从一种半野蛮人的曲律中找解脱的理由。然而在中国主流叙事中，这种解释却有着最充足的理由。

每看到美丽、柔弱的江南文化在北方解释系统中的辛苦遭逢，我总是会情不自禁地想到庾信的《哀江南赋》，那是一种怎样凄凉、悲怆、痛心的文字呀！"日暮途远，人间何世。将军一去，大树飘零；壮士不还，寒风萧瑟。荆璧睨柱，受连城而见欺；载书横阶，捧珠盘而不定。钟仪君子，入就南冠之囚；季孙行人，留守西河之馆。申包胥之顿地，碎之以首；蔡威公之泪尽，加之以血。钓台移柳，非玉关之可望；华亭鹤唳，岂河桥之可闻。"这些千古至痛至悲之词，不也在隐喻着江南文化所遭受的语言暴力与欺凌吗？是的，还可以想象，只要江南一天不能获

得自己的话语与发言权，像这样一种不公的苦难命运就仍不会结束。如果已亲眼看到像这样一种天生丽质的惨遭涂炭，那么还有什么理由不努力地寻找江南的话语与声调，以尽快地结束这种过于长久的悲剧事件之继续呢？

说江南没有声音，本义是在说她没有属于自己的声音，一种可以让自身澄明于世界之中的特殊话语；而非说从来不曾有过关于江南的叙事与表现。相反却是，江南本身恰恰是在不胜计数、喋喋不休的"北方江南话语"中被遮蔽起来的。由此可知，关键不在于有多少人谈论江南话题，而在于究竟需要一种什么样的话语才能实现"让江南自己说话"。这一点则是建构江南话语、阐释江南文化特别需要注意的。如果说北方话语的深层结构是政治—伦理的，所以无论它叙述和表现什么样的对象，都无疑要把它的政治—伦理语音掺和进去；那么也可以说，只有在江南特有的诗性—审美话语中，才能把江南的美丽和感性光泽直观地再现出来。再进一步说，由于深层结构是中国诗性智慧，北方话语同样有一层厚重的诗性文化内涵，所以对北方的诗性智慧与江南的诗性智慧还可以进一步分层。简而言之，北方话语的情感本体是一种伦理美学，因而那些特别容易引起道德主体的对

象最容易被它所接受，这正是像顾宪成、李香君、柳如是等可以在中国主流话语中占一席之地的深层原因。江南话语在审美气质上更倾向于一种纯粹美，它甚至往往还是在突破中国民族的伦理积淀之后的产物，因而像柳永、张岱、李渔、袁枚以及花陌柳巷中无数轻快美丽的身影，他们如果不是成为道德批判的对象则必是无名的。对此如果可以放弃独断论，代之以一种真正的二元态度，那么对南北话语的一个公正的评价则是，北方话语哺育了中国民族的道德实践能力，而从江南话语中则开辟出这个以实用著称于世的古老民族的审美精神一脉。江南话语独立存在的根据也正在于此，她是中国诗性话语体系的一个专门执行审美功能的微型叙事。而如果遮蔽了丧失了她，这个民族也就不再有任何纯粹诗意生存的可能。

具体说来，江南话语的语言学条件是所谓的"吴侬软语"。她是对吴方言的一个昵称，在古代也称吴音，在近代以来的白话中则叫江浙话或江南话。这是中国民族语言文化中一个最富有诗意的"方言"，也是那种最能勾起人们审美想象力和无限生命乡愁的最动听的乡音。与北方那种特别关注"微言大义"的"大嗓门"语言学不同，古人在讲南北不同时反复指出的，

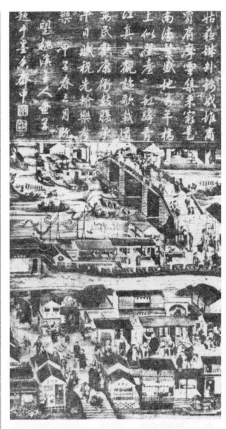

清乾隆苏州桃花坞版画《苏州百年桥》

如"北则辞情多而声情少，南则辞情少而声情多"；"北气易粗，南气易弱"；"选女乐者，必自吴门。……乡音一转而即和昆调者，惟姑苏一郡"；"吴歌惟苏州为佳，往往得诗人之体"等，向人们表明的就是这一点。在美学则可以说，江南话语更多地是在无实际语义的声调上或非功利的声情方面取胜。有两条材料可以更好地说明这一点。

《金蔷薇》书影

《世说新语·言语》记载："桓玄问羊孚，'何以共重吴声？'羊曰：'当以其妖而浮。'"顾颉刚在《吴歌笔记辑录》中对此申述道："吴歌当是歌声，所以谓妖浮，正与郑声同也。"所谓郑声在北方话语中的判词是一个"淫"，但在今天看来实际上都是最优美最自然的爱情小调。而一个更动人的传说是，吴音的美可以令草木起舞。据《梦溪笔谈》卷五记载："旧传有虞美人草，闻人作《虞美人曲》则枝叶皆动，他曲不然。景舒试之，诚如所传；乃详其曲声，曰：

'皆吴音也。'他日取琴，试用吴音制一曲，对草鼓之，枝叶亦动……"这则记载表明，令草木起舞弄影的不是别的，而是江南话语本身特有的声调、节奏与韵律。当代人有一段亲身体验，也是对吴音之美的最好诠释：

吴音，自古称为"吴侬软语"，一向有"软、糯、甜、媚"之称，说起来婉转动听，尤其是姑娘们讲话时的发音，一波三折，珠圆玉润。据外地人说，即使她话已讲完，而仍有余音袅袅之感。因此流传着"宁可与苏州人相骂，不愿与宁波人讲话"的说法。（尤玉琪《三生花草梦苏州》）

另一方面，中国民族的审美机能与诗性精神，也正是在江南文化氛围中生成，并在细雨霏霏的江南话语滋润下，成为暮春三月的草长莺飞以及紫陌红尘之后的萋萋野草的。在这个世界中的这一道风景，正如我在阐释南朝民歌《西洲曲》时讲到的："《西洲曲》是中国诗性精神的一个基调，所有关于江南的诗文、绘画、音乐、传说，所有关于江南的人生、童年、爱情、梦幻，都可以从这里找出最初原因。中国民族之所以有人性，不仅仅是因为她有可以同基督教、伊斯兰教相媲美的儒教，更因为她有上林繁花般的锦绣江南,以及无数徜徉于山光水色中的诗人。中国民族的审美精神,正是在一唱三叹的江南抒情组诗中成长起来的。"(《江南的两张面孔》)

而按照一种相对纯粹的审美尺度,一种尽可能贬黜了功利欲望的澄明之心,一种最大限度地挣脱了现实意识的诗性想象力,在对历史和当下各种江南叙事的阐释与批判中,重建出一个在形象上最像她自身,在逻辑上最接近她的本质的江南世界,就是"江南文化的诗性阐释"所望达到的最高目的。

也许有人会善意地嘲弄说:寻找是无用的,一切存在的都是合理的。或者说,你们所努力的不过只是一种"不结果的花"而已,于熙熙攘攘的现实世界又有何贵干呢?对前者我们想说是:美丽的江南是上苍恩赐给这个多灾多难民族的最大慰藉。因而像这样一件属于整个民族的无价之宝,又何能忍心叫她长久地布满尘埃与青苔呢?因而尽可能地运用各种当代人文知识与技术手段,向上捕捉万古长空中乍暖还寒的云色月影,向下钩沉文明大地深处深埋的飘零花果,为这个在现代历程中伤害累累的古老民族找一条回家的路。像这样的一种工作,怎么可以说毫无意义呢?对后者的回答则是:尽管江南话语不可能改变整个世界的商品化进程,但是她可以部分地、有条件地创造当代生命的审美机能,使中国民族古老的诗性智慧不至于"于今绝矣",这一点也是毋庸置疑的!对一个当代人文知识分子来说,承担起他作为中国民族审美机能与诗性精神的生产者职责,尽管比不上"铁肩担道义,棘手著文章"的古代士大夫崇高,但也是一件应该有人踏踏实实从事的工作。因而,提出江南话语以及运用它去阐释积淀在江南文化中的民族审美精神,它的直接目的不是现实地建设出一个具有物质属性的诗性江南,而是一切从日益干瘪枯竭的当代生命主体入手,它要生产的是一种关于江南美的感觉、想象力和诗性智慧。由于语言本体论的原因,则可以用安徒生的一段话来申明她的价值:"只有在想象中,……爱情才能永世不灭,才能永远环绕着灿烂夺目的诗的光轮。"(康·巴乌斯托夫斯基《金蔷薇》)

所以说,能否重建出让江南出场的诗性话语与审美语境,在根本上关系的是中国民族古老的诗性智慧何以在当代成为可能?这里所开启的江南文化的诗性阐释,则是这个过程的万里长征的第一步。这样想时,就难免想到一句叫人丧气的话:"时间是迫切的,而条件是恶劣的。"这恐怕也是在所有的江南话语中,都难免有一种

《哀江南赋》的余韵在的原因。但是，尽管上路仓促，各种准备相当不足，只要有越来越多的人逐渐听懂了这种美丽的声音，那么我们也就有理由像古代诗人那样相信，"欸乃一声山水绿"，一个真正适合生命栖居的山青水秀的世界，也会从钢筋混凝土的现实遮蔽中踏歌而来。

　　溱与洧，

浏其清矣；
士与女，
殷其盈矣。

　　如果有了一种可以真正读懂她的江南话语，那么人们的心头和生活中会增加多少快乐和幸福呢？这一点不仅没有任何方法和公式可以计算，而且即使在诗性智慧中，也是很难讲出它的全部秘密的。

上篇 自将磨洗认前朝

　　张光直先生在谈治学方法时曾说："如果要研究古史、古代美术、考古学的话，我认为要时常想想下面几个单词：What，Where，When，How，Why，即什么、什么地方、什么时候、怎样和为什么。"今天，当我们试图对江南文化进行知识考古与审美阐释之时，这里面提到的几个问题，实际上也同样是需要先行解决的。也就是说，必须首先弄清楚在中国文明中究竟有没有一个江南文化，如果有，那么它是从什么时候开始的、它在什么地方、它本身是怎样的，以及它这样的原因等问题。"折戟沉沙铁未销，自将磨洗认前朝"，让我们以这个主体的思路为起点，在长江中下游两岸进行一次诗性散步吧。

壹 二水分流

关于江南文化的发生学研究，尽管表面上属于考古学要解决的科学问题，但由于江南文化的发生从属于整个中国文明的起源，因而考古学家首先面临的问题却是他如何看待中国文明的起源。又特别地由于"黄河文明是中华民族的摇篮"在中国历史学中的主导地位，所以这个问题也可以表述为中国文明的起源的"一元"与"多元"之辨，或者说两种观点哪一种更符合中国的实际。这个问题，也就再一次牵涉到我们在《绪篇》中讲到的"语言本体论"。如果说江南在自然地理、生产方式与文化精神等方面不同于黄河文明是毋庸置疑的，那么在此最重要则是如何建构一种用来描述和阐释它自身的江南话语。在某种意义上讲，提出这个问题主要是因为在迄今为止的江南解释中，人们所使用的仍基本上可以称作是一种以北方意识形态为中心，带有浓郁的政治伦理"口音"的黄河文明叙事。后者与近现代最流行的欧洲中心论完全是家族类似的。由此亦可知建构江南话语的现代性意义，否则，不仅江南文化的美丽双眸只能在黄河文明叙事中一直昏睡下去，中国民族的审美精神也无法发出真正属于她自己的清音。

一旦解构了黄河文化叙事的合法性，蓦然回首，才会发现中国的南北文化不仅差别巨大，而且这种差别还是在它们的童年时代就已经表现出来。

神话学家的研究表明，在原始崇拜这种最初的精神萌芽中，就已经出现了"北方文化英雄多为男神而南方文化英雄多是女神"的区别。这个发现的重要性尤其在于，我们在中国文化中发现的"江南审美—诗性"与"北方政治—伦理"这一原始的二元对立，不是后天的经验的产物，而是一种近乎先天的东西，是这个民族与生俱来的天性。由此作进一步的引申，即中国民族的审美机能与诗性精神，不是如李泽厚所说的那样，在历史实践中逐渐与政治、伦理等实用精神分离出来的；而是从一开始就有自己独特的审美本体内涵，并且正是它自身在时间长河中不断发展、生长和走向澄明的结果。

与此具有一种家族类似的是：晚近几十年来考古学发现与研究已经证明，长江文化与黄河文化不是传播的产物，而是一种更深刻的"本是同根生"关系。在中国文明的起源中，已经常识化了的一个说法即"黄河中心论"，它的基本内容是，"中华文明的起源是一元的，其中心在黄河中下游，由之向外传播，以至各地"。但正如李学勤先生在《长江文化史·序言》中所指出的，这种一元论最根本的问题是"忽视了中国最大的河流——长江"。而当代考古学大量的新发现，在逻辑上似乎都是为了颠覆它而预备的：

70年代以来，长江流域新石器时代的考古新材料不断涌现，其重要的文化遗址在长江下游有：河姆渡、草鞋山、圩墩、寺墩、张陵山、罗家角、马桥、薛家岗、青墩、福泉山、反山、瑶山

《长江文化史》书影

等；长江中游有红花套、关庙山、桂花树、王家岗、季家湖、七里河、毛家山、三元宫、划城岗、度家岗、丁家岗、汤家岗、车轱山、岱子坪、献冲等。这些遗址的发掘，使新石器时代的长江文化第一次以全新的面貌出现在世人面前，对传统的中国文化以黄河文化为单一中心的论点提出了强有力的挑战！（李学勤等主编《长江文化史》）

在中国文明中，有一种独立于黄河文明而存在的长江文明，它的主要证据有这样五个方面：

第一，证明了早自史前时代，长江地区已有相当高度的文化。例如浙江的河姆渡文化，年代不晚于仰韶文化，而有着很多自身的特点，其发达程度已使许多人深感惊奇。

第二，显示出夏商周三代的中原文化，不少因素实源于长江流域的文化。比如说三代最流行的器物纹饰饕餮纹，便很可能系自江浙一带良渚文化玉器上的花纹蜕变而成。

第三，从上古到三代，南北之间的文化交往实未间断。以前人们总是过分低估古人的活动能力，以致长江流域一系列考古发现都出于人们意外。最近四川广汉三星堆商代器物坑和江西新干大洋洲商代大墓的发现，轰动海内外，是最典型的事例。

第四，中原王朝在很多方面，其实

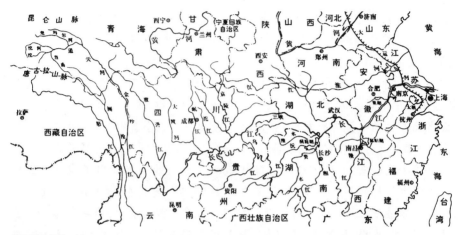

长江流域图

君住长江头，我住长江尾，共饮一江水

是依赖于南方地区。一个例子是，商周时期十分繁荣的青铜器工艺，其原料已证实多来自南方。在江西、湖北、安徽等地发现了当时的铜矿。还有线索表示，有的原料或许出于云南（有待进一步证实）。

第五，南方还存在通向异国的通道。已有一些科学证据告诉我们，早在商代便有物品从东南亚来到殷墟，同时商文化的影响也伸展至遥远的南方。（李学勤等主编《长江文化史·序言》）

而正是在这里，作为长江文明一个重要分支的江南文化，才可以说真正找到了自己可以摆脱北方文化及其解释系统的文化根据地。尽管不能说这两种大河文化完全是泾渭分明的，但至少可以用"二水分流"来描述它们的关系。在它们的所经之地，所哺育出来的人民与文化的差别也是显而易见的。而只有首先弄清了这个原则性的问题之后，才可以为所有关于江南文化乃至南北关系的讨论提供一种坚实的文化背景。

贰 花开两朵 各表一枝

在考古学提供的这种背景之上，南北文化的对立当然是不可避免的。文化史家柳诒徵先生在一份材料中把这个问题讲得十分清晰。

南北之对峙

吾国疆域辽阔，国民胸襟广大，本无畛域之见。虽《中庸》有"南方之强"、"北方之强"之语，然其所谓南北，并无明确之界限。自封建变为郡县，四海之内，统于一政府，南方未开化之地，日益开辟，陕、洛之人，视楚、越之风气，固有差异。

《史记·货殖传》："楚越之地，地广人稀。饭稻羹鱼，或火耕而水耨，果隋蠃蛤，不待贾而足。地势饶食，无饥馑之患。以故呰窳偷生，无积聚而多贫。是故江淮以南，无冻饿之人，亦无千金之家。"《汉书·吴王濞传》："上患吴会稽轻悍。"《地理志》："江南卑湿，丈夫多夭。""其失巧而少信。"

然未尝排斥南人也。东汉以降，分为三国，吴之与魏，遂有南北对抗之势。

《通鉴》卷六十九：黄初三年，文帝"自许昌南征，……曹休在洞口，自陈：'愿将锐卒虎步江南，因敌取资，事必克捷，……'帝恐休便渡江，驿马止之。侍中董昭侍侧曰：'窃见陛下有忧色，独以休济江故乎？今者渡江，人情所难，就休有此志，势不独行。'"又卷七十：黄初六年，帝"如广陵故城，临江观兵，戎卒十余万，旌旗数百里，有渡江之志。吴人严兵固守。时天寒，冰，舟不得如江。帝见波涛汹涌，叹曰：

'嗟夫，固天所以限南北也！'遂归。"

吴国人才，多产南土，山越之地，迭经开辟。

《吴志·诸葛恪传》："恪以丹阳山险，民多果劲，……出之，三年可得甲士四万。众议以丹阳与吴郡、会稽、新都、鄱阳四郡邻接，周旋数千里，山谷万重，其幽邃民人，未尝入城邑，对长吏，皆仗兵野逸，……征伐为难。……权拜恪抚越将军，领丹阳太守。……恪到府，移书四郡属城长吏，令各保其疆界，……分内诸将，罗兵幽阻，

魏文帝曹丕不识吴钩，只重文采风流

但缮藩篱，不与交锋，候其谷稼将熟，辄纵兵芟刈。……山民饥穷，渐出降首。……人数皆如本规。"《十七史商榷》（王鸣盛）："山越事见《恪传》，又见吴主《孙权传》建安五年、嘉禾三年。又见太史慈、孙贲、吴主权、徐夫人、周瑜、黄盖、韩当、朱治、张温、贺齐等传中。或言镇抚，或言山越怀附"云云。《陈书》三卷、《世祖本纪》："授会稽太守，山越深险，皆不宾附。"《新唐书》百八十二卷《裴休传》："贞元时，浙东剧贼栗锽，诱山越为乱。"盖山越历六朝至唐，为害未息。

南及交广，物产饶衍，故立国江东，不灭于中土也。

晋室平吴，暂复统一。吴人入洛，颇为北人所轻。

《晋书·周处传》载陈准曰："周处吴人，有怨无援。"又《陆机传》："范阳卢志于众中问机曰：'陆逊、陆抗，于君近远？'机曰：'如君于卢毓、卢珽。'志默然。既起，云谓机曰：'殊邦遐远，容不相悉，何至于此？'机曰：'我父祖名播四海，宁不知耶？'"《通鉴》卷八十五："王彰谏成都王颖曰：'陆机吴人，殿下用之太过，北土旧将皆疾之。'"

惠、怀之际，海内大乱，独江东差安。中国士民避乱，相率南徙，号曰"渡江"。元帝定都建康，而南方为汉族正统之国者二百七十余年，中州人士，侨寄不归。

《晋书·地理志》："元帝渡江，建都扬州。……是时司、冀、雍、凉、青、并、兖、豫、幽、平诸州皆沦没，江南所得，但有扬、荆、湘、江、梁、益、交、广，其徐州则有过半，豫州惟得谯城而已。……自中原乱离，遗黎南渡，并侨置牧司在广陵，丹徒南城，非旧土地。及胡寇南侵，淮南百姓皆渡江。成帝初，苏峻、祖约为乱江、淮，胡寇又大至，百姓南渡转多，乃于江南侨立淮南郡及诸县，又于寻阳侨置松滋郡，遥隶扬州。咸康四年，侨置魏郡、广川、高阳、堂邑等诸郡，并所统县，并寄居京邑，改陵阳为广阳。孝武宁康二年，又分永嘉郡之永宁县，置乐成县。是时上党百姓南渡，侨立上党郡为四县，寄居芜湖。""永嘉之乱，临淮、淮陵并沦没石氏。元帝渡江之后，徐州所得惟半，乃侨置淮阳、阳平、济阴、北济阴四郡。又琅邪国人随帝过江者，遂置怀德县及琅邪郡以统之。是时，幽、冀、青、并、兖五州及徐州之淮北流人，相率过江、淮，帝并侨立郡县，以司牧之。割吴郡之海虞北境，立郯、朐、利城、祝其、厚丘、西隰、襄贲七

石头城头一片降幡起，仍然歌舞到天明

县，寄居曲阿，以江乘置南东海、南琅邪、南东平、南兰陵等郡，分武进立临淮、淮陵、南彭城等郡，属南徐州，又置顿丘郡，属北徐州。明帝又立南沛、南清河、南下邳、南东莞、南平昌、南济阴、南濮阳、南太平、南泰山、南济阳、南鲁等郡，以属徐、兖二州，初或居江南、或居江北，或以兖州领州。郗鉴都督青、兖二州诸军事、兖州刺史，加领徐州刺史，镇广陵。苏峻平后，自广陵还镇京口，又于汉故九江郡界置钟离郡，属南徐州，江北又侨立幽、冀、青、并四州。穆帝时，移南东海七县，出居京口。义熙七年，始分淮北为徐州。淮南但为徐州。"

始犹以贵族陵蔑南土。

《晋书·周玘传》："玘宗族强盛，人情所归，帝疑惮之。于时中州人士，佐佑王业，而玘自以为不得调，内怀怨望，复为刁协轻之，耻恚愈甚。时镇东将军祭酒东莱王恢，亦为周顗所侮，乃与玘阴谋诛诸执政，推玘及戴若思诸南士，共奉帝以经纬世事。……谋泄，玘忧愤发背而卒。时年五十六。将卒，谓子勰曰：'杀我者诸伧子，能复之，乃吾子也。'吴人谓中州人曰

'伦',故云耳。……颙字彦和。常缄父言。时中国亡官失守之士,避乱来者,多居显位,驾御吴人,吴人颇怨。颙因之欲起兵,……豪侠乐乱翕然附之。元帝以周氏弈世豪望。吴人所宗,故不穷治,抚之如旧。"

或以流人,志图振复。

《晋书·祖逖传》:"逖字士稚,范阳遒人也。世吏二千石,为北州旧姓。……及京师大乱,逖率亲党数百家,避地淮、泗。……逖多权略,少长咸宗之,推逖为行主。达泗口,元帝逆用为徐州刺史,寻征军谘祭酒,居丹徒之京口。逖以社稷倾覆,常怀振复之志。宾客义徒,皆暴桀勇士,逖遇之如子弟。时扬士大饥,此辈多为盗窃,攻剽富室,逖抚慰问之曰:'比复南塘一出不?'或为吏所绳,逖辄拥护解救之。"又《王导传》:"桓彝初过江,见朝廷微弱,谓周顗曰:'我以中州多故,来此欲求全活,而寡弱如此,将何以济?'忧惧不乐。往见导,极谈世事,遂还,谓顗曰:'得见管夷吾,吾复忧矣。'过江人士,每至暇日,相要出新亭饮宴。周顗中坐而叹曰:'风景不殊,举目有江河之异。'皆相视流涕。惟导愀然变色曰:'当共戮力王室,克复神州,何至作楚囚相对泣耶!'"

泊久而相安,北人遂为南人。而留仕异族及羌胡诸种乃为北人。学问文章,礼尚风俗,从此有南北之殊矣。

晋时北方纷乱,未有定名。至宋、魏分立,画淮而治,于是南人呼北人为"索虏",北人呼南人为"岛夷"。

《晋书·石虎传》:"吾南擒刘岳,北走索头。"《宋书·索虏传》:"索虏姓拓跋氏,其先汉将李陵后也。匈奴有数百千种,各立名号,索头亦其一也。晋初,索头种有部落数万家在云中。"《魏书·僭晋司马睿传》:"睿僭即大位,……都于丹阳,因孙权之旧所,即禹贡扬州之地,去洛二千七百里。地多山水,阳鸟攸居,厥土惟涂泥,厥田惟下下,所谓'岛夷卉服'者也。"《通鉴》卷六十九:"司马光曰:'汉室颠覆,三国鼎峙。晋氏失驭,五胡云扰。宋、魏以降,南、北分治,各有国史,互相排黜。南谓北为索虏,北谓南为岛夷。'"

虽或通使往来,犹时致其嘲弄。

《洛阳伽蓝记》(杨衒之)云:"魏杨元慎即口含水巽梁使陈庆之曰:'吴人之鬼,住居建康。小作冠帽,矮制衣裳。自呼阿侬,语则阿傍。菰稗为饭,茗饮作浆。呷啜莼羹,唼嗍蟹黄。手把豆蔻，口嚼槟榔。乍至中土，思忆本乡。急急远去，还尔丹阳。'"

北方之无耻者，至专以教子弟学鲜卑语为能事。

《颜氏家训》："齐朝有一士大夫，尝谓吾曰：'我有一儿，年已十七，颇晓书疏，教其鲜卑语及弹琵琶。稍欲通解，以此伏事公卿，无不宠爱。亦要事也。'吾时俯而不答。异哉，此人之教子也！若由此业，自致卿相，亦不愿汝曹为之。"

其文化之相悬可知。《北史》《儒林》《文苑》传，略述当时南北学派之别。

《北史·儒林传》："大抵南北所为章句，好尚互有不同。江左，《周易》则王辅嗣，《尚书》则孔安国，《左传》则杜元凯；河洛，《左传》则服子慎，《尚书》《周易》则郑康成，《诗》则并主于毛公，《礼》则同遵于郑氏。南人约简，得其英华；北学深芜，穷其枝叶。考其终始，要其会归，其立身成名，殊方同致矣。"又《文苑传》："自汉、魏以来，迄乎晋、宋，其体屡变，前哲论之详矣。暨永明、天监之际，太和、天保之间，洛阳、江左，文雅尤胜，彼此好

《洛阳伽蓝记》书影

尚，雅有异同。江左宫商发越，贵于清绮；河朔词义贞刚，重乎气质。气质则理胜其词，清绮则文过其意。理深者便于时用，文华者宜于咏歌。此其南北词人得失之大较也。"

《颜氏家训》纪南北礼俗之异点尤多：

《颜氏家训·后娶篇》："江左不讳庶孽，丧室之后，多以妾媵终家事。疥癣蚊虻，或未能免，限以大分，故稀斗阋之耻。河北鄙于侧出，不预人流，是以必须重娶，至于三四，母年有少于子者。后母之弟，与前妇之兄，衣服饮食，爰及婚宦，至于士庶贵贱之隔，俗

以为常。身没之后，辞讼盈公门，谤辱彰道路。子诬母为妾，弟黜兄为佣，播扬先人之辞迹，暴露祖考之长短，以求直己者，往往而有。"又《治家篇》："江东妇女，略无交游，其婚姻之家，或十数年间为未相识者，唯以信命赠遗，致殷勤焉。邺下风俗，专以妇持门户，争讼曲直，造请逢迎，车乘填街衢，绮罗盈府寺，代子求官，为夫诉屈。此乃桓、代之遗风乎？南间贫素，皆事外饰，车乘衣服，必贵整齐；家人妻子，不免饥寒。河北人事，多由内政，绮罗金翠，不可废阙，羸马顇奴，仅充而已。唱和之礼，或尔汝之。"又《风操篇》："别易会难，古人所重；江南饯送，下泣言离。……北间风俗，不屑此事。歧路言离，欢笑分首。""凡宗亲世数，有从父，有从祖，有族祖。江南风俗，自兹以往，高秩者通呼为尊，同昭穆者虽百世犹称兄弟。……若对他人称之，皆云族人。河北士人，虽二三十世，犹呼为从伯、从叔。梁武帝尝问一中士曰：'卿北人，何故不知有族？'答曰：'骨肉易疏，不忍言族耳。'""江南丧哭，时有哀诉之言耳。山东重丧，则唯呼苍天，期功以下，则唯呼痛深。"又《书证篇》："南方以晋家渡江后，北间传记，皆名为伪书，不贵省读。"又《音辞篇》："南方水土和柔，其音清举而切诣，失在浮浅，其辞多鄙俗。北方山川深厚，其音沉浊而讹钝，得其质直，其辞多古语。然冠冕君子，南方为优；闾里小人，北方为愈。易服而与之谈，南方庶士，数言可辨；隔垣而听其语，北方朝野，终日分。而南染吴、越，北杂夷虏，皆有深弊，不可具论。"又《杂艺篇》："晋、宋以来，多能书者。故其时俗，递相染尚，所有部帙，楷正可观，不无俗字，非为大损。至梁天监之间，斯风未变。大同之末，讹替滋生。萧子云改易字体，邵陵王颇行伪字（注：前上为草、能傍作长之类是也），朝野翕然，以为楷式。……北朝丧乱之余，书迹鄙陋，加之专辄造字，猥拙甚于江

顾恺之 《洛神赋图》（部分）

南。乃以百念为忧,言反为变,不用为罢,迨来为归,更生为苏,先人为老。如此非一,遍满经传。""弧矢之利,以威天下,先王所以观德择贤,亦济身之急务也。江南谓世之常射,以为兵射,冠冕儒生,多不习此。别有博射,弱弓长箭,施于准的,揖让升降,以行礼焉。防御寇难,了无所益。乱离之后,此术遂亡。河北文士,率晓兵射,非直葛洪一箭,已解追兵,三九燕集,常縻荣赐。虽然,要轻禽,截狡兽,不愿汝辈为之。"

以政权之不一致文化亦分畛域。弥年历祀,相去益远,互事訾謷,各从习惯。致令后之人虽在统一之时,亦受其影响,好分为南北两派之言。是则异族凌轹中夏之害也。(选自柳诒徵《中国文化史》)

对此需要补充有三:一是首先要看到南北文化的巨大差异,这是使江南文化脱离黄河叙事及其阐释系统的基本前提。它对于"江南文化的诗性阐释"工作尤为重要。这一点可以通过对"差异"的分层来理解。如果说由于同属于一个中国文明的框架与过程中,因而南北在政治经济上差别必然不如其在文化上的差别大;那么也可以说,由于专制意识形态使上层建筑中的政治、伦理、法律等话语系统日益交融起来,因而在文化系统中最大的差别无疑在文学艺术与审美精神之中。这是一个被黄河中心论污染得最严重的领域,因而也是最需要同前者划清话语界限的。二是也不能因此而把南北的对峙与差异无限地扩大化,因为不管怎样它们毕竟同属于一个中国文化圈,并且在两者之间有着最复杂的历史的与逻辑的血肉联系。而且还可以说,正是在南北这种既相互对峙又相互渗透的交流机制中,才为中国民族的现实生活与精神活动提供了更广阔的空间。如果缺少了其中的任何一半,则都会导致中国民族的阴阳失调,使它的生命力陷于困顿、萎缩与灰头土脸起来。三是对两者之间的历史关系应该采取何种现代性的态度。在我看来,它既不可能是"民至老死不相往来"的自我封闭,也绝不应该是"以子之矛,攻子之盾"的恶性竞争;而是要对两种文化叙事的合法性与势力范围进行重新划界。具体说来,即把黄河叙事的合法性主要限定在北方文化区,最多也只能用它来解释渗透进江南的"北方精神";而对于江南文化的核心存在与它所衍生的绝大多数事物,都应该把它们置于一种与这里的春花秋月可以相匹配的江南语境中。

对此用古代说书人的口头禅来表

达，就是"花开两朵，各表一枝"。也就是说，在谈以仁义忠孝为主要情节的中国故事时，人们尽可以采用那种苍凉高亢的黄河文化叙事；而一旦进入到杏花春雨、淡月微风的江南大地，则不妨采取一种超功利的、唯美主义的甚至是时常略有几分颓废的语调和声音。

叁　江南轴心期

有了南北之分这个历史事实之后，更关键的还在于如何确定江南的存在。

另一方面，如何划定和描述江南地区的边界，实际上同样关系到人们采取何种分类框架。至于如何把历史上关于江南的多重描述统一起来，关键也在于是否能够找到一种消除各种意见分歧、使之走向更高、更为本质的新阐释语境。由此可知，这里所存在的仍然是一个语言本体论问题。

在一般情况下，人们所使用的"江南"概念，主要来自政治区划、经济地理及约定俗成的习惯用法。但由于约定俗成的一类基本上是根据前两者而来，所以占主导地位的主要是政治与经济的分类原则。这里提供两种关于江南概念的解释，大体上可以代表人们对它的一般看法。

江南地区的地理完整性

我认为明清经济史上的江南地区，应包括明清的苏、松、常、镇、应天（江宁）、杭、嘉、湖八府及由苏州府划出的太仓州。这一地区亦称长江三角洲或太湖流域，总面积大约4.3万平方公里，在地理、水文、自然生态以及经济联系等方面形成了一个整体，从而构成了一个比较完整的经济区。

这八府一州东临大海，北濒长江，南面是杭州湾和钱塘江，西面则是皖浙山地的边缘。这个地域范围，与凌介禧所说的太湖水系范围完全一致："其南以浙江（钱塘江）为界，北以扬子江为界，西南天目绵亘广宣诸山为界，东界大海。"江海山峦，构成了一条天然的界限，把这八府一州与其毗邻的江北（即苏北）、皖南、浙南、浙东各地分开，这条界线内外的自然条件有明显差异。其内土地平衍而多河湖；其外则非是，或仅具其一而两者不能得兼。当然，正如任何一种划分方法都有不可避免的局限性，这种划分方法所确定的自然地理界线也不可能绝对精确。例如宁、镇二府（特别是江宁府）在地平多水方面比其东南苏、松等府略差，但是如果和其西邻的皖南诸府相比，差距就更大，显然还是更接近其东邻的常州等府。因此把宁、

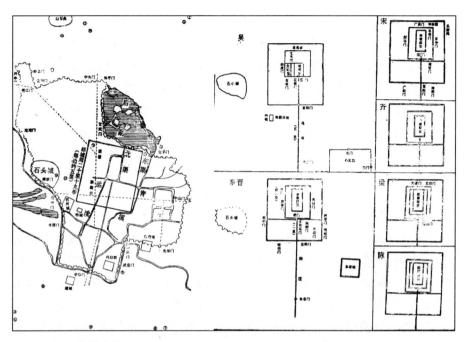

两张不同的六朝建康地图

镇二府与东南诸府划为一区，应更为合理。又如杭、湖二府西部多山，自然条件大不同于东部平原，但鉴于这两府人口和经济重心都在东部，西部山区在各方面都只是东部平原的附庸，因此我们也仍旧将其西部山区连同东部平原一同作为一个地区。至于上述界线之外的一些地方，如江北的扬州府及通、泰二州，杭州湾以南的甬、绍二府，在自然条件方面与界线以内的松、太或杭、嘉不无相似之处，因此有的学者把它们同界线以内八府一州同划为"长江三角洲经济区"。这样划分是有道理的，但是一则有山海相隔，扬、通、泰、甬、绍等州府与苏、松等八府一州并不构成一个地域整体（扬、通、泰在地理上属于两淮平原，而甬、绍属于浙东山地）；二则在古代人们心目中，扬、通、泰、甬、绍也与苏、松等八府一州所形成的地区有别，未被视为这个地区的一部分。因此我们认为还是把范围限定于八府一州较为合理。

这八府一州在地理上还有一个极为重要的特点，即同属一个水系——太湖水系，因而在自然与经济方面，内部联系极为紧密。

刘士林　中国凤——江南文化系列丛书

太湖水系,古有三江五湖之称。实际上,严格地说,应当是一河二溪三江五湖。一河,即江南运河,北起镇江,南抵杭州,纵贯江南平原中心地域,是京杭大运河的南段。二溪,即太湖水系的上流和水源,在西北是荆溪,西南是苕溪。荆溪水系各支流基本上都在宁、镇二府,只有部分支流源头在苏皖交界处。这些支流汇成的干流分别在常州府宜兴县大浦港、百渎口附近各港渎流入太湖,是太湖主要水源之一。苕溪水系各支流也有一部分源于皖浙交界处,但其流域基本上在湖、杭二府。这些支流所汇成的干流,在湖州府德清县流入太湖,成为太湖的另一水源。此外,荆溪有一部分水(约占总流量的10%)经江南运河而流入长江,而苕溪约30%的水经黄浦江等河流直接入海。总而言之,荆溪、苕溪两水系,把太湖西部的宁、镇、常、湖、杭五府,与东部苏、松、嘉三府联系了起来。三江,自古说法不一。东晋庾阐说是松江、娄江与东江,后代顾夷、张守节、蔡沈、黄震、金屐祥、吴荃、王廷瑚等也持此说。但韦昭认为是松江、钱塘江与浦阳江,周程声称是吴淞江(即松江)、娄江与钱塘江,钱咏断言是扬子江、吴淞江与钱塘江,而庄有恭则说是吴淞江(即松江)、娄江与黄浦江。总而言之,除韦昭等少数人外,

一般都认为三江是介于长江与钱塘江之间、位于太湖东面的入海河流。这些河流情况变化很大,到了明代中叶以后,只有黄浦江成为太湖东部的主要河流和太湖水出海的主干。当然,中小河流仍然很多,形成了著名的江南平原水网,把太湖以东苏、松、嘉三府紧密地联系在一起。至于五湖,历来解释也不一致,但多数人认为是太湖及其附近的几个较小湖泊,而王士性和袁学澜干脆就说五湖是太湖的别称。太湖上纳二溪之水,下通三江出海,形成了太湖水系的中心。太湖水系的主要河流,都是东西流向。但江南运河则纵贯南北,将东流各河连贯起来,使江南水网更为完备。另外,应天(江宁)府的大部分地区本不属于太湖水系,但通过人工开挖的胥溪,亦与江南水网相接。

太湖水系的完整性,使得这八府一州在水利方面形成一个不可分割的整体。翁澍描述太湖地区地势说:"江宁、镇江、杭州、湖州,绕吴之南、西、北,为高壤;嘉兴、常州以次渐卑;至姑苏,太湖为至极。"也就是说,这些府在地理上都以太湖为中心。凌介禧在谈到太湖水系时说:"太湖实潴其中。浙(江)、扬(子江)之水高于内河,而西南及西北一带山水非太湖无由倾泄,则太湖之总汇分注,固七郡

一大关键。假苏、松无杭、湖之来源，流恐立涸；杭、湖无苏、松之去委，水必横流。"顾炎武说得更为具体："太湖，……带苏、湖常三府之境，东南之水皆归焉。其最大有二：一自宁国、建康等处以入溧阳，迤逦至长塘湖，并润州、金坛、延陵、丹阳诸水，会于宜兴以入；一自宣歙、天目诸山，下杭之临安、余杭，湖之安吉、武康、长兴以入，而皆由吴淞江之流入海。……北有百渎，纳建康、常、润数郡之水；南有渚溇，纳宣歙、临安、苕霅诸水；其东则入于三江。"姚舆则说："太湖跨江浙三州十余县，为众水蓄泄之所。苏、松、

太无杭、湖之来源则水易涸，常、嘉、湖无苏、松之去委则水四溢。此东南数郡所以共盈歉者也。"

因为这种紧密联系，所以一旦上游来水太多，或下游宣泄不畅，即要造成大范围的水灾。早在南朝初年，刘浚就说三吴一带，"地沃民阜，一岁称稔，则穰被京城；时或水潦，则数郡为灾"。关于其原因，当时的吴兴百姓姚峤已说得很明白，是因为"二吴、晋陵、义兴四郡（大体相当于明清苏、松、嘉、湖四府），同注太湖，而松江沪渎壅噎不利，故处处涌溢，浸渍成灾"。要根治之，不仅须疏通入海河

太湖

道，更应以上游着手，"从武康苎溪开漕谷湖，直出海口一百余里，寄渠洄，必无阂滞。……四郡同患，非独吴兴，若此洄通，列邦蒙益"。以后，明人顾士琏亦指出，"娄（江）之通塞，东南六郡之大利大害"；清人王同祖则说："三江（指吴淞、黄浦、娄江）通，则太湖诸水不为害，苏、松、常、镇、杭、嘉、湖七府皆安。"因此在明代，主要泄水干道吴淞江，成了"七郡之关键"。到了清代，慕天颜也说："自三江湮塞，震泽泛滥，以田为壑，而苏、松、常诸州县及浙西三郡（杭、嘉、湖）受患日深。"但是，不仅下游水道壅塞，而且下游水利不修，太湖水系的大部分地区都要受患。唐末台濛在荆溪上游的胥溪（在明代应天府高淳县境内）筑堰，"以节宣歙、金陵、九阳江之水，直趋太平州、芜湖"，使之不入荆溪，减轻太湖下游的洪水压力。北宋时堰废，"宣、歙、池、九阳之水不入芜湖，反东注震泽；下又有吴江之阻，而震泽之水，积而不泄"，又致下游经常水涝。明初因"水没吴中田禾"，再行筑坝，引水由太平、芜湖入长江。嗣后不断增修。道光二十九年坝决，苏松常镇嘉湖诸府，立成巨浸，酿成百年来未有的大洪灾。一坝兴废，对八府一州中大部分地方竟然有如此巨大影响，说明这八府一州确实是一个由太湖水系紧密联系的整体。（选自李伯重《多视角看江南经济史》）

约定俗成的"江南"概念

江南的地理概念，约定俗成，不过随着时间的流动也有所差别，有所缩小。且到了后来，以江南为名的行政区域和民间称指则并非一致。其范围大体上先秦时为吴越，汉属扬州，六朝则称江左、江东或江表。然从政治着眼，在魏晋南北朝时北方人的眼里，江南就是江左政权的代词，因为后者的首都是定在属于江南的建业（后称建康）。如《水经注》卷三五"江水又东迳公安县北"条注云：

刘备之奔江陵，使筑而镇之。……杜预克定江南，置华容置之，谓之江安县南郡治矣。

这里所说的江南指的就是统治长江中下游的东吴政权。又如《魏书》卷三五《崔浩传》对北魏太宗所言：

今国家亦未能一举而定江南，宜遣人吊祭，存其孤弱，恤其凶灾，布义风于天下，令德之事也。若此，则化被荆扬。

显而易见,在崔浩的话中江南与荆扬等义。唐代江南道的范围也几乎包括整个长江中下游。《宋史》卷八八《地理志四》则曰:

江南东西路,盖《禹贡》扬州之城,当牵牛、须女之分。东限七闽,西略夏口,南抵大庚,北际大江。

然其两浙、福建、荆湖诸路之设表示了行政区域的划分更多地是为了统治的方便,元以后行省的设置,更强化了这种趋向,而与以经济文化为基础的区域概念有所脱节。以唐宋间基本经济区转移为背景,以经济文化为纽带的江南区域概念则经常浮现出来,特别是在民间,虽然有不同的说法。如明代地理学家王士性所说的江南,浙江、江苏、江西、湖广等还都在其中,但康熙时初修、乾隆时重修的《江

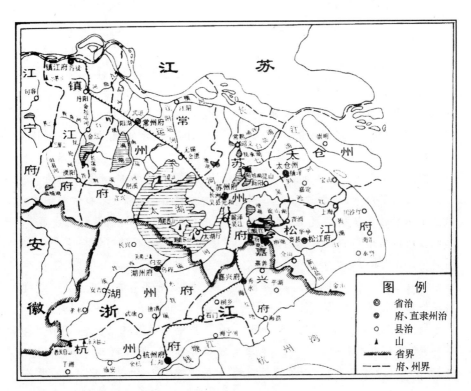

清代江南行政建制与水系构成

南通志》仅含十六府、八州，然在所谓"南联浙闽，北接兖豫，西溯江汉上游，而东迄于海"的版图中又含有淮安、凤阳、滁州等江北州县。由此可见，历史上所说的江南有大体上范围指长江中下游或长江下游的两种说法，后来还有仅指苏南及杭嘉湖平原的。而前一种说法多从政治上着眼，后一种说法则往往仅注目于经济。鉴于在较长的历史时期内，长江的中下游之间文化、经济的发展有所不同，而"所谓南方经济赶上、超过北方经济，主要就是指长江下游经济"。最后一种说法则要到明清才较盛行，是商品经济加速发展并波及文化习俗演变在本地区造成新的小区域不平衡后方才凸显出来的。从纵观约二千年的历史着眼，并顾及政治、经济、文化等各个方面，故近世学者则常取其中间之说，即以长江下游为江南者居多。恰如钱大昕指出："今人所谓江南，古之江东也。"若以整个佛教传播史的角度上讲，尤其如此。所以本书所说的江南，基本范围是浙、赣、闽三省以及苏南、皖南，淮南的缘江部分也可算在内。其中除福建外都在长江三角洲。它们自然条件相似，经济联系密切，文化习俗上至少隋唐时人们就把它们视为一体。《隋书》卷三一《地理志下》扬州条云：

江都、弋阳、淮南、钟离、蕲春、同安、庐江、历阳，人性并躁劲，风气果决，包藏祸害，视死如归，战而贵诈，此则其旧风也。……宣城、毗陵、吴郡、会稽、余杭、东阳，其俗亦同。……豫章之俗，颇同吴中，……新安、永嘉、建安、遂安、鄱阳、九江、临川、庐陵、南康、宜春，其俗又颇同豫章。

上述地方就是我们所说江南的大部分。而福建之列入，一方面因"武帝时，闽越反。灭之，迁其人于江淮"，同时又有大量六朝移民自江淮入闽，如侯景之乱时"福建是当时江南人士避乱的主要集中地"，并带动了福建佛寺的修建，于是文化经济就彼此流通，趋向同一。另一方面，在相当长的历史时期内，由于物质力量上的对比悬殊和五代以后浙、赣等地瓷器、茶叶、丝绸都需要依靠泉州作为向海外出口的主要基地，而后者也依赖前者提供粮食等以支援其商品经济发展，如"福建之米，原不足以供福建之食，虽丰年多取资于江、浙"及"闽不畜蚕，不植木棉，布帛皆自吴越至"等，所以福建只能依附于长江下游经济区。元代曾把福建并入江浙行省，王夫之也把福建和苏、浙、皖（南）等地作为一个区域来描述的："地起镇江，得苏、松、常州、广德，西上夹辅应天，沿江得宁国、池、太;东有徽州,倚三天子鄣,沿浙江,东有全浙;循海而南,得福、泉、兴化、福宁;渡江北直海门浪山,锁大江,得扬州,尽淮东;馨江海,索脡赋,休士马,辉戈船,根抵南国,以备倭盗而资山东之奔命。"下面我们再进一步说明这个区域的一些共同特征。(选自严耀中《江南佛教史》)

由此可知,江南的地理区域相当的宽泛,各种说法之间也有不小的差别。它往北可以延伸到皖南,淮南的缘江部分,而往南则可以达到今天的福建一带。但今天的长江三角洲一带,无疑是江南文化的中心区域。

而要指出的是,由于政治区划是根据实际的统治需要作出,经济划分基于江南地区的物质生产关系,因而可以把它们统称为一种实用主义者的江南地图。精神文化当然与政治、经济关系密切,所以这不是说这种政治经济地图不对,而是说由于绘制地图的重点和原则不同,特别是最重要的审美精神在其中被整体地忽略了,所以不能用它来直接地充当文化江南的地图。在这里所提出的一个问题是,一份可供审美散步使用的文化江南地图,本身应当依据什么样的原则与需要绘制出来。

与前两种版本不同,文化江南不是行政命令的结果,也不是经济关系

的总和。在这里,江南仿佛是一个有着出生、成长和衰老过程,以及有着思想、情感与意志机能的有机体,因而关于它的"什么"(What)也就和莎士比亚一样是一种永远说不尽的对象。江南的文献过于繁多,江南人的个性过于丰富,江南生活的层面又过于复杂,甚至连每一个江南话题本身都容易叫人留恋、沉醉,使人们对此花费过多的思想与情感,因而在这里如同英雄面临美人关一样,必须有一种"大力"与"大的悟性"才能超越琐碎、直接去指证最高的问题以及获得最高的本质。

在解释江南什么时候"长大成人"时,不妨借鉴一下雅斯贝尔斯的轴心期理论。所谓轴心期是指公元前8—前2世纪这段历史区间。按照他的说法,尽管此前人类已经存在了很长时间并且有了很多了不起的创造,但由于他们作为人的最根本标志的哲学意识尚未觉醒,所以还不能说此前就已经有了人类的历史。而只有在经历了轴心期的精神觉醒之后,人类才真正完成了从自然向文明的飞跃。仿照这个元叙事则可以说,在江南文化的历史过程中,有相当长的时间是没有江南精神的,或者说在此期间它与中国文明中的其他区域文化是差别不大的。只在它经历了一个脱胎换骨的精神觉醒过程之后,后世人们津津乐

《江南佛教史》书影

严耀中 著

江南佛教史

上海人民出版社

回应现实挑战的全新的精神资源；三是在这种新的主体条件基础上直接开启了一种全新的人类历史活动。一般说来，轴心期的变革都是灾难性的，因为不这样就不足以迫使人们改变他们习惯的生活方式和思考问题的方式。也正是由于这一原因，在这个过程中的精神新产物都是前无古人的原创，它们构成了人类历史的源头或"原本"，而一切后来者只要通过模仿、借鉴它们就可以解决他们的生存困境。正如雅斯贝尔斯所说的："直到今日，人类仍然靠轴心期所产生、思考和创造的一切而生存。每一次新的飞跃都回顾这一时期，并重新被它激发思想才智。自那以后，情况就是这样，轴心期潜力的苏醒和对轴心期潜力的回忆，或曰复兴，总是提供了精神动力。复归到这一开端是中国、印度和西方不断发生的事。"而按照这样的三个精神条件，也可以绘制一幅江南轴心期的复原图。

就像每个民族早期都有一个"野蛮的童年时代"一样，后来文质彬彬、长于"动口"而短于"动手"的江南民族，同样有过一个野蛮好斗、总是喜欢逞所谓匹夫之勇的年代。如《汉书·地理志》所谓"吴、越之君皆好勇，故其民至今好用剑，轻死易发"。而对于一个"好勇"、"轻死"的野蛮民族，他们

道的江南文化精神及其每一个审美细节，才获得了真实的诞生以及自身再生产的条件与土壤。如果确有这样的一个历史区间，那么它就是我们所要探寻的"江南轴心期"。后来的江南文化肌体上生产与成长的一切，不仅是在这个轴心期基础上开始，而且也只有回到这个源头才能解释清楚。

对此可进行更具体的分析。根据我的理解，人类轴心期的要义有三：一是突如其来的巨大现实变革彻底中断了自然形成的生活方式与精神智慧；二是从自身的生命中创造出一种可以

所掌握的在古代十分稀有的重金属，也就不可能像老实巴交的农民一样运用在生产工具上。也正是因为举国上下的"皆好勇"，所以有着"金陵帝王都"之誉的南京，最初却不过是吴王夫差为了应付战争而建的兵工厂，这是南京又名"冶城"的原因。想想当年那种"炉火照天地，红星乱紫烟"的

越王剑

吴越原本也是尚武好勇，死不旋踵的民族。

冶炼场景，真是很难看出，它与后来连渔樵粪夫都知道欣赏栖霞落日的南京人还有什么关系。由于"吴越为邻，同俗并土"的原因，出身于"文身断发"之邦的越勾践也毫不示弱，他不仅有举世闻名的越王剑，而且手下的敢死队也着实可以和任何恐怖分子媲美。据《史记·越王勾践世家》记载：

元年，吴王阖庐闻允常死，乃兴师伐越。越王勾践使死士挑战，三行，至吴陈，呼而自刭。吴师观之，越因袭击吴师，吴师败于檇李（今浙江嘉兴一带），射伤吴王阖庐。

即使在江南已然十分开化的宋代，那种源自上古的刁悍的民族性也仍在传承，北宋诗人黄庭坚曾提到一种专门打官司的"珥笔之民"。他说："江西之俗，士大夫秀而文，其细民险以健，以终讼为能，由是玉石俱焚，名曰珥笔之民，虽有辩者不能自解也。"（《江西道院赋》）这与近代以来人们熟悉的天津卫的小混混，在性格和行为上则是十分相近的。这样一块贫瘠、野蛮的社会土壤，之所以可以演变为"东南财赋地，江左文人薮"（康熙《示江南大小诸吏》），当然需要一个特殊的历史时期和一种十分特殊的现实条件的。对此最值得人们关心的，当然

是究竟在什么时候，江南完成了与它卑微出身的分离，成为一种与"先进于礼乐"的北方文化可以相提并论、甚至是"后来居上"的。在历史上一个最有意思的说法与北宋著名的哲人邵雍有关。据说这位精于易之象术的理学家，因为在洛阳桥上听见杜鹃啼声，就一下子识破了南方力量即将进入中国文明中心的天机，为此激动的哲人作出了"南人北上"的政治文化寓言。这当然是一个有点迷信的说法，而"南人"之所以可以进入一直被北人控制的中心，当然不是偶然的。而是可以说，前此他们已经做好了进入中心的一切准备，包括为此改变或放弃了童年时代的一切"不文明"习惯，对朝廷本身已经经过了悉心的研究，为南人作为一种政治力量"上朝"进行了多年的准备以及积累了足够多的经验与资本等，最终才获得他们的地位与发言权的。

在江南民族的种种准备和积累中，最根本的则是从"好勇"到"尚文"的转换。也就是说，他们不是凭借祖传的膂力、技击以及诸如越王剑、吴王戈一类的形而下的东西，而是通过学习文化知识、改变野蛮人简陋的人生观念与自然的生活方式，从而实现了他们自身在历史上的翻身解放。正如北宋仁宗嘉祐年间抚州吴孝宗在《余干县学记》中所写到的："古者江南不能与中土等，宋受天命，然后七闽、二浙与江之西东，冠带《诗》《书》，翕然大肆，人才之盛，遂甲于天下。江南既为天下甲，而饶人喜事，又甲于江南。盖饶之为州，壤土肥而养生之物多，其民家富而户羡，蓄百金者不在富人之列。又当宽平无事之际，而天性好善，为父兄者，以其子与弟不文为咎；为母妻者，以其子与夫不学为辱。其美如此。"由此可知，早在邵雍在洛阳桥上听到南人北上的脚步声前，一个有着充足的物质基础与人力资源的江南已经生产出来，并时刻预备着去支撑北人建立的摇摇欲坠的政治经济大厦。因而，被历史学家屡屡提到的"北宋说"，只能看作是江南轴心期的成果，而不是开端和过程本身。

江南轴心期的开端应该这样去寻找，即江南民族在某个历史时期一定发生过什么"质变"，它使得这些本来"好勇"、"轻死"的民族发现祖先的一套已经行不通了，并迫使他们必须改变自己获得生活资料的方式，以及十分痛苦地在思想、情感与意志三方面压抑自己的天性与本能。或者重新做人，或者走向灭绝，这正是人类在它的轴心期曾面临过的生死抉择。而可以想象，也只有这样一种刻骨铭心的经验，才可能使江南民族启动从野蛮到文明、从本能到审美的升级程序,进入到一个全新的版本中。由此就可以把江南轴心期锁定在从吴越建国到北宋以前这一历史区间之内。不难发现,在这一段仍然不算短的时期内,最符合轴心期三个精神条件的,无疑是人们都会予以特别关注的魏晋南北朝时代。

首先,如同人类在轴心期所经历的巨大现实变革一样,东汉末年的"天下大乱"也可以看作是江南轴心期的始基。由诸侯割据与争霸而引发的各种残酷战争,彻底打乱了人们早已习惯的日常生活节奏。此时美丽富饶的江南开始成为人们争相逃亡的乐土。正如历史学研究所表明的:

永嘉之乱时,长江以南就广泛流

传着各种谚语,如"永嘉世,九州空,余吴土,盛且丰"和"永嘉中,天下灾,但江南,尚康乐"等。这些谚语被刻在墓砖上,反映了当时人们对江南的向往。永嘉之乱后,人口大批南渡的原因,主要是北方的战乱。南渡规模之大,人口之多,远远超过东汉末年。当时,北方士族带领宗族、宾客、部曲,汇合流民,聚众南下。如范阳祖逖,本"北州旧姓","及京师大乱,逖率亲党数百家,避地淮泗",后再迁至京口,其兄祖纳,弟祖约,亦皆南渡。高平郗鉴,当永嘉之乱时,"举千余家,俱避难于鲁之峄山",而以郗鉴为主,后受司马睿诏,渡江至建邺。河东郭璞,"潜结姻妮及交游数十家,欲避地东南",因至江东。山东士族徐邈,"永

《女史箴图》中的《奏乐图》

顾恺之 《女史箴图》(部分)
注重伦理精神的北人迁入南方也被她的审美精神所征服

嘉之乱,遂与乡人臧琨等率子弟并闾里士庶千余家,南渡江,家于京口"。也有独自逃亡的,如河内郭文,在洛阳沦陷后,"步担入吴兴余杭大辟山中",靠"区种菽麦,采竹叶木实,贸盐以自供"。据谭其骧先生统计,当时南渡人口共约90万之众,约占北方人口1/8强。南渡人口以侨居今江苏者为多,约26万左右。侨民聚集之地,长江以南以今之江宁、镇江、武进为最多;长江以北以今之江都、淮阴诸县为最众。东晋初年将相大臣,很多来自侨姓士族。琅邪王氏、颍川庾氏、谯国桓氏、陈郡谢氏、太原王氏左右东晋政局,实行门阀政治百年之久。北方人口的大量南迁,加快了中原文化与长江文化的交流,使长江流域的经济文化提高到一个新的水平。(李学勤等主编《长江文化史》)

"永嘉南渡"对于江南开发的意义是毋庸赘言的,但为一般中国学者所忽略的却是,所谓的南北冲突与交融,并不是诗人所谓的"取诸怀抱,晤言一室之内",由于它直接关系到不同地区、人民的政治经济利益与现实命运沉浮,因而其中各种剧烈的矛盾冲突与残酷斗争是可想而知的。在这一段的历史文献中常见的南人与北人从口音到政见的激烈冲突,实际上还表明

他们双方固有的思维与生活方式统统被葬送了。正是在这样一种剧烈而痛苦的文化震荡中,才迫使所有生存在这方水土上的人们去找根源、想办法,直至生产出一种可以回应现实挑战的新智慧来。而这一切与人类在轴心时代的所作所为是极其相似的。

其次,如果要概括说一下这个时代的精神新产物,那么用"人的觉醒"与"文的自觉"是十分合适的。它的核心是一种在两汉文化中极其稀有的审美精神。正如宗白华在评价魏晋六朝时所指出的:一方面是"中国政治上最混乱、社会上最苦痛的时代",另一方面却是"精神史上极自由、极解放,最富于智慧、最浓于热情的一个时代"(《论〈世说新语〉和晋人的美》)。而至于这种精神产物的"新",则可以通过它与中国轴心期的比较来了解。如果说,中国民族在轴心期(西周至战国前后)最重要的精神觉醒是"人兽之辨",即由于意识到人与动物的不同而把自身同它与自然的原始混沌中区分出来,那么也可以说,江南轴心期所带来的最根本的精神觉醒则是唤醒了个体的审美意识,它使人自身从先秦以来的伦理异化中摆脱出来并努力要成为自由的存在。与轴心期一样,这同样是生命在巨大的悲剧与苦难经验中的产物。正如李泽厚所指出的,它

"突出的是一种性命短促、人生无常的悲伤":

　　这种对生命死亡重视、哀伤,对人生短促的感慨、喟叹,从建安直到晋宋,从中下层直到皇家贵族,在相当一段时间中和空间内弥漫开来,成为整个时代的典型音调。曹氏父子有"对酒当歌,人生几何,譬如朝露,去日苦多"(曹操);"人亦有言,忧令人老,嗟我白发,生亦何早"(曹丕);"人生处一世,去若朝露稀,……自顾非金石,咄唶令人悲"(曹植);阮籍有"人生若尘露,天道邈悠悠……孔圣临长川,惜逝忽若浮";陆机有"天道信崇替,人生安得长,慷慨惟平生,俯仰独悲伤";刘琨有"功业未及建,夕阳忽西流,时哉不我与,去乎若云浮";王羲之有"死生亦大矣,岂不痛哉。固知一死生为虚诞,齐彭殇为妄作,后之视今亦犹今之视昔,悲夫!"陶潜有"悲晨曦之易夕,感人生之长勤,同一尽于百年,何欢寡而愁殷"……他们唱出的都是这同一哀伤,同一感叹,同一种思绪,同一种音调。可见这个问题在当时社会心理和意识形态上具有重要的地位,是他们的世界观人生观的一个核心部分。(李泽厚《美的历程》)

　　在《中国诗哲论》中,我把这种精

《美的历程》书影

神觉醒进一步阐释为存在哲学的"死亡意识"。这一点也如同人类轴心期一样。在某种意义上讲,人的天性是极其懒惰的,生命本能总是会尽可地保持自身固有的结构与平衡。如果不是有一种直接威胁到这个有机体存在的严重挑战,一般说来都很难打破固有的结构与平衡,从而在渺小、平庸的生命中激发出一种岩浆般深藏若虚的创造意识和力量。而与中国文明的轴心期所唤醒的那种伦理精神不同,在魏晋南北朝时代,它是在死亡意识的心理基础上创造出的一种如何在情感上超越死亡的审美意识。

对以务实著称的中国民族来说，由于持续的文化压抑因而它的审美机能是严重匮乏的。因而中国民族审美意识的精神觉醒，最关键的条件即在于如何从沉重的政治伦理异化中解脱出来。在这个充满苦难、又在苦难中生产出巨大生命热情的江南轴心期，则恰好为这样一种纯粹的中国审美精神提供了必要的"物质条件"。

再次，中国民族的审美精神，不仅是在江南文化背景中生产出来，而且如同轴心期的诸子哲学一样，更重要的另一方面则在于它还构成了这个民族一切审美活动的"原本"与"深层结构"。以后大凡真正的或较为纯粹的中国审美经验，可以说与江南轴心期的精神结构都是密切相关的。

如果说，六朝本身是"精神史上极自由、极解放，最富于智慧、最浓于热情的一个时代"，那么这个群星璀璨、流星如雨的文化夜空中，以南京为政治中心、环太湖沿岸向四周辐射的南朝文化，无疑就是那一照彻古今、月印万川的"皎皎空中孤月轮"。诗人不是一直在追问："江畔何人初见月？江月何年初照人？"如果理解了南朝文化与中国民族审美精神的渊源关系，则可以"南朝"二字来回答在"春江花月夜"中情意迷乱的诗人。对此的论证可从很多方面入手，这里只拟略说一点。在一般人看来，说南朝文化是中国民族审美精神的最高典范，是相当难以理解的，因为他们所熟悉的多是各种正史中对南朝的大批判。要理解这一点，在此首先需要调整一下思维观念，对这些批判观点的历史存在当然是毋庸置疑的，但另一方面，由于它们本身都是以政治伦理这种北方意识形态为深层结构的，所以它们的合理性也只能局限在南朝的政治伦理领域，而对于后者所做出的审美批判，在逻辑上就是非法的与无效的。非但如此，由于在中国文化语境中自由的审美精神与政治伦理体制的根本矛盾，甚至还可以说，它恰好从相反的角度证明了南朝文化作为中国民族最高审美精神的代表资格。

具体说来，南朝审美精神的两个关键文本即《世说新语》与"南朝乐府"。前者正如宗白华先生在《论〈世说新语〉和晋人的美》一文中所说："这晋人的美，是这全时代的最高峰。《世说新语》一书记述得挺生动，能以简劲的笔墨画出它的精神面貌、若干人物的性格、时代的色彩和空气。"而关于后者，则正如我在谈南朝民歌《西洲曲》时所指出的：

历代诗人的江南情怀，实际上也

都与她的原唱有关。《西洲曲》是中国诗性精神的一个基调，所有关于江南的诗文、绘画、音乐、传说，所有关于江南的人生、童年、爱情、梦幻，都可以从这里找出最初原因。中国民族之所以有人性，不仅仅是因为她有可以同基督教、伊斯兰教相媲美的儒教，更因为她有上林繁花般的锦绣江南，以及无数徜徉于山光水色中的诗人。中国民族的审美精神，正是在一唱三叹的江南抒情组诗中成长起来的。(《江南的两张面孔》)

把《西洲曲》与北朝民歌《敕勒川》稍作比较，则不难发现，一种真正的诗性江南正是从这里开始发出声音的。也可以说，不是这种江南声音以前不存在，而是说它不可能像这样自由地存在。如先秦时代中原的"郑卫之音"，那本来和《西洲曲》也是差别不大的，但它在北方解释系统中的命运却是一个"淫"字。也不是说以后北方意识形态就不再批判、消解它的审美价值，而是说在经历了江南的轴心期以后，这种消解不仅不可能再形成一个统一的定论，相反却时时面临着各种辩护者的顽强反击。当然，由于审美精神本身就是一种感性的存在，所以这也不意味着从此就是"南音"的天下，以及从此中国民族的审

《广陵散》减字谱
审美精神的自由可令人至死不渝

美精神就可以不受任何制约了;而是说,一旦人们背叛了这种他实际上需要的东西,他们在审美趣味上必然会出现极端的退化与贫乏。举一个简单的例子,本来宋词中的"鹧鸪天"已经被写得美丽极了,但与之多少有点联系的元代"鹧鸪曲",则正如徐梦莘所说:"其乐则唯鼓、笛。其歌则有'鹧鸪'之曲,但高下长短,'鹧鸪'二声而已。"(《三朝北盟会编》卷三)这也可以说明,一旦抛弃了江南文化及其审美精神,尽管不会直接影响到人们最基本的吃喝拉撒睡,但他们的生命活动与他们豢养的牛马等也就看不出有什么区别。或者说,一旦他们某一天从繁重的生计中暂时解脱出来,一种若有所失和难以抑制的空虚感一定会油然而生。这一切都是因为,在他们的耳朵或心灵深处,曾经接触或保留着一种过于美丽甚至是美丽得不真实的东西。

从江南轴心期的历史发生来看,它本身当然是南北文化冲突与交融的产物。这就有这样一个问题需要加以讨论,即在共同的苦难现实面前,为什么只在江南才发生了新的精神觉醒。而在此后的北方文化圈中,一切则基本上还是原来的老样子。也可以说,为什么北方中国的审美趣味依然停留在一种低层次的伦理愉快上,而只有在江南文化中,才从自然趣味与伦理趣味相杂糅的混沌结构中再生产出一种特别精致、气韵生动的审美精神来?在美学分析上讲,则是要解答,在江南轴心期直接产生的以个体死亡意识为基础的"心理痛感",是如何在精神觉醒过程中转换为以生命精神为最高理想的"诗性情调"的?至于这个具体的过程,可通过我对南京文化的一个分析来了解:

南京文化是一种源远流长然而又伤痕累累的文化,这一点从它开始建城的那一天似乎就已命中注定。大约在2 500年前,吴王夫差以南京为作坊开始制造青铜兵器,并称之为"冶城"。大约在22年后,卧薪尝胆的勾践灭吴,又继续于此制造兵器,改称为"越城"。它的地址在今天南京的朝天宫一带,这就是南京最早的城建历史。与世界许多城市都依赖于商业活动而形成完全不同,南京从一开始就是一种国家兵工厂。"六朝文物草连空",同时它也成为遭受兵戈蹂躏最多、历史记忆最为悲惨的人类城市之一。而更为奇特的是,它不像许多北方城市,由于经受不住战火的考验而沦为无人问津的废墟。一次次的折戟沉沙,一次次的烽火烈焰,不仅未能摧毁她的经济文化基础,反而往往会构成它经济文化再生产的历史动力。这就出现了一种十分奇特的南京命运:一方面,丰厚的经济基础与发达的思想文化,必然地要求在政治与意识形态上得到保障与反映;但另一方面,历史上每一次斗争又总是武装的先知战胜文化的先知,久而久之,在总是充满大喜大悲的南京文化氛围中,也就直接孕育出一种近乎颓废主义的南京的快乐,它是一种节奏缓慢、温柔富贵、"躲避崇高"、沉迷于日常生活的诗性情调。(《南京的伤感与快乐》)

正是在这样一种内在的精神历程之后,一种不同于北方道德愉悦,一种真正属于江南文化的诗性精神,才开始在血腥的历史风云中露出日后越来越美丽的容颜。由此可以得出一个结论:江南本身是南朝文化的产物,它直接开放出中国文化"草长莺飞"的审美春天。在它的精神结构中充溢的是一种不同于北方政治伦理精神的诗性审美气质。也可以说,尽管和北方与中原一样共同遭受了魏晋南北朝的混乱与蹂躏,但由于它自身天然独特的物质基础与精神条件,因而才从自身创造出一种完全不同于前者的审美精神觉醒。它不仅奠定了南朝文化的精神根基,同时也奠定了整个江南文化的审美基调。从此,中国民族的审

无款南游道里图卷(江宁府)

美意识才开始获有了一个坚实的主体基础，使过于政治化的中国文明结构中出现了一种来自非功利的审美精神的制约与均衡：一方面有充满现实责任感的齐鲁礼乐来支撑中国民族的现实实践；另一方面由于有了这种可以超越一切现实利害的生命愉快，才使得在前一种生活中必定要异化的生命一次次赎回了它们的自由。所以说正是在有了这"半壁江山"，中国文化的基本构架才真正明确下来。如果说北方文化是中国现实世界最强有力的支柱，那么江南文化则构成了中国民族精神生活的脊梁。

如同西方哲人说人类文明产生于轴心期的精神觉醒一样，也正是在经历了大灾难之后的南朝文化中，一种具有诗意栖居内涵的江南才成为一个务实民族倾心向往的对象。

肆　木本水源

"木本水源"，这是徽州人续家谱时，在序言中特别喜欢的一句。与此有一比的是，北方人在做同一件事情时，则总是爱提到某位显要的祖先。一在山水，一在人物，它很能说明南北文化的某种隐喻中的差异。具体说来，由于北方文化的重心在政治伦理，

因而作为自然存在的山水与作为社会关系总和的人物相比，后者的更加重要是自不待言的。而在以审美精神为中心的江南文化，情况则恰好相反。由于审美精神本来就与大自然特别亲近，因而这种非功利机能最能欣赏的也就不可能是在文明世界中疲于奔命的人物，尤其是那些负载着社会历史命运与重大机密的大人物。正如米芾《画史》论董源云："峰峦出没，云雾显晦，不装巧趣，皆得天真。岚色郁苍，枝干劲挺，咸有生意。溪桥渔浦，洲渚掩映，一片江南也。"

人物退却，山水方兴；伦理淡化，审美出场。这大概可以看作是打开江南诗性精神结构的一把钥匙吧。

江南的存在是一回事，而如何使之显现出来则是另外一回事。这就又把问题送到语言本体论的层面上，即，要想认识与把握诗性江南，首先需要讨论的仍然是使用何种语境与话语的问题。

前面已经讲过，以政治-伦理与审美—诗性来区分南北文化，大体上是可以成立的。而具体到审美精神这个微型结构中，由于政治与伦理合一，诗性与审美在功能上一致的原因，则可以把江南语境简化为伦理与审美两种结构要素。而存在着两种结构要素则意味着，它们都是可用来陈述与表

现江南精神的,也就是说,这本身就意味着存在着两种元叙事。而提出"江南语境",则是要讨论两者谁是合法的。

在讨论这个问题时,必须防止一种误解,即以为我们要说江南是没有伦理的。因为实际情况是,在江南的某些地区与生活中,它往往有着比北方文化圈更严格的伦理规范。如徽州地区的贞节牌坊就是一种物证。在这里必须强调的是,所谓的合法性,是指在对江南文化进行诗性阐释时的合法性。进一步说,是要在逻辑上把伦理江南与审美江南区分开,以便在这个基础上分辨谁更能代表江南文化的精神本质,而谁仅仅是作为北方齐鲁文化的衍生物而存在的。在获得了这个思路之后,不难发现,伦理叙事只是一种传播进来的东西,是借助于敌视审美精神的政治意识形态的力量,才在江南文化中延续下来的。并且它只有借助不断的压抑才能维系自身摇摇欲坠的存在。由此可知,在解释江南文化时,伦理语境的合法性是有限的,而在讨论诗性江南时则是完全缺乏证据的。

但另一方面,正如"在理论中行不通的,在实践中往往行得通",借助于现实世界中的政治意识形态,这种在逻辑上非法的伦理叙事,在江南这个柔弱的对象上一直是口水横飞。而最有趣的一个现象是,即使在古典的色情小说中,也是把江南当作一种孽障来辱骂的:

> 话说从古到今,天子治世,亦岂能偏行天下!惟在各臣代宣天子恩威,第一先正风化。风化一正,自然刑清讼简了。风化惟"奢淫"二字,最为难治。奢淫又惟江南一路,最为多端。穷的奢不来,奢字尚不必禁,惟淫风太盛。苏松杭嘉湖一带地方,不减当年郑卫……
>
> 再说苏州地方,第一奢华去处了,淫风也渐觉不同。天启末年,忽然有个道士打扮的人,来到阊门。初然借寓虎丘,后来在城内雍熙寺,东天王堂,各处游荡。自称为憨道人,声言教人采战。有一个中年读书人,要从他学术,怕他是走方骗人的,说要请他在私窠子家吃酒,就留他住在这家试他。果有本事,肯送开手拜师傅。……(《梧桐影》第三回)

大约是由于这种伦理叙事的强大势力,连那些生于斯、长于斯的本地人,在被伦理批判灌输了过多的"异域声音"之后,也开始自觉不自觉地以"伦理之眼观物"了。这就是在许多江南方志一类的读物中,都可以听到北方的伦理之音的根源。

吾邑介江淮之间，民性轻扬，风尚侈靡，古今一辙，不可讳也。然丘陵平衍，水流萦绕，生其土者，得天地清淑之气，故人文蔚起，研经笃古之士，恒杰出其间。四郊之氓，多业农工，孳孳终岁，曾无非分之求。勤苦谨愿，同于邹鲁，亦不可诬也。耳食者知其一而遗其二，掩其美而指其瑕，动以浮薄轻傖之词，横加诋辱。彼虽以"闲话"自解，然岂膺显职，主教务，为士林景仰者所宜然哉！士之得行其道于天下也，凡风俗之善良者，则载之志乘，播为歌谣，以为当世劝；其有不合于正义者，则示以禁令，诲以《诗》《书》，思有以感化而革新之。是以良吏纯儒，车辙所径，恒汲汲引为己责，而况钓游于斯，歌哭于斯，号为绪绅先生者乎！（徐谦芳《扬州风土记略·王序》）

吴趋风气，日变益新，如五音之繁会，五色之陆离，其可无纪乎？此书出而行之海内，吾知其不胫而走也。予于是窃有感焉。昔言子子游游圣人之门，列文学之科，流风渐被数千百年，天下皆以吾吴为文章渊薮。然文胜则实漓，骛于外而遗其内，非圣人忠信之教也。吴中今日，文亦少胜矣。铁卿之订是书也，其亦有微意也欤？是为叙。道光十年六月朔日，宛山老人承书。（顾禄《清嘉录·宛山老人序》）

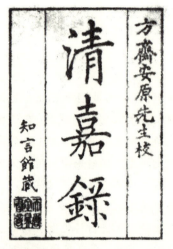

《清嘉录》书影

而只有首先破除了这种伦理叙事的合法性，那种不同于伦理愉悦的江南美感，以及不同于伦理实用的江南审美精神，才能从漫长的历史遮蔽中显露出它的美丽内涵来。这就正如我在《江南的两张面孔》所指出的：

真正的江南好风景，却并不完全等同于现实时空中的那方水土，只是在她经历了从实境到虚境的脱胎换骨之后，才升华为诗性地理学上那种可以作为天下游子的生命家园。马克思曾说，私有制使我们变得如此愚蠢而片面，以至一个对象，只有当它作为资本被我们拥有、直接占有或者消费即被我们使用的时候，才是我们的。（《巴黎手稿》）同样也可以说，当美丽江南只是被看作政治复辟的军事经济资本,当中国诗人政治家还在"有我之境"中新亭对泣或亟亟于中流击楫,这时的江南风光由于本身尚未脱离人们实际的粗陋需要,也不可能把自身从大自然中提升到诗性地理学的境界。而只有在那种人散后夜凉如水的无我之境中,美丽的江南才真正成为她自身。

伍 诗性江南的审美精神

正如马克思在《政治经济学批判导言》中所指出的:"人体解剖对于猴体解剖是一把钥匙。低等动物身上表露的高等动物的征兆,反而只有在高等动物本身已被认识之后才能理解。"这是一种逻辑地研究事物发展系列中最高环节和最成熟状态之后得出结论的方法。对于我们了解江南文化的特质,它同样具有重要的方法论意义。为了能够正确阐明江南的特质,我们可以通过解剖它在各个阶段中的最高发展环节来获得。如果说,早期的各种江南现象的江南特征尚不够成熟,另一方面在后来的江南话语中又重新出现了各种语音融和的趋势;那么,在这两个极端的形态之间,一定有一个

最完整的江南内涵。而它无疑就在宗白华对《世说新语》的出色研究中。

一、魏晋人生活上人格上的自然主义和个性主义,解脱了汉代儒教统治下的礼法束缚,在政治上先已表现于曹操那种超道德观念的用人标准。一般知识分子多半超脱礼法观点直接欣赏人格个性之美,尊重个性价值。桓温问殷浩曰:"卿何如我?"殷答曰:"我与我周旋久,宁作我!"这种自我价值的发现和肯定,在西洋是文艺复兴以来的事。而《世说新语》上第六篇《雅量》、第七篇《识鉴》、第八篇《赏誉》、第九篇《品藻》、第十篇《容止》,都系鉴赏和形容"人格个性之美"的。而美学上的评赏,所谓"品藻"的对象乃在"人物"。中国美学竟是出发于"人物品藻"之美学。美的概念、范畴、形容词,发源于人格美的评赏。"君子比德于玉",中国人对于人格美的爱赏渊源极早,而品藻人物的空气,已盛行于汉末。到"世说新语时代"则登峰造极了(《世说》载"温太真是过江第二流之高者。时名辈共说人物,第一将尽之间,温常失色"。即此可见当时人物品藻在社会上的势力)。

中国艺术和文学批评的名著,谢赫的《画品》,袁昂、庾肩吾的《画品》、钟嵘的《诗品》、刘勰的《文心雕龙》,

都产生在这热闹的品藻人物的空气中。后来唐代司空图的《二十四品》，乃集我国美感范畴之大成。

二、山水美的发现和晋人的艺术心灵。《世说》载东晋画家顾恺之从会稽还，人问山水之美，顾云："千岩竞秀，万壑争流，草木蒙笼其上，若云兴霞蔚。"这几句话不是后来五代北宋荆（浩）、关（同）、董（源）、巨（然）等山水画境界的绝妙写照么？中国伟大的山水画的意境，已包具于晋人对自然美的发现中了！而《世说》载简文帝入华林园，顾谓左右曰："会心处不必在远，翳然林水，便自有濠濮间想也。觉鸟兽禽鱼自来亲人。"这不又是元人山水花鸟小幅，黄大痴、倪云林、钱舜举、王若水的画境吗？（中国南宗画派的精意在于表现一种潇洒胸襟，这也是晋人的流风余韵。）

晋宋人欣赏山水，由实入虚，即实即虚，超入玄境。当时画家宗炳云："山水质有而趣灵。"诗人陶渊明的"采菊东篱下，悠然见南山"，"此中有真意，欲辨已忘言"；谢灵运的"溟涨无端倪，虚舟有超越"；以及袁彦伯的"江山辽落，居然有万里之势"。王右军与谢太傅共登冶城，谢悠然远想，有高世之志。荀中郎登北固望海云："虽未睹三山，便自使人有凌云意。"晋宋人欣赏自然，有"目送归鸿，手挥五

弦"，超然玄远的意趣。这使中国山水画自始即是一种"意境中的山水"。宗炳画所游山水悬于室中，对之云："抚琴动操，欲令众山皆响！"郭景纯有诗曰："林无静树，川无停流"，阮孚评之云："泓峥萧瑟，实不可言，每读此文，辄觉神超形越。"这玄远幽深的哲学意味深透在当时人的美感和自然欣赏中。

晋人以虚灵的胸襟、玄学的意味体会自然，乃能表里澄澈，一片空明，建立最高的晶莹的美的意境！司空图《诗品》里曾形容艺术心灵为"空潭写春，古镜照神"，此境晋人有之：

王羲之曰："从山阴道上行，如在镜中游！"

心情的朗澄，使山川影映在光明净体中！

王司州（修龄）至吴兴印渚中看，叹曰："非唯使人情开涤，亦觉日月清朗！"

司马太傅（道子）斋中夜坐，于时天月明净，都无纤翳，太傅叹以为佳。谢景重在坐，答曰："意谓乃不如微云点缀。"太傅因戏谢曰："卿居心不净，乃复强欲滓秽太清邪？"

这样高洁爱赏自然的胸襟，才能

够在中国山水画的演进中产生元人倪云林那样"洗尽尘滓,独存孤迥","潜移造化而与天游","乘云御风,以游于尘埃之表"(皆恽南田评倪画语),创立一个玉洁冰清,宇宙般幽深的山水灵境。晋人的美的理想,很可以注意的,是显著的追慕着光明鲜洁,晶莹发亮的意象。他们赞赏人格美的形容词像:"濯濯如春月柳","轩轩如朝霞举","清风朗月","玉山","玉树","磊砢而英多","爽朗清举",都是一片光亮意象。甚至于殷仲堪死后,殷仲文称他"虽不能休明一世,足以映彻九泉"。形容自然界的如:"清露晨流,新桐初引。"形容建筑的如:"遥望层城,

傅抱石 《山阴道上》
被视为江南诗性典范的一群人物

丹楼如霞。"庄子的理想人格"藐姑射仙人,绰约如处子,肌肤若冰雪",不是这晋人的美的意象的源泉么?桓温谓谢尚"企脚北窗下,谈琵琶,故自有天际真人想"。天际真人是晋人理想的人格,也是理想的美。

晋人风神潇洒,不滞于物,这优美的自由的心灵找到一种最适宜于表现他自己的艺术,这就是书法中的行草。行草艺术纯系一片神机,无法而有法,全在于下笔时点画自如,一点一拂皆有情趣,从头至尾,一气呵成,如天马行空,游行自在。又如庖丁之中肯綮,神行于虚。这种超妙的艺术,只有晋人萧散超脱的心灵,才能心手相应,登峰造极。魏晋书法的特色,是能尽各字的真态。"钟繇每点多异,羲之万字不同。""晋人结字用理,用理则从心所欲不逾矩。"唐张怀瓘《书议》评王献之书云:"子敬之法,非草非行,流便于行草;又处于其中间,无藉因循,宁拘制则,挺然秀出,务于简易。情驰神纵,超逸优游,临事制宜,从意适便。有若风行雨散,润色开花,笔法体势之中,最为风流者也!逸少秉真行之要,子敬执行草之权,父之灵和,子之神俊,皆古今之独绝也。"他这一段话不但传出行草艺术的真精神,且将晋人这自由潇洒的艺术人格形容尽致。中国独有的美术书法——这书法也是

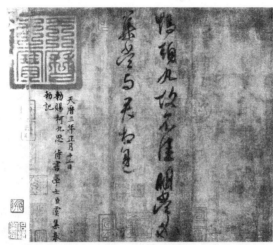

晋尚書令王獻之鴨頭丸帖

王献之 《鸭头丸帖》

中国绘画艺术的灵魂——是从晋人的风韵中产生的。魏晋的玄学使晋人得到空前绝后的精神解放,晋人的书法是这自由的精神人格最具体最适当的艺术表现。这抽象的音乐似的艺术才能表达出晋人的空灵的玄学精神和个性主义的自我价值。欧阳修云:"余尝喜览魏晋以来笔墨遗迹,而想前人之高致也!所谓法帖者,其事率皆吊哀候病,叙睽离,通讯问,施于家人朋友间,不过数行而已。盖其初非用意,而逸笔余兴,淋漓挥洒,或妍或丑,百态横生,披卷发函,烂然在目,使骤见惊绝,徐而视之,其意态如无穷尽,使后世得之,以为奇玩,而想见其为人也!"个性价值之发现,是"世说新语时代"的最大贡献,而晋人的书法是这个性时代的代表艺术。到了隋唐,晋人书艺中的"神理"凝成了"法",于是"智永精熟过人,惜无奇态矣"。

三、晋人艺术境界造诣的高,不仅是基于他们的意趣超越,深入玄境,尊重个性,生机活泼,更主要的还是他们的"一往情深"!无论对于自然,对探求哲理,对于友谊,都有可述:

王子敬云:"从山阴道上行,山川自相映发,使人应接不暇。若秋冬之际,尤难为怀!"

好一个"秋冬之际尤难为怀!"

卫玠总角时问乐令"梦"。乐云:"是想。"卫曰:"形神所不接而梦,岂是想邪?"乐云:"因也。未尝梦乘车入鼠穴,捣齑口噉铁忤,皆无想无因故也。"卫思因经日不得,遂成病。乐闻,故命驾为剖析之。卫即小差。乐叹曰:"此儿胸中,当比无膏肓之疾!"

卫玠姿容极美,风度翩翩,而因思索玄理不得,竟至成病,这不是柏拉图所说的富有"爱智的热情"么?

晋人虽超,未能忘情,所谓"情之所钟,正在我辈"(王戎语)! 是哀乐过人,不同流俗。尤以对于朋友之爱,里面富有人格美的倾慕。《世说》中《伤逝》一篇记述颇为动人。庾亮死,何扬州临葬云:"埋玉树著土中,使人情何能已!"伤逝中犹具悼惜美之幻灭的意思。

顾恺之拜桓温武墓,作诗云:"山崩溟海竭,鱼鸟将何依?"人问之曰:"卿凭重桓乃尔,哭之状其可见乎?"顾曰:"鼻如广莫长风,眼如悬河决溜!"

顾彦先平生好琴,及丧,家人常以琴置灵床上,张季鹰往哭之,不胜其恸,遂径上床,鼓琴,作数曲竟,抚琴曰:"顾彦先颇复赏此否?"因又大恸,遂不执孝子手而出。

桓子野每闻清歌,辄唤奈何,谢公闻之,曰:"子野可谓一往有深情。"

王长史登茅山,大恸哭曰:"琅琊王伯舆,终当为情死!"

阮籍时率意独驾,不由路径,车迹所穷,辄痛哭而返。

深于情者,不仅对宇宙人生体会到至深的无名的哀感,扩而充之,可以成为耶稣、释迦的悲天悯人;就是快乐的体验也是深入肺腑,惊心动魄;浅俗薄情的人,不仅不能深哀,且不知所谓真乐:

王右军既去官,与东土人士营山水弋钓之乐。游名山,泛沧海,叹曰:"我卒当以乐死!"

晋人富有这种宇宙的深情,所以在艺术文学上有那样不可企及的成就。顾恺之有三绝:画绝、才绝、痴绝。其痴犹不可及! 陶渊明的纯厚天真与侠情,也是后人不能到处。

晋人向外发现了自然,向内发现了自己的深情。山水虚灵化了,也情致化了。陶渊明、谢灵运这般人的山水诗那样的好,是由于他们对于自然有那一股新鲜发现时身入画境浓酣忘我的趣味;他们随手写来,都成妙谛,境与神会,真气扑人。谢灵运的"池塘生春草"也只是新鲜自然而已。然而扩而大之,体而深之,就能构成一种泛神论宇宙观,作为艺术文学的基础。孙绰《游天台山赋》云:"恣语乐以终日,等寂默于不言;浑万象以冥观,兀同体于自然。"又云:"游览既周,体静心闲。害马已去,世事都捐。投刃皆虚,目牛无全。凝想幽岩,朗咏长川。"在这种深厚的自然体验下,产生了王羲之的《兰亭序》,鲍照《登大雷岸寄妹书》,陶宏景、吴均的《叙景短札》,郦道元的《水经注》;这些都是最优美的写景文学。

四、我说魏晋时代人的精神是最哲学的,因为是最解放的、最自由的。支道林好鹤,往郊东峁山,有人遗其双鹤。少时翅长欲飞。支意惜之,乃铩其翮。鹤轩翥不能复飞,乃反顾翅垂头,视之如有懊丧之意。林曰:"既有凌霄之姿,何肯为人作耳目近玩!"养令翮成,置使飞去。晋人酷爱自己精神的自由,才能推己及物,有这意义伟大的动作。这种精神上的真自由、真解放,才能把我们的胸襟像一朵花似地展开,接受宇宙和人生的全景,了解它的意义,体会它的深沉的境地。近代哲学上所谓"生命情调"、"宇宙意识",遂在晋人这超脱的胸襟里萌芽起来(使这时代容易接受和了解佛教大乘思想)。卫玠初欲过江,形神惨悴,语左右曰:"见此茫茫,不觉百端交集,苟未免有情,亦复谁能遣此?"后来初唐陈子昂《登幽州台歌》:"前不见古人,后不见来者。念天地之悠悠,独怆然而涕下!"不是从这里脱化出来?

宗白华

而卫玠的一往情深,更令人心恸神伤,寄概无穷。(然而孔子在川上,曰:"逝者如斯夫,不舍昼夜!"则觉更哲学,更超然,气象更大。)

谢太傅与王右军曰:"中年伤于哀乐,与亲友别,辄作数日恶。"

人到中年才能深切地体会到人生的意义、责任和问题,反省到人生的究竟,所以哀乐之感得以深沉。但丁的《神曲》起始于中年的徘徊歧路,是具有深意的。

桓温北征,经金城,见前为琅玡时种柳皆已十围,慨然曰:"木犹如此,人何以堪?"攀条执枝,泫然流泪。

桓温武人,情致如此!庾子山著《枯树赋》,末尾引桓温大司马曰:"昔年种柳,依依汉南;今逢摇落,凄怆江潭,树犹如此,人何以堪?"他深感到桓温这话的凄美,把它敷演成一首四言的抒情小诗了。

然而王羲之的《兰亭》诗:"仰视碧天际,俯瞰绿水滨。寥阒无涯观,寓目理自陈。大哉造化工,万殊莫不均。群籁虽参差,适我无非新。"真能代表晋人这纯净的胸襟和深厚的感觉所启示的宇宙观。"群籁虽参差,适我无非新"两句尤能写出晋人以新鲜活泼自由自在的心灵领悟这世界,使触着的一切呈露新的灵魂、新的生命。于是"寓目理自陈",这理不是机械的陈腐的理,乃是活泼泼的宇宙生机中所含至深的理。王羲之另有两句诗云:"争先非吾事,静照在忘求。""静照"(comtermplation)是一切艺术及审美生活的起点。这里,哲学彻悟的生活和审美生活,源头上是一致的。晋人的文学艺术都浸润着这新鲜活泼的"静照在忘求"和"适我无非新"的哲学精神。大诗人陶渊明的"日暮天无云,春风扇微和","即事多所欣","良辰入奇怀",写出这丰厚的心灵"触着每秒光阴都成了黄金"。

五、晋人的"人格的唯美主义"和友谊的重视,培养成为一种高级社交文化如"竹林之游","兰亭禊集"等。玄理的辩论和人物的品藻是这社交的主要内容。因此谈吐措词的隽妙,空前绝后。晋人书札和小品文中隽句天成,俯拾即是。陶渊明的诗句和文句的隽妙,也是这"世说新语时代"底产物。陶渊明散文化的诗句又遥遥地影响着宋代散文化的诗派。苏、黄、米、蔡等人们的书法也力追晋人萧散的风致。但总嫌做作夸张,没有晋人的自然。

六、晋人之美,美在神韵(人称王羲之的字韵高千古)。神韵可说是"事外有远致",不沾滞于物的自由精神(目送归鸿,手挥五弦)。这是一种心灵的美,或哲学的美。这种事外有远致的力量,扩而大之可以使人超然于死生祸福之外,发挥出一种镇定的大无畏的精神来:

谢太傅盘桓东山,时与孙兴公诸人汎海戏。风起浪涌,孙(绰)王(羲之)诸人色并遽,便唱使还。太傅神情方王,吟啸不言。舟人以公貌闲意说,犹去不止。既风转急浪猛,诸人皆谊动不坐。公徐云:"如此,将无归。"众人皆承响而回。于是审其量,足以镇安朝野。

美之极,即雄强之极。王羲之书法人称其字势雄逸,如龙跳天门,虎卧凤阙。淝水的大捷植根于谢安这美的人格和风度中。谢灵运泛海诗"溟涨无端倪,虚舟有超越",可以借来体会谢公此时的境界和胸襟。

枕戈待旦的刘琨,横江击楫的祖逖,雄武的桓温,勇于自新的周处、戴渊,都是千载下懔懔有生气的人物。桓温过王敦墓,叹曰:"可儿!可儿!"心焉向往那豪迈雄强的个性,不拘泥于世俗观念,而赞赏"力",力就是美。

庾道季说:"廉颇、蔺相如虽千载上死人,懔懔如有生气。曹蜍、李志虽见在,厌厌如九泉下人。人皆如此,便可结绳而治。但恐狐狸猯狢啖尽!"这话何等豪迈、沉痛。晋人崇尚活泼生气,蔑视世俗社会中的伪君子、乡愿、战国以后二千年来中国的"社会栋梁"。

七、晋人的美学是"人物的品藻",引例如下:

王武子、孙子荆各言其土地之美。王云:"其地坦而平,其水淡而清,其人廉且贞。"孙云:"其山崔巍以嵯峨,其水㳌渫而扬波,其人磊砢而英多。"

桓大司马(温)病,谢公往省病,从东门入,桓公遥望叹曰:"吾门中久不见如此人!"

嵇康身长七尺八寸,风姿特秀,见者叹曰:"萧萧肃肃,爽朗清举。"或云:"萧萧如松下风,高而徐引。"山公云:"嵇叔夜之为人也,岩岩若孤松之独立,其醉也,傀俄若玉山之将崩!"

海西时,诸公每朝,朝堂犹暗,唯会稽王来,轩轩如朝霞举。

谢太傅问诸子侄:"子弟亦何预人事,而正欲其佳?"诸人莫有言者。车骑(谢玄)答曰:"譬如芝兰玉树,欲使其生于阶庭耳。"

人有叹王恭形茂者,曰:"濯濯如春月柳。"

刘尹云:"清风朗月,辄思玄度。"

拿自然界的美来形容人物品格的美,例子举不胜举。这两方面的美——自然美和人格美——同时被魏晋人发现。人格美的推重已滥觞于汉末,上溯至孔子及儒家的重视人格及其气象。"世说新语时代"尤沉醉于人格的容貌、器识、肉体与精神的美。所以"看杀卫玠",而王羲之——他自己被时人目为"飘如游云,矫如惊龙"——见杜弘治叹曰:"面如凝脂,眼如点漆,此神仙中人也!"

而女子谢道韫亦神情散朗,奕奕有林下风。《世说》里面的女性多能矫矫脱俗,无脂粉气。

总而言之,这是中国历史上最有生气,活泼爱美,美的成就极高的一个时代。美的力量是不可抵抗的,见下

《世说新语》书影

一段故事：

> 桓宣武平蜀，以李势妹为妾，甚有宠，尝著斋后。主（温尚明帝女南康长公主）始不知，即闻，与数十婢拔白刃袭之。正值李梳头，发委藉地，肤色玉曜，不为动容，徐徐结发，敛手向主，神色闲正，辞甚凄惋，曰："国破家亡，无心至此，今日若能见杀，乃是本怀！"主于是掷刀前抱之："阿子，我见汝亦怜，何况老奴！"遂善之。

话虽如此，晋人的美感和艺术观，就大体而言，是以老庄哲学的宇宙观为基础，富于简淡、玄远的意味，因而奠定了一千五百年来中国美感——尤以表现于山水画、山水诗的基本趋向。

中国山水画的独立，起源于晋末。晋宋山水画的创作，自始即具有"澄怀观道"的意趣。画家宗炳好山水，凡所游历，皆图之于壁，坐卧向之，曰："老病俱至，名山恐难遍游，惟当澄怀观道，卧以游之。"他又说："圣人含道应物，贤者澄怀味像；人以神法道而贤者通，山水以形媚道而仁者乐。"他这所谓"道"，就是这宇宙里最幽深最玄远却又弥沦万物的生命本体。东晋大画家顾恺之也说绘画的手段和目的是"迁想妙得"。这"妙得"的对象也即是那深远的生命，那"道"。

中国绘画艺术的重心——山水画，开端就富于这玄学意味（晋人的书法也是这玄学精神的艺术），它影响着一千五百年，使中国绘画在世界上成一独立的体系。

他们的艺术的理想和美的条件是一味绝俗。庾道季见戴安道所画行像，谓之曰："神明太俗，由卿世情未尽！"以戴安道之高，还说是世情未尽，无怪他气得回答说："唯务光当免卿此语耳！"

然而也足见当时美的标准树立得很严格，这标准也就一直是后来中国文艺批评的标准："雅"、"绝俗"。

竹林七贤和荣启期
这是一个精神自律的时代

这唯美的人生态度还表现于两点，一是把玩"现在"，在刹那的现量的生活里求极量的丰富和充实，不为着将来或过去而放弃现在价值的体味和创造：

王子猷尝暂寄人空宅处，便令种竹。或问："暂住何烦尔？"王啸咏良久，直指竹曰："何可一日无此君！"

二则美的价值是寄于过程的本身，不在于外在的目的，所谓"无所为而为"的态度。

王子猷居山阴，夜大雪，眠觉开室命酌酒，四望皎然，因起彷徨，咏左思《招隐》诗。忽忆戴安道；时戴在剡，即便乘小船就之。经宿方至，造门不前而返。人问其故，王曰："吾本乘兴而来，兴尽而返，何必见戴？"

这截然地寄兴趣于生活过程的本身价值而不拘泥于目的，显示了晋人唯美生活的典型。

八、晋人的道德观和礼法观。孔子是中国二千年礼法社会和道德体系的建设者。创造一个道德体系的人，也就是真正能了解这道德的意义的人。孔子知道道德的精神在于诚，在于真性情，真血性，所谓赤子之心。扩而充之，就是所谓"仁"。一切的礼法，只是它托寄的外表。舍本执末，丧失了道德和礼法的真精神真意义，甚至于假借名义以便其私，那就是"乡愿"，那就是"小人之儒"。这是孔子所深恶痛绝的。孔子曰："乡愿，德之贼也。"又曰："女为君子儒，无为小人儒！"他更时常警告人们不要忘掉礼法的真精神真意义。他说："人而不仁如礼何？人而不仁如乐何？"子于是日哭，则不歌。食于丧者之侧，未尝饱也。这伟大的真挚的同情心是他的道德的基础。他痛恶虚伪。他骂"巧言令色鲜矣仁！"他骂"礼云、礼云，玉帛云乎哉！"然而孔子死后，汉代以来，孔子所深恶痛绝的"乡愿"支配着中国社会，成为"社会栋梁"，把孔子至大至刚、极高明的中庸之道化成弥漫社会的庸俗主义、妥协主义、折中主义、苟安主义，孔子好像预感到这一点，他所以极力赞美狂狷而排斥乡愿。他自己也能超然于礼法之表追寻活泼的真实的丰富的人生。他的生活不但"依于仁"，还要"游于艺"。他对于音乐有最深的了解并有过最美妙、最简洁而真切的形容。他说：

乐，其可知也！始作，翕如也。从之，纯如也。皦如也。绎如也。以成。

他欣赏自然的美，他说："仁者乐山，智者乐水。"

他有一天问他几个弟子的志趣。子路、冉有、公西华都说过了，轮到曾点。他问道：

"点，尔何如？"鼓瑟希，铿尔，舍瑟而作，对曰："异乎三子者之撰！"子曰："何伤乎？亦各言其志也。"曰："莫春者，春服既成，冠者五六人，童子六七人，浴乎沂，风乎舞雩，咏而归！"
夫子喟然叹曰："吾与点也！"

孔子这超然的、蔼然的、爱美爱自然的生活态度，我们在晋人王羲之的《兰亭序》和陶渊明的田园诗里见到了遥遥嗣响的人，汉代的俗儒钻进利禄之途，乡愿满天下。魏晋人以狂狷来反抗这乡愿的社会，反抗这桎梏性灵的礼数和士大夫阶层的庸俗，向自己的真性情、真血性里掘发人生的真意义、真道德。他们不惜拿自己的生命、地位、名誉来冒犯统治阶级的奸雄假借礼数以维持权位的恶势力。曹操拿

雪夜访戴　不出性情之外

"败伦乱俗，讪谤惑众，大逆不道"的罪名杀孔融。司马昭拿"无益于今，有败于俗，乱群惑众"的罪名杀嵇康。阮籍佯狂了，刘伶纵酒了，他们内心的痛苦可想而知。这是真性情、真血性和这虚伪的礼法社会不肯妥协的悲壮剧。这是一班在文化衰堕时期替人类冒险争取真实人生真实道德的殉道者。他们殉道时何等的勇敢，从容而美丽：

　　嵇康临刑东市，神气不变，索琴弹之，奏《广陵散》，曲终曰："袁孝尼尝请学此散，吾靳固不与，广陵散于今绝矣！"

　　以维护伦理自命的曹操枉杀孔融，屠杀到孔融七岁的小女、九岁的小儿，谁是真的"大逆不道"者？

傅抱石 《晋贤图》
振衣千仞冈，濯足万里流

道德的真精神在于"仁"，在于"恕"，在于人格的优美。《世说》载：

> 阮光禄（裕）在剡，曾有好车，借者无不皆给。有人葬亲，意欲借而不敢言。阮后闻之，叹曰："吾有车而使人不敢借，何以车为？"遂焚之。

这是何等严肃的责己精神！然而不是由于畏人言，畏于礼法的责备，而是由于对自己人格美的重视和伟大同情心的流露。

> 谢奕作剡令，有一老翁犯法，谢以醇酒罚之，乃至过醉，而尤未已。太傅（谢安）时年七八岁，著青布绔，在兄膝边坐，谏曰："阿兄，老翁可念，何可作此！"奕于是改容，曰："阿奴欲放去耶？"遂遣之。

谢安是东晋风流的主脑人物，然而这天真仁爱的赤子之心实是他伟大人格的根基。这使他忠诚谨慎地支持东晋的危局至于数十年。淝水之役，符坚发戎卒六十余万、骑二十七万，大举入寇，东晋危在旦夕。谢安指挥若定，遣谢玄等以八万兵一举破之。符坚风声鹤唳，草木皆兵，仅以身免。这是军事史上空前的战绩，诸葛亮在蜀没有过这样的胜利！

一代枭雄，不怕遗臭万年的桓温也不缺乏这英雄的博大的同情心：

> 桓公入蜀，至三峡中，部伍中有得猿子者，其母缘岸哀号，行百余里不去，遂跳上船，至便即绝。破视其腹中，肠皆寸寸断。公闻之，怒，命黜其人。

晋人既从性情的真率和胸襟的宽仁建立他的新生命，摆脱礼法的空虚和顽固，他们的道德教育遂以人格的感化为主。我们看谢安这段动人的故事：

> 谢虎子尝上屋熏鼠。胡儿（虎子之子）既无由知父为此事，闻人道痴人有作此者，戏笑之。时道此非复一过。太傅既了己（指胡儿自己）之不知，因其言次语胡儿曰："世人以此谤中郎（虎子），亦言我共作此。"胡儿懊热，一月，日闭斋不出。太傅虚托引己之过，必相开悟，可谓德教。

我们现代有这样精神伟大的教育家吗？所以：

> 谢公夫人教儿，问太傅："那得初不见公教儿？"答曰："我常自教儿！"

这正是像谢公称赞褚季野的话：

谢安像

"褚季野虽不言,而四时之气亦备!"

他确实在教,并不姑息,但他着重在体贴入微的潜移默化,不欲伤害小儿的羞耻心和自尊心:

谢玄少时好著紫罗香囊垂覆手。太傅患之,而不欲伤其意;乃谲与赌,得即烧之。

这态度多么慈祥,而用意又何其严格!谢玄为东晋立大功,救国家于垂危,足见这教育精神和方法的成绩。

当时文俗之士所最仇视的阮籍,行为最为任诞,蔑视礼法也最为彻底。然而正在他身上我们看出这新道德运动的意义和目标。这目标就是要把道德的灵魂重新建筑在热情和率真之上,摆脱陈腐礼法的外形。因为这礼法已经丧失了它的真精神,变成阻碍生机的桎梏,被奸雄利用作政权工具,借以锄杀异己。(曹操杀孔融。)

阮籍当葬母,蒸一肥豚,饮酒二斗,然后临诀。直言"穷矣!"举声一号,吐血数升,废顿良久。

他拿鲜血来灌溉道德的新生命!他是一个壮伟的丈夫。容貌瑰杰,志气宏放,傲然独得,任性不羁,当其得意,忽忘形骸,"时人多谓之痴"。这样的人,无怪他的诗"旨趣遥深,反覆零乱,兴寄无端,和愉哀怨,杂集于中"。他的咏怀诗是古诗十九首以后第一流的杰作。他的人格坦荡谆至,虽见嫉于士大夫,却能见谅于酒保:

阮公邻家妇有美色,当垆沽酒。阮与王安丰常从妇饮酒。阮醉便眠其妇侧。夫始殊疑之,伺察,终无他意。

这样解放的自由的人格是洋溢着生命,神情超迈,举止历落,态度恢廓,胸襟潇洒:

王司州(修龄)在谢公坐,咏:"入不言兮出不辞,乘回风兮载云旗!"(《九歌》句)语人云:"'当尔时'觉一坐无人!"

桓温读《高士》传，至于陵仲子，便掷去曰："谁能作此溪刻自处！"这不是善恶之彼岸的超然的美和超然的道德吗？

"振衣千仞冈，濯足万里流！"晋人用这两句诗写下他的千古风流和不朽的豪情。（选自宗白华《美学与意境》）

陆　走在回江南的路途中

如果说宗白华先生的论述还有什么不足，那么在我看来，就是由于《世说新语》在文本上的局限造成的。它主要停留在士大夫及上层社会话语之中，而实际上，由于上层话语与政治中心关系最密切，因而也是一个最容易受到污染的江南解释系统。

正如诗人说"在山泉水清，出山泉水浊"，真正的江南话语恰好在远离意识形态的民间话语中。因此，关于江南文化的诗性阐释，在今后也就特别应该从江南民间文化中选择材料以及开掘其中的真精神。

在还原出江南文化的古典审美精神之后，接着的一个问题无疑是如何在今天的消费文明中保存它和发扬它。这当然是一个更加沉重的话题。

施蛰存先生曾讲到几十年前的一个故事，它足以说明当时的中国人已不再懂得那种沉潜在《兰亭集序》文本中的江南气质：

解放以后，我没有讲过这篇名文，不过，我学会了用思想分析的方法来讲古文。"文化大革命"期间在嘉定劳动，住在卫生学校。一天，有一位卫校语文教师拿这篇名文来问我，她说："这篇文章上半篇容易懂，下半篇难懂。特别是其中一句：'死生亦大矣，岂不痛哉。'到底是什么意思？"经她一问，我把全文又读了一遍。禁不住发愣了。怪哉！怪哉！从前讲得出的文章，现在讲不出了。

从"向之所欣"到"悲夫"这一段

褚遂良摹王羲之　《兰亭序》

文章,是全文主题思想所在,可是经不起分析。我和那位女教师逐句讲,逐句分析,结论是对这段名文下了十二字评语:"七拼八凑,语无伦次,不知所云。"(《批〈兰亭序〉》)

如何才能重新懂得古典江南的意义,除了各种保护江南文化的硬件之外,更重要的当然是要有一颗能够懂得江南的心。这颗具有与江南沟通机能的当代人的心灵,则只能通过一种江南语境与话语才能生产出来。而对此没有别的办法,惟一的一个解决的思路是:真正地了解真正的中国美学的精神,消解人们心中杂乱的审美知识,以便为可以重新进入到江南的诗意和朦胧境界提供一种审美机能。这也是在本书绪篇中,我们反复强调中国话语、江南话语的原因。

文人雅集,不在饮酒,而在以酒催诗

下篇 阡陌纵横

　　在江南轴心期过程中，整个江南大地仿佛是被上帝吹入了生命的气息，从此它才开始有了自己的性格、声音与尊严。这个时期对江南是极其重要的，一方面，它使得那些在历史中一直与北方文化圈相矛盾与对抗的精神要素获得了自己的土壤；另一方面，这种轴心期觉醒的健旺的生命力，也开始一点点地积累和创造属于它自身的生活。而以一种具有现代性内涵的江南理念把它们散乱的材料贯穿起来，则可以为现实的迷路人以及未来的还乡者提供一份永远不会磨灭的诗性江南地图。

壹 二元构架

"两岸青山相对出,孤帆一片日边来。"

江南精神在属于它自身的轴心期中走向成熟,还彻底改变了中国古典文明的深层结构,从而使得它原始简单的分类原则与生活方式,在南北两种力量的对峙、冲突与相互缠绕中变得日益扑朔迷离起来。在江南轴心期以后作中国文化漫游,人们的精神常常会陷入像江南水路一样的纷乱中。但在其阡陌纵横的分布格局中,有两个逻辑的粗线条却是十分明显的:其一即一种南北对峙的二元关系;其二则是在这个基础上越来越清晰的江南身份。这是一种深深地延伸进中国文明肌体之中的二元框架,尽管有时它们又颇难区别,但在江南轴心期以后,它们却再也没有消失过。

让我们在中国文化的两岸青山之间,像苏轼游赤壁一样作一次文化巡礼吧。

这个二元框架首先可从南北二字起源之不同来了解:

谈"南"话"北"

看过前面《说"东"道"西"》一文,已经懂得"东""西"二字的来历

了。下面便谈"南""北"两字的字源。请先看"南"字——

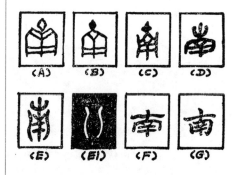

图(A)是商末周初的甲骨文,是半截底朝天的乌龟的象形,顶上的菱形是龟头,下面的部分是龟腹(龟甲板)的前半截和甲板上的凹条纹。为什么要用这个形象来作"南"字呢?原来,龟的居穴,大多朝南;而南面向阳,光照较长,是植物生长繁茂的方向。因此,初民经过长期的观察实践,大家都认识到这一龟居的特点,便借这个形象作为向阳繁茂的方向字。因为画全龟太繁杂,而又不能突出朝南的意思;所以便用龟甲板的前半截的形象来表示"南"。图(B)也是甲骨文,但龟头却已经从菱形实化为橄榄形,虽然还依稀可以看到半截龟壳的形象,但龟甲板上端的条纹也开始省变了。

图(C)和图(D)是春秋战国时代的金文,字的形体,是从图(B)的甲骨文演变过来的;但龟头却已经从橄榄

形逐渐讹变为"草"（屮）形了。

图（E）是秦代的小篆，龟甲板的轮廓和条纹已完全讹变，龟壳的边缘已变成图（E1）的"八"字，谁还能看得出这是半截乌龟的形象呢？

图（F）的汉隶，从形体来看，无疑是从图（D）的金文演变过来的，龟头却已变为"十"字了。图（G）的楷书的"南"则是继承汉隶演化而来的。直到如今，字的形义，依然不变。

现在，有的人把"南"字简化做"฿"，把"南"里的笔画全省掉，也就是把龟甲板上的条纹全删去了，这是不对的。这样的简化汉字，国家文字改革委员会还未正式推广，是不宜使用的。

"北"字的来历，比较简单，请看——

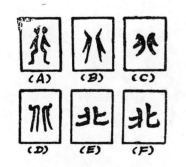

图（A），是图形文字"北"，像两人相背（请注意，是相背的）。以后的甲骨文（B）、金文（图C）、小篆（图D）、隶书（图E）和楷书（图F），都是根据这二人相背的形象演变而来的。

"北"的本义，是互相违背，"北"也是"背"字的初文，而"北"、"背"的古音相同，后来便另造"北"下从"肉（月）"的"背"字，使"北"、"背"区别开来，把"北"作为与南相反的方向字，一直沿用到今天。（选自陈政《字源谈趣》）

如果说，汉字中的"北"本就起源于人与人之间的矛盾斗争，因而在寒冷寂寥的北方大地上最容易生产的是一种政治伦理精神，那么从汉字中的"南"取象于"乌龟朝太阳"来看，则可以使人想到丹纳关于意大利南方人的热情奔源于地中海的阳光的说法。而它们似乎也在以一种隐喻方式说明着我们关于北方政治-伦理而江南诗性-审美的二元论。

以文学言之，有诗分南北之说：

诗之为道，既以描写人生为事，而人生者，非孤立之生活，而在家族、国家及社会中之生活也。北方派之理想，置于当日之社会中，南方派之理想，则树于当日之社会外。易言以明之，北方派之理想，在改作旧社会；南方派之理想，在创造新社会。然改作与创造，皆当日社会之所不许也。南方之人，以长于思辨，而短于实行，故知实践之不可能，而即于其理想中求其安慰之地。故有循世无闷，嚣然自得以没齿者矣。或北方之人，则往往以坚忍之志，强毅之气，持其改作之理想，以与当日之社会争。而社会之仇视之也，亦与其仇视南方学者无异，或有甚焉。故彼之视社会也，一时以为寇，一时以为亲，如此循环，而遂生欧穆亚（Humour）之人生观。《小雅》中杰作，皆此种竞争之产物也。且北方之人，不为离世绝俗之举，而日周旋于君臣父子夫妇之间，此等在在界以诗歌之题目，与以作诗之动机。此诗歌的文学，所以独产于北方学派中，而无与于南方学派者也。

然南方文学中，又非无诗歌的原质也。南人想象力之伟大丰富，胜于

丰子恺 《燕子飞来枕上》
南方诗人是向着主体自我的创造

北人远甚。彼等巧于比类，而善于滑稽。故言大则有若北溟之鱼，语小则有若蜗角之国；语久则大椿冥灵，语短则蟪蛄朝菌；至于襄城之野，七圣皆迷；汾水之阳，四子独往。此种想象决不能于北方文学中发见之。故庄、列书中之某部分，即谓之散文诗，无不可也。夫儿童想象力之活泼，此人人公认之事实也。国民文化发达之初期亦然，古代印度及希腊之壮丽之神话，皆此等想象之产物。以我中国论，则南方之文化发达较后于北方，则南人之富于想象，亦自然之势也。此南方文学中之诗歌的特质之优于北方文学者也。

由此观之，北方人之感情，诗歌的也。以不得想象之助，故其所作遂止于小篇。南方人之想象，亦诗歌的也。以无深邃之感情之后援，故其想象亦散漫而无所丽，是以无纯粹之诗歌。而大诗歌之出，必须俟北方人之感情与南方人之想象合而为一，即必通南北之驿骑而后可，斯即屈子其人也。（选自王国维《屈子文学之精神》）

有词分南北之论：

词 与 禅

有以禅分南、北，以喻词之有南、北二派。张其锦道光六年《梅边吹笛谱》序云：

南宋词有两派:一为白石,以清空为主。高、史辅之。前则有梦窗、竹山、西麓、虚斋、蒲江,后则有玉田、圣与、公谨、商隐。扫除野狐,独标正谛,犹禅之南宗也。一派为稼轩,以豪迈为主。继之者龙洲、放翁、后村。犹禅之北宗也。

董玄宰论画分南、北宗,此师其意。而以白石之清空属南宗,稼轩之豪迈属北宗,所见极新,而未必尽确。又有主融情于声色,而通乎至道者。项名达为赵秋舲《香消酒醒词》序云:

辞藻,色也;宫调,声也;选声配色,而以我咏叹其间者,情也。情与声色,去道远,而一变即可以至道。……故声色者,道之材;而情者,道之蒂也。……香与酒犹之声色,苟融情于香酒,自有不待消而消,不待醒而醒者。故知声即无声,得微妙声;色即无色,得善常色;情即无情,得普遍情。……由文字入,总持门出,生功德无量。则是词也,小乘戒之曰绮语,大乘宝之则曰道种。

其说至精,化绮语而归于至道,依大乘义,现身说法,较龚尤辈又进一步矣。论词者又每喜以法华、华严、楞严取譬。田同之《西圃词话》云:

词之一道,纵横入妙,能转法华,则本来寂灭,不碍昙花。文字性灵,无非般若。频乎小玉,亦可证入圆通矣。

此以转法华为喻,乃袭取自高珩之《珂雪词序》也。施愚山《蠖斋诗话》誉渔洋诗如华严楼阁,弹指即现。渔洋诗话亦载之,用以自炫。顾贞观名其词曰"弹指",诸洛为序,备述其说,谓:

先生尝曰:吾词独不落宋人圈绩。昔弥勒弹指,楼阁门开,善才即见百千万亿弥勒化身。先生以斯名集,殆自示其苦心孤诣,超神入化处。

按《梁书·处士传》刘歊独坐空室,一老父至门,弹指而出。歊与宝志善,作革终论,乃虔诚之佛徒,词人但借用其语。厉鹗词中,游西溪名句"凭高一声弹指,天地入斜晖",后人为建"弹指楼"。此掌故诚有足记者。弥勒弹指顷即现千万化身,词有无数法门,惟智者乃获悟入处,其道亦犹是也。蒋剑人敦复渡江后为僧,法名妙喜(见《听秋声词话》十七)。其论周保绪六丑赋杨花云"声律谨严处,可谓字字从华严法界中来。"(芬陀《利

十六罗汉图·诺距罗

氏词著名者,无如清释正喦《点绛唇》"自家拍掌,唱得千山响"二句(《雨村词话》《铜鼓书堂词话》俱载之。正喦有齑堂词,齑音豁,见《集韵》)。

宋人词集,始取名于禅。陈与义曰《无住词》,杨无咎曰《逃禅词》。清人以禅名词集者更伙。如嘉庆时大兴邵寿民(葆祺)有《情禅词》,道光间潘钟瑞有《香禅词》,龚定庵有《红禅词》。然此辈皆非方外之徒也。纳兰性德名其词曰《饮水》,自谓:"如人饮水,冷暖自知。"语本之道明禅师(答庐行者语,见《五灯会元》)。性德《渌水亭杂识》四称:"钟伯敬妙解楞严,知有根性,在钱蒙叟上。"知其早契禅机,非偶然矣。纳兰拯吴汉槎于塞外,及其覆再而没,汉槎为容若刻《大悲陀罗尼忏》,王昶《论诗绝句》纪其事。陈维崧名其词曰《迦陵》。梵语妙音鸟曰:"迦陵频迦"(Kalavinkā),弥陀经之极乐鸟。(汉人于梵译喜作省词。郭麐字频伽,即截取下半之Vinkā。伽陵则取上半之Kala。)先是黎遂球名其集曰《迦陵》,自序云:"净域之鸟,毂而能鸣,聊以忏悔云尔。"而蒋景祁序《湖海楼词》云:"夫迦陵者,西王母所使之鸟名也。其羽毛世不可得而见,其文彩世不可得而知。划然啸空,声若鸾凤。神仙之与偕,而缥缈之与宅。"维崧以名其集,其取义乎此耶?

室词话》一)此并以华严为喻也。项名达序香消酒醒词亦言赵秋舲(庆禧)尝云:"词学宜少不宜老,以时变者也。即变而入不变,舍楞严其谁与归?"则又比之楞严矣。

王半山和俞秀老禅思词,杨升庵著之《词品》。又举衲子填词二者。释

曹贞吉名词集曰《珂雪》，亦取释典。王僧孺佛事文谓天尊"焕发青莲，容与珂雪"。敦煌卷S5645咒生偈句："目净修广若青莲，齿白齐密由珂雪。"是其例也。

闺秀吴苹香（藻）词名曰《香南雪北》，盖本潞府妙滕臻禅师答僧问："金粟如来为什么却降释迦会里？"云："香山南雪山北。"（参《惠风词话》二）蒋敦复名其词曰《芬陀利室》。芬陀利，梵语Pundarkia，白莲花也。沈寐叟名其词曰《曼陀罗室》，梵语Mandara，天妙华，香而色清者也，凡此皆取自释氏，以名其词集，而各立胜解。王芑孙《瑶想词》有句云："不守辛苏杜撰禅，不从周柳觅蹄荃。"词家之禅，其杜撰之流亚乎？

虽然，词人多具慧眼，吐属超脱，自非凡响。黄仲则《竹眠词》中《金缕曲》，劳濂叔手书《大悲咒》为赠，云可却魔障，报以此解。隽句如："论慧力，图澄堪证。""更凿险，降魔杵奋。只恐夜深惊屈宋，月明中，难把骚魂认。"工作鬼语，妙想环生。沈寐叟金缕曲《健骨金刚锁》一首，贯穿内典，别开生面，如其诗之为同光体，具开埠头本领。同时能以梵典入词而以凄婉嗟叹出之者，若陈仁先旧月簃词之《八声甘州》，写雷峰塔倾圮，悲凉激越。其小词如《浣溪沙·焚香》云："微浡

虚空是泪痕，聊凭香篆定心魂，重帏深下易黄昏。学道不成仍不悔，此心难冷更难温，一丝还裹博山云。"低徊悱恻，语语真挚，不涉理路，故为高绝。是能参透唐人一关，异乎翻着袜之作，徒以戏论取悦者可同日而语也。其句又如："残年心事，寂寞礼空王。"词人老去无聊，往往托情于是。朱彊村句"禅悦新耽如有会"（《浣溪沙》），正同此意。昔唐栖蟾有云："诗为儒者禅。"（《弘秀集》卷十）盖有得于禅者，具外向、内向两种：外向者，类放荡而流于狂禅；内向者，则视禅为安身立命之地，以理性情之正，尤近于儒。词亦可为儒者禅，与诗相拟，特欲缠绵蕴集，不肯道破。难冷难温，此词心所以不同于诗心者钦！（选自饶宗颐《澄心论萃》）

有曲分南北之说：

南北曲异同论

嘉靖、隆庆时期，"四大声腔"竞美争胜，把传奇创作逐渐推向鼎盛。北杂剧的灿烂余晖虽然仍在，但南曲取代北曲已成定势。在这样一个新旧交替时期，许多曲论家抱着不同目的，探讨起南传奇和北杂剧的异同问题。其结果，使人们对杂剧的特色、成就和不足，认识更加准确和深刻了。

早在嘉靖初，胡侍(1492—1553)于《真珠船》中即涉及过这个问题。他

说："北曲音调大都舒雅宏壮，真能令人手舞足蹈，一唱三叹"；"若南曲则凄惋妩媚，令人不欢，直顾长康所谓老婢声耳！"（《真珠船》卷三《北曲》）除了美学风格的偏爱之外，还有对新兴艺术的内心轻视，因此难免有过情之论。但对杂剧风貌的感受，尚不失一得之见。

稍后的徐渭(1521—1593)《南词叙录》，通过与南曲比较，对北剧的艺术风格有更为传神的论述："听北曲使人神气鹰扬，毛发洒浙，足以作人勇往

之志，信胡人之善于鼓怒也，所谓'其声噍杀而立怨'是已。"从充满着阳刚之美的艺术风格中，体味到其中积淀着的"怒"与"怨"的历史内容。

有明一代影响最大的，要数王世贞(1526—1590)的观点。他指出"大抵北主劲切雄丽，南主清峭柔远"(《〈曲藻〉序》)。"北字多而调促、促处见筋，南字少而调缓、缓处见眼；北则辞情多而声情少，南则辞情少而声情多；北力在弦，南力在板；北宜和歌，南宜独奏；北气宜粗，南气宜弱"(《曲藻》第四则）身为"后七子"之一的王世贞，文学上力倡"文必西汉，诗必盛唐"(《明史·王世贞传》)，却能以如此客观的态度研究近世的杂剧、传奇的声腔特点和表情特征，实属难能可贵。虽然后来臧懋循对王说多有异

维摩诘说法图

徐渭像

议，但整个明代从者甚多，曲学界即使大家如魏良辅(1502—1583)、徐复祚(1560—约1630)、张琦(明末在世)等，也只是概括其意、沿袭其语或略作补充。王骥德（？—1623）也认为南北曲之"大较"，应以"王论为确"（《曲律》卷一《总论南北曲第二》）。

从万历开始，一批熟悉戏曲艺术规律的曲学家，从体裁、创作和表演的角度，将南北剧异同研究推进了一步。

王骥德《曲律》首开此端："剧之于戏，南、北故自异体。北剧仅一人唱，南戏则各(人)唱。一人唱则意可舒展，而有才者得尽其春容之致。"（《曲律》卷三《论剧戏第三十》)指出一人主唱的体制，使剧作家在主要人物的塑造上可以恣其所长，尽情发挥，有主角形象丰满之长。

沈德符(1578—1642)则是更为欣赏传奇"几十倍杂剧"的长篇体裁，认为一剧四折和一人主唱是元剧之短："总只四折，盖才情有限，北调又无多，且登场虽数人而唱曲只一人，作者与扮者力量俱尽现矣。"（《顾曲杂言·杂剧院本》)一人主唱，又使杂剧的人物塑造受到严重的限制。应该说，他们分别道出杂剧体制的长短所在。对杂剧、传奇在戏剧形式上的异同长短，吕天成(1580—1618)《曲品》所论也颇为精当："杂剧折惟四，唱止一人；传奇折数多，唱必匀派。"杂剧"但摭一事颠末，其境促；传奇备述一人始终，其味长。无杂剧则孰开传奇之门？非传奇则未畅杂剧之趣也"（《曲品》卷上开篇语）。

杂剧的研究促进了传奇创作的发展，而成熟后了的传奇，自然能映射出许多杂剧本身固有的缺陷。只是由于处在传奇发展的鼎盛期，使得论者往往只见传奇之长和杂剧之短，而忽视了传奇之短和杂剧之长，这又未尝不是导致传奇后来衰落的一个因素。与

元杂剧《青衫泪》
唱不完道不尽人间真性情的南戏

传奇由振兴到繁荣的进程相一致，明代元杂剧研究在某些方面也从"尚元"（明万历时朱朝鼎为王骥德校注《西厢记》作跋时，曾指出"剧尚元"是当时"尽人知之"之事）而转向"抑元"。（选自陆林《元代戏剧学研究》）

文学当然是一种文化的精神象征。在轻舟驶出了这个狭小的航道之后，在其他领域还可以发现一些值得注意的二元现象。如古人论画已有南北之分，所谓"禅家有南北二宗，唐时始分。画之南北二宗，亦唐时分也"（董其昌《画旨》）；而今人则又有园林分南北之论。

园林分南北，景物各千秋

"春雨江南，秋风蓟北。"这短短两句分明道出了江南与北国景色的不同。当然喽，谈园林南北的不同，不可能离开自然的差异。我曾经说过，从人类开始有居室，北方是属于窝的系统，原始于穴居，发展到后来的民居，是单面开窗为主，而园林建筑物亦少空透。南方是巢居，其原始建筑为棚，故多敞口，园林建筑物亦然。产生这些有别的情况，还是先就自然环境言之，华丽的北方园林，雅秀的江南园林，有其果，必有其因。园林与其他文化一样，都有地方特性，这种特性形成还是多方面的。

"小桥流水人家"，"平林落日归鸦"，分明两种不同境界。当然，北方的高亢，与南中的婉约，使园林在总的性格上不同了。北方园林，我们从《洛阳名园记》中所见的唐宋园林，用土穴、大树，景物雄健，而少叠石小泉之景。明清以后，以北京为中心的园林，受南方园林影响，有了很大变化。但是，自然条件却有所制约，当然也有所创新。首先对水的利用，北方艰于有水，有水方成名园，故北京西郊造园得天独厚。而市园，除引城外水外，则聚水为池，赖人力为之了。水如此，石，南方用太湖石，是石灰岩，多湿润，故"水随山转，山因水活"，多姿态，有秀韵。北方用土、太湖、云片石，厚重有余，委婉不足，自然之态，终逊南中。且每年花木落叶，时间较长，因此多用长绿树为主，大量松柏遂为园林主要植物。其浓绿色衬在蓝天白云之下，与黄瓦红柱、牡丹、海棠起极鲜明的对比，绚烂夺目，华丽眩人。而在江南的气候条件下，粉墙黛瓦，竹影兰香，小阁临流，曲廊分院，咫尺之地，容我周旋，所谓"小中见大"，淡雅宜人，多不尽之意。落叶树的栽培，又使人们有四季的感觉。草木华滋，是它得天独厚处。北方非无小园、小景，南方亦存大园、大景。亦正如北宗山水多金碧重彩、南宗多水墨浅降的情形相同，因为园林所表现的诗情画意，正与诗画相同，诗画言境界，园林同样言境界。北方皇家园林（官僚地主园林，风格亦近似），我名之为宫廷园林，其富贵气共存，而庸俗之处亦在所不免。南方的清雅平淡，多书卷气，自然亦有寒酸简陋的地方。因此，北方的好园林，能有书卷气。所谓北园南调，自然是高品。因此，成功的北方园林，都能注意水的应用，正如一个美女一样，那一双秋波是最迷人的地方。

我喜欢用昆曲来比南方园林，用京剧来比北方园林（是指同治、光绪后所造园），京剧受昆曲影响很大，多

少也可以说从昆曲中演变出来，但是有些差异，使人的感觉也有些不同。然而最著名的京剧演员，没有一个不在昆曲上下功夫。而北方的著名园林，亦应有南匠参加。文化不断交流，又产生了新的事物。在造园中又有南北园林的介体——扬州园林，它既不同于江南园林，又有别于北方园林，而园的风格则两者兼有之。从造园的特点上，可以证明其所处的地理条件与文化交流诸方面的复杂性了。

现在，我们提倡旅行，旅行不是"白相"（上海方言：玩），是高尚的文化生活，我们赏景观园，要善于分析、思索、比较，在游的中间可以得到很多

苏州耦园 （刘士林摄）
江南园林，从这里江南终于获得了一种文化的精神象征

学问,增长我们的智慧,那才是有意义的。(选自《陈从周散文选》)

由此可知,南北二元是中国文化的一个深层语法结构,从中既可见到中国哲人讲的"月印万川",也可以使人想到江南世家那种盘根错节的组织。特别需要强调的是,它不仅是中国学术的一个基本分类原则,贯穿于中国的经学、哲学、禅学等各个纯粹精神领域;而且也是中国民族生活方式的一个深层制约机制,并在南北民族的区域文化、市井风俗等方方面面表现出来。这里选择一些阅读材料,以便为还乡人提供真实的路况及其他资讯。选择的标准主要有二:一是它们本身都是较为纯粹的江南话语;二是它们本身都是文化江南不可或缺的有机构件。当然,由于这本身就是一种诗性的阐释,由于江南文化本身也是非逻辑的,所以它们一般来说,也多少都是随意的与直观的。

贰 宫体诗

说到江南的诗性精神,稍微有点中国文学史知识的人,大约都会想到唐人张若虚的《春江花月夜》。也许不因为别的,就凭这诗题中的五个字,就足以说明一切了。江南有"草长莺飞,杂花生树"的暮春三月,有"春来江水绿如蓝"的滔滔长江,有"千里莺啼绿映红"的春花,有"二分无赖是扬州"的秋月,还有或少年狂欢如"钿头银蓖击节碎",或中年以后"小红低唱我吹箫"的良夜。如果说这其中某些因素在其他地方也可见到,那么真正难得的是它们都汇聚在南朝乐府中,成为一个江南文化的基本象征符号。

《春江花月夜》本是南朝乐府的旧题,在进入了南朝宫廷之后便渐渐沦为"宫体诗"。宫体诗在北方意识形态占绝对优势的古代历史上名声就已不好,而现代人对它的了解多半来自闻一多先生:

宫体诗就是宫廷的,或以宫廷为中心的艳情诗,它是个有历史性的名词,所以严格地讲,宫体诗又当指以梁简文帝为太子时的东宫及陈后主、隋炀帝、唐太宗等几个宫廷为中心的艳情诗。我们该记得从梁简文帝当太子到唐太宗宴驾中间一段时期,正是谢朓已死,陈子昂未生之间一段时期。这期间没有出过一个第一流的诗人。那是一个以声律的发明与批评的勃兴为人所推重,但论到诗的本身,则为人所诟病的时期。没有第一流诗人,甚至没有任何诗人,不是一桩罪过。那只是一个消极的缺憾。但这时期却犯了一桩积极的罪。它不是一个空白,而是一个污点，就因为他们制造了一些有如下面这样的宫体诗。

　　长筵广未同，上客娇难逼，还杯了不顾，回身正颜色。（高爽《咏酌酒人》）
　　众中俱不笑，座上莫相撩。（邓鉴《奉和夜听妓声》）

　　这里所反映的上客们的态度，便代表他们那整个宫廷内外的气氛。人人眼角里是淫荡。

　　上客徒留目，不见正横陈。（鲍泉《敬酬刘长史咏名士悦倾城》）

　　人人心中怀着鬼胎。

　　春风别有意，密处也寻香。（李义府《堂词》）

　　对姬妾娼妓如此，对自己的结发妻亦然（刘孝威《郗县寓见人织率尔赠妇》便是一例）。于是发妻也就成了倡家。徐悱写得出《对房前桃树咏佳期赠内》那样一首诗，他的夫人刘令娴为什么不可以写一首《光宅寺》来赛过他？索性大家都揭开了。

　　知君亦君子，贱妾自倡家。（吴均《鼓瑟曲有所思》）

　　因为也许她明白她自己的秘诀是什么。

　　自知心所爱，出入仕秦宫。谁言连屈尹，更是莫遨通？（简文帝《艳歌篇》十八韵）

　　简文帝对此并不诧异，说不定这对他，正是件称心的消息。堕落是没

周昉　《簪花仕女图》
宫廷与民间永远处于两种不同的趣味之中

有止境的。从一种变态到另一种变态往往是个极短的距离，所以现在像简文帝《娈童》，吴均《咏少年》，刘孝绰《咏小儿采莲》，刘遵《繁华应令》，以及陆厥《中山王孺子妾歌》一类作品，也不足令人惊奇了。变态的又一类型是以物代人为求满足的对象。于是绣领、袒腹、履、枕、席、卧具……全有了生命，而成为被玷污者。推而广之，以至灯烛、玉阶、梁尘，也莫不踊跃的助他们集中意念到那个荒唐的焦点，不用说，有机生物如花草莺蝶等更都是可人的同情者。

> 罗荐已擘鸳鸯被，绮衣复有葡萄带。残红艳粉映帘中，戏蝶流莺聚窗外。（上官仪《八咏应制》）

看看以上的情形，我们真要疑心，那是作诗，还是在一种伪装下的无耻中求满足。在那种情形之下，你怎能希望有好诗！所以常常是那套褪色的陈词滥调，诗的本身并不能比题目给人以更深的印象。实在有时他们真不像是在作诗，而只是制题。这都是惨淡经营的结果：《咏人聘妾仍逐琴心》（伏知道），《为寒床妇赠夫》（王胄）。特别是后一例，尽有"闺情"、"秋思"、"寄远"一类的题面可用，然而作者偏要标出这样五个字来，不知是何居心。

如果初期作者常用的"古意""拟古"一类暧昧的题面，是一种遮羞的手法，那么现在这些人是根本没有羞耻了！这由意识到文词，由文词到标题，逐步的鲜明化，是否可算作一种文字的裎裸狂，我不知道，反正赞叹事实的"诗"变成了表明事类的"题"之附庸，这趋势去《游仙窟》一流作品，以记事文为主，以诗副之的形式，已很近了。形式很近，内容又何尝远？《游仙窟》正是宫体诗必然的下场。

我还得补充一下宫体诗在它那中途丢掉的一个自新的机会。这专以在昏淫的沉迷中作践文字为务的宫体诗，本是衰老的，贫血的南朝宫廷生活的产物，只有北方那些新兴民族的热与力才能拯救它。因此我们不能不庆幸庾信等之入周与被留，因为只有这样，宫体诗才能更稳固的移植在北方，而得到它所需要的营养。果然被留后的庾信的《乌夜啼》、《春别诗》等篇，比以前在老家作的同类作品，气色强多了。移植后的第二三代本应不成问题。谁知那些北人骨子里和南人一样，也是脆弱的，禁不起南方那些美丽的毒素的引诱，他们马上又屈服了。除薛道衡《昔昔盐》、《人日思归》，隋炀帝《春江花月夜》三两首诗外，他们没有表现过一点抵抗力。炀帝晚年可算热忱的效忠于南方文化了，文艺的唐太宗，出人意料之外，比炀帝还要热忱。于是庾信的北渡完全白费了。宫体诗在唐初，依然是简文帝是那没筋骨，没心肝的宫体诗。不同的只是现在辞藻来得更细致，声调更流利，整个的外表显得更乖巧、更酥软罢了。说唐初宫体诗的内容和简文时完全一样，也不对。因为除了搬出那僵尸"横陈"二字外，他们在诗里也并没有讲出什么。这又教人疑心这辈子人已失去了积极犯罪的心情。恐怕只是辞藻和声调的试验给他们羁縻着一点作这种诗的兴趣（辞藻声调与宫体有着先天与历史的联系）。宫体诗在当时可说是一种不自主的，虚伪的存在。原来从虞世南到上官仪是连堕落的诚意都没有了。此真所谓"萎靡不振"！（选自闻一多《宫体诗的自赎》）

这样的批评当然是很严厉

闻一多

了。而其中所谓失掉一个"改过自新"、"重新做人"的机会，则尤其给人一种已无药可救的痛感。然而在此需要讨论的是，宫体诗能否被看作是江南文化的产物。原因在于，一方面，与宫体诗并存的还有南朝民歌，它们虽然也多与春、江、花、月、夜相关，但由于后者主要是来自纯朴、健康的田野与民间，因而与宫体诗在精神趣味上是完全不同的。而另一方面，可以说所有的宫廷都是糜烂的，而附着于这个中心的一切也都是肮脏的，这里面是没有什么南北东西之区别的。由于是出于最高统治者的龌龊需要，所以宫体诗及其精神从来就没有消失过。在每一个只要和朝廷发生过哪怕一点联系的古人文集中，这类产品都是普遍存在的。而好在历史中诗艺自有公论，因而人们一般不把它当作"好作品"而已。而这一点与古代士大夫总是觉得在朝廷作官时"不是人"的感觉，也是高度一致的。所以，无论如何，也是不能把宫体诗与真正的江南精神混为一谈的。在这个意义上讲，无论是古代的正统士大夫，还是在阶级教育环境中成长起来的当代人，他们那种把江南文化等于南朝政治文化的观念，无疑是我们深入了解江南精神最需要加以反省与处理的。

如果仔细阅读闻一多先生的文

章，则可以发现，他是用一个叫"自赎"的观念来讨论唐诗的兴盛的。所谓自赎的意思，当然是说宫体诗自我革新的力量是来自它自身，是来自江南文化中深层的诗性力量的。所以闻一多先生还认为像初唐四杰那种暴风雨式的不符合江南精神的北方气质，是不可能真正长久的。它"只是一个手段，打破郁闷烦躁的手段；也只是一个过程，达到雨过天青的过程"而已。而真正具有决定性的拯救与力量则来自江南本身的美，这是一股在《西洲曲》《子夜》《欢闻》《青溪小姑》《长干》民间话语中残存的血脉，它有着完全不同于北方意识形态的内容和形式。正如，闻一多先生所描述的：

……在宫体诗的园地上，我们很侥幸的碰见了卢、骆，可也很愿意能早点离开他们，——为的是好和刘希夷会面。

古来容光人所美，况复近日遥相见？愿作轻罗著细腰，愿为明镜分娇面。（《公子行》）

这不是什么十分华贵的修辞，在刘希夷也不算最高的造诣。但在宫体诗里，我们还没听见这类的痴情话。我们也知道他的来源是《同声诗》和《闲情赋》。但我们要记得，这类越过齐梁、直向汉晋人借贷灵感，在将近百年来以来的宫体诗里也很少人干过呢！

与君相向转相亲，与君双栖共一身。愿作贞松千岁古，谁论芳槿一朝新！百年同谢西山日，千秋万古北邙尘。（《公子行》）

这连同它的前身——杨方《合欢》诗，也不过是常态的、健康的爱情中，极平凡、极自然的思念，谁知道在宫体诗中也成为了不得的稀世的珍宝。回返常态确乎是刘希夷的一个主要特质，孙翌编《正声集》时把刘希夷列在卷首，便已看出这一点来了。看他即便哀艳到如：

自怜妖艳姿，妆成独见时。愁心伴杨柳，春尽乱如丝。（《春女行》）

携笼长叹息，逶迤恋春色。看花若有情，倚树疑无力。薄暮思悠悠，使君南陌头。相逢不相识，归去梦青楼。（《采桑》）

也从没有不归于正的时候。感情返到正常状态是宫体诗的又一重大阶段。唯其如此，所以烦躁与紧张都消失了，只剩下一片晶莹的宁静。就在此刻，恋人才变成诗人，憬悟到万象的和谐，与那一水一石一草一木的神秘

的不可抵抗的美,而不禁受创似的哀叫出来:

可怜杨柳伤心树! 可怜桃李断肠花!(《公子行》)

但正当他们叫着"伤心树"、"断肠花"时,他已从美的暂促性中认识了那玄学家所谓的"永恒"——一个最缥缈、又最实在、令人惊喜、又令人震怖的存在,在它面前一切都变渺小了,一切都没有了。自然认识了那无上的智慧,就在那彻悟的一刹那间,恋人也就是变成哲人了。

洛阳城东桃李花,飞来飞去落谁家?洛阳女儿好颜色,坐见落花长叹息:今年花落颜色改,明年花开复谁在! ……古人无复洛城东,今人还对落花风。年年岁岁花相似,岁岁年年人不同。(《代悲白头翁》)

相传刘希夷吟到"今年花落……"二句时,吃一惊,吟到"年年岁岁……"二句,又吃一惊。后来诗被宋之问看到,硬要让给他,诗人不肯,就生生地被宋之问给用土囊压死了。于是诗谶就算验了。编故事的人的意思,自然是说,刘希夷泄露了天机,论理该遭天谴。这是中国式的文艺批评,隽永而正

确,我们在千载之下,不能,也不必改动它半点,不过我们可以用现代语替它诠释一遍,所谓泄露天机者,便是悟到宇宙意识之谓。从蜣螂转丸式的宫体诗一跃而到庄严的宇宙意识,这可太远了,太惊人了! 这时的刘希夷实已跨近了张若虚半步,而离绝顶不远了。

如果刘希夷是卢、骆的狂风暴雨后宁静爽朗的黄昏,张若虚便是风雨后更宁静更爽朗的月夜。《春江花月夜》本用不着介绍,但我们还是忍不住要谈谈。就宫体诗发展的观点看,这首诗,尤有大谈的必要。

清新纯朴的民间审美取向

春江潮水连海平，海上明月共潮生。滟滟随波千万里，何处春江无月明！江流宛转绕芳甸，月照花林皆似霰。空里流霜不觉飞，汀上白沙看不见。

在这种诗面前，一切的赞叹是饶舌，几乎是渎亵。它超过了一切的宫体诗有多少路程的距离，读者们自己也知道。我认为用得着一点诠明的倒是下面几句：

……江畔何人初见月？江月何年初见人？人生代代无穷已，江月年年只相似。不知江月待何人？但见长江送流水！

更迥绝的宇宙意识！一个更深沉、更廖廓、更宁静的境界！在神奇的永恒前面，作者只有错愕，没有憧憬，没有悲伤。从前卢照邻指点出"昔时金阶白玉堂，即今唯见青松在"时，或另一个初唐诗人——寒山子更尖酸的吟着"未必长如此，芙蓉不耐寒"时，那都是站在本体旁边凌视现实。那态度我以为太冷酷、太傲慢，或者如果你愿意，也可以带点狐假虎威的神气。在相反的方向，刘希夷又一味凝视着"以有涯随无涯"的徒劳，而徒劳地为它哀毁着，那又未免太萎靡、太怯懦了。只张若虚这态度不亢不卑，冲

融和易才是最纯正的，"有限"与"无限"，"有情"与"无情"——诗人与"永恒"猝然相遇，一见如故，于是谈开了——"江畔何人初见月？江月何年初见人？……江月年年只相似，不知江月待何人？"对每一问题，他得到的仿佛是一个更神秘的更渊默的微笑，他更迷惘了，然而也满足了。于是他又把自己的秘密倾吐给那缄默的对方：

白云一片去悠悠，青枫浦上不胜愁，

因为他想到她了，那"妆镜台"边的"离人"。他分明听到她的叹喟：

此时相望不相闻，愿逐月华流照君！

他说自己很懊悔，这飘荡的生涯究竟到几时为止！

昨夜闲潭梦落花，可怜春半不还家，——江水流春去欲尽，江潭落月复西斜！

他在怅惘中，忽然记起飘荡的许不止他一人，对此情景，大概旁人，也只得徒唤奈何罢？

斜月沉沉藏海雾，碣石潇湘无限路，不知乘月几人归，落月摇情满江树！

这里一番神秘而又亲切的、如梦境的晤谈，有的是强烈的宇宙意识，被宇宙意识升华过的纯洁的爱情，又由爱情辐射出来的同情心，这是诗中的诗，顶峰上的顶峰。从这边回头一望，连刘希夷都是过程了，不用说卢照邻和他配角骆宾王，更是过程的过程。至于那一百年间梁、陈、隋、唐四代宫廷所遗下了那分最黑暗的罪孽，有了《春江花月夜》这样一首宫体诗，不也就洗净了吗？向前替宫体诗赎清了百年的罪，因此，向后也就和另一个顶峰陈子昂分工合作，清除了盛唐的路，——张若虚的功绩是无从估计的。

（选自闻一多《宫体诗的自赎》）

在这里，除了要悉心体会闻一多先生的本义，以及清理它在现代文学中的误读之外，我想顺便指出的是，闻一多先生过于倚重文人在这个过程中的作用了，而对直接融化在文人生命中的江南田野文化的力量未能有所开掘，这实在是一个遗憾。我之所以把南朝乐府中的《西洲曲》看作是中国第一纯诗，而以闻一多先生盛赞的《春江花月夜》为次席，目的就是想对这种过于注重上层文献的文学史方法有所纠正。这里面有个不可混淆的"原本"与"复制品"的逻辑顺序。前

南瑛 《山水之夏森生阴》

何雪庐 《春江花月夜》（行书）

者是直接根源于大自然、没有受到任何文明中心污染的在山之泉,而后者尽管已经从宫廷这堆烂污泥中超拔出来,但它与前者那种源初的纯洁,仍然是有相当程度的差别的。总之,一句话,那种在文明、政治中心的病态产物,从来就不是南朝文化中真正的江南诗性精神。

叁 南 禅

天下名山僧占多,而名山与名僧又以江南为最。这大约也是"南朝四百八十寺"可以千古传诵的原因吧。

中国禅宗向有南北之分,在我看来,它们依然是从南北文化的差异上生长出来的。也就是说,它们依然是以审美精神与伦理精神来相互区别的。这一点可通过南北分宗时的祖师对世界的基本观念之差别来了解。北宗的神秀作偈诗曰:

身是菩提树　　心如明镜台
时时勤拂拭　　勿使惹尘埃

而南宗的慧能是偈诗则是:

菩提本无树　　明镜亦非台
本来无一物　　何处惹尘埃

两者的根本差别在于"性的空不空"。北宗之所以要时时打扫心灵的尘埃,是因为在他们的生命深处还有一个"我";而南宗则与此不同,既然"万法皆空",那么还有什么必要区别对待尘埃与明镜呢?在审美境界上讲,前者由于有我,所以就必然要为它担忧、焦虑、操劳,而多一分自我,相应地也会更多一些尘世的劳顿,也就是说少了几分解脱的轻松和自由。而在真正"空"的南宗那里,则可以说比北宗"更上一层"。引申言之,即南宗对政治伦理枷锁的摆脱得更彻底,正是在这一点上,我们发现了它灵魂深处的江南诗性精神。

在精神气质上,南禅很容易使人想到凄婉欲绝的昆曲。在昆曲的鼎盛时代,在江南到处流传着一句话,叫"家家收拾起,户户不提防"。据说前一句源自李玉《千钟禄》中的"收拾起大地山河一担装,四大皆空相"。小日子过得好好的,为什么会喜欢这种在中国语境中"非廊庙器",甚至是有些"不吉利"的谶语呢?是因为现实中"六朝文物草连空"的历史灾难过于频繁,因而特别容易产生那种"荒冢一堆草没了"的幻灭感;还是因为主体内"一朝春残红颜老"的生命忧患特别沉重,因而"便无风雪也摧残"才会成为他日常生活的主要部分。南禅还特别容易使人想到《红楼梦》中的两个片断：就是宝玉因为听"赤条条来去无牵挂"而获得最上乘的觉悟，以及黛玉因为经历了现实打击而"焚稿断诗情"。南禅本质上是一种既让人对生命动情，又特别容易让人撒手悬崖的江南话语。动情是因为只有一个人在醍醐灌顶之后才能真正意识到他的本真存在，而绝望则是他只能看到这个美丽而柔软的生命如何在风雨中飘摇与凋零。又由于意识到与其让别人毁灭不如自己了断，因而佛教智慧中"否定世界与人生"的想法也就成为他

梁楷 《六祖斫竹图》
强调政治伦理之外的生命本性，方式为参悟

最重要的精神资源。

且慢，这里暂且冷静一下，停止我们声调越来越低沉的讲述，而去看看学者们是如何讨论它的源流吧。

南宗顿教

说禅，直到现在，我们由远而近，才说到家门之内。因为，禅法虽然时代久远，内容多样，我们想深入探讨的却是南宗禅，即强调顿悟成佛的一路，这样做也不无理由。一是在中土，它是超级大户，就是只用势利眼看，也不能放过它。二是以禅定求解脱是微妙的事，用顿悟法就更加微妙，值得钻研。三是留下的财富多，禅师，随便数数就上千，语录，其中藏有大量的机锋、公案，只是看看也会感兴趣。因为感兴趣的人多，所以一千多年来，凡是说到禅，几乎都是指这种禅，我们也只好从众。众望所归，有原因。我常想，以逆为顺的佛教，在中土，沿着减逆增顺的路子走，这是主流。还有辅助的二流：一是由繁难趋于简易，二是逐渐中土化。三股水向下流，到唐宋时期汇聚为一股强大的，这就是南宗禅。饥来吃饭，困来睡眠，同样是解脱，顺了；见桃花，听驴叫，也能大悟，简易了；坐蒲团，举拂子，无妨吟吟"净洗浓妆为阿谁，子规声里劝人归"（洞山良价颂）的诗，中土化了。顺，简易，

中土化，又因为时间相当长，所以花盛果多，头绪纷繁，想用较少的篇幅说清楚就大不易。不得已，还得用擒贼擒王的办法，只叙述一些最显赫的，也就是在禅宗史上地位特别高的。

六 祖 慧 能

这是照抄南宗的旧说；论实际，他应该算初祖，因为从菩提达摩到弘忍是另一个系统，主渐悟的楞伽宗。但这样编造谱系也是古已有之，殷周时期的诸侯列国，是常常追到黄帝、颛顼的，那就更远了。因此，我们在这里也只好容忍，从俗。可是这样一随和，

问题就来了，因为慧能的详细经历见《六祖坛经》，而这部南宗的重要经典，显然是慧能的大弟子神会及其后继者陆续添枝加叶，编撰出来的（如后来的通行本比敦煌写本繁富得多），其中当然有不可信的成分。考证，分辨真伪，相当难。这还是小事；重要的是，如果割舍一部分（几乎都是后来一再传述的），与后来的禅师话头有时就难于接上茬；而且，割舍的部分常常带有传奇色彩，去花留蒂，也有些舍不得。不得已，只好接受旧说，先总括加个小注，是旧传如此，未可尽信。

慧能，也写惠能，俗姓卢，因为剃

赵孟頫 《红衣天竺僧》
顿悟适应的是江南的诗性精神的自觉要求

度晚，也称卢行者。他父亲卢行瑫是范阳（今河北涿县）人，作官，被贬到广东新州（今广东新兴县），在那里落了户。惠能生于唐太宗贞观十二年（公元638），三岁丧父，随母亲迁到南海（今广东南海县），过苦日子。长大些，卖柴为生。有一天，他送柴到客店，出来，听见人念经，心里像是有所悟。他问念的是什么经，答是《金刚经》。问从哪里得来，告诉他是在蕲州黄梅东禅寺弘忍大师那里所受的，于是他决心去求法。有个好心人送他十两银子，安顿了母亲，于是北行，路过韶州曹溪（在广东韶关市曲江县马坝镇），碰到个读书人刘志略，交为朋友（一说为由黄梅返回时事）。刘的姑母是比丘尼，法名无尽藏，学《涅槃经》，有疑问，来请教。先问字，慧能说："字即不识，义即请问。"无尽藏说："字尚不识，曷能会义？"慧能说："诸佛妙理，非关文字。"无尽藏和乡里人都钦佩他，想让他住当地的宝林寺（今南华寺）。他辞谢了，仍北行，过乐昌县，在西山石室遇见智远禅师，从学禅法。智远也劝他到黄梅去，于是又北行，于唐高宗咸亨二年（公元671）到黄梅东禅寺弘忍那里。

初见五祖弘忍，弘忍问他是哪里人，来求什么。他说是岭南新州百姓，来求作佛。弘忍说："汝是岭南人，又

是獦獠，若为（如何）堪作佛！"他说："人虽有南北，佛性本无南北。獦獠身与和尚不同，佛性有何差别？"五祖心惊而不便表示，就让他去劳动（住寺照例要劳动，不是处罚），到碓房舂米。劳动八个多月，赶上五祖考察弟子的成就，以便付法传衣的重要关头。办法是作一偈给老师看。大家私下议论，神秀的地位是教授师，造诣高，必得衣法，所以都不敢作。神秀主意不定：作，人会疑为想当六祖；不作，当然就不能得衣法。作了，犹疑四天，不敢送呈。急中生智，写在堂前廊壁上，如果五祖说好，就承认是自己作的；如果说不好，那就只得自认枉费了精力。半夜，自己偷偷去写，偈词是：

> 身是菩提树　　　心如明镜台
> 时时勤拂拭　　　勿使惹尘埃

第二天，五祖见到，虽然也褒奖几句，让大家诵持，夜里却把神秀叫来，跟他说：

> 汝作此偈未见本性，只到门外，未入门内。如此见解，觅无上菩提了不可得。无上菩提须得言下识自本心，见自本性……

让他再作偈。几天没有作成。这

时期，有个童子在碓房前念神秀的偈，慧能听到作偈的因缘，求童子带他到廊壁前看看。到那里，他说他不识字，请别人为他读一遍。正好有个江州别驾张日用在那里，就为他读一遍。他听了，说自己也有一偈，求张日用代写在廊壁上。偈词是：

菩提本无树　　明镜亦非台
本来无一物　　何处惹尘埃

看到的人都很惊讶。五祖看见，怕惹起风波，说"亦未见性"。

第二天，五祖偷偷到碓房去看慧能，问他："米熟也未？"慧能说："米熟（暗示已学成）久矣，犹欠筛（谐音师）在。"五祖用锡杖打碓三下，走了。夜里三更，慧能到五祖居室，五祖为他讲《金刚经》。讲到"应无所住，而生其心"，慧能大悟，说：

何期自性本自清净，何期自性本不自灭，何期自性本自具足，何期自性本无动摇，何期自性能生万法。

五祖知道他已悟本性，于是付传法衣，定他为六代祖，并且说：

昔达摩大师初来此土，人未之信，故传此衣以为信体，代代相承。法则以心传心，皆令自悟自解。自古佛佛惟传本体，时时密付本心，衣为争端，止汝勿传。若传此衣，命如悬丝。

嘱咐完，催他赶紧走。慧能不识山路，五祖送他。送到九江驿，上船渡江。五祖摇橹。慧能说应该弟子摇，五祖说："合是吾渡（谐音度）汝。"慧能说："迷时师度，悟了自度。"五祖又嘱咐他"努力向南，不宜速说"，作别，慧能就带着衣法南行。

回到曹溪，照五祖的嘱咐，在四会、怀集一带十几年隐遁生活。后来到广州法性寺（今光孝寺），赶上印宗法师讲《涅槃经》。讲经中，风吹幡动，为风动抑幡动引起辩论，慧能走向前说："不是风动，不是幡动，仁者心动。"全场大惊。印宗把他请到上座，同他谈论佛法精义，推测他是得五祖衣法的六祖。慧能承认，于是印宗为他剃度，并请智光律师为他授具足戒，他从此才正式成为出家人。受戒之后，曾短期在法性寺讲禅法。

不久回曹溪宝林寺常住。其间曾应韶州刺史韦据（一作璩）之请，到城内大梵寺讲禅法。唐中宗神龙元年（公元705），皇帝曾派薛简请他入京，他辞谢了。中宗很推重他，为他重修宝林寺，改名中兴寺，并在他的新州故宅修建国恩寺。死前回新州国恩寺，死在那里。

慧能的经历有不少传奇成分。可注意的是这些成分并不都假,如不识字有前因(穷困卖柴)为证,立宗弘法有后果为证,我们都不能不信。推想他确是天赋与摩诃般若的人;还借了不识字的光,不能走入法相宗辨析繁琐名相的路,而宁愿不立文字,顿悟成佛。这样的法门当然会受到绝大多数人的欢迎,因为人皆有过,上智不多,既然凡圣不二,智愚不二,那就人人都有成佛的希望甚至保证,费力不多而收获很大,又何乐而不为呢?

顿悟也不能无法。这在《六祖坛经》里讲了不少。最重要的是要认识本性,即自性。自性清静,不识是迷,能识即悟。悟了即解脱,就是佛。如

何能认识自性?用般若。"去来自由,心体无滞,即是般若。"但也要知道:"一切般若智皆从自性而生,不从外入。"总之,自性清静的心是根本,它能生万法,能化迷为悟,是成佛的基本力量。关键在能识。

怎么就能识?《六祖坛经》里也讲定慧,但说定慧一体不是二;也讲忏悔,但说要"心无所攀缘,不思善不思恶"。总的精神是要破执着,把知见的系缚都解开,自然就会认识自己的清净自性。

可是解知见的系缚又谈何容易!用我们现在的眼光看,有时,甚至常常,就不得不乞援于文字变幻的花样。如说"烦恼即菩提","本自无生,今亦不灭","此乐无有受者,亦无不受者",

卢伽 《第十五锅巴嘎尊者》
作为一种哲学精神,南禅也引领了江南诗性的丰富

卢伽 《第十七嘎沙雅巴尊者》

似乎都只是说得动听；如果遇见喜刨根的人，一定要用事实来对证，那也许就会陷入困境吧？

慧能的智慧，还表现在教弟子传法之道，以金针度人一事上。《六祖坛经·付嘱》篇记载，他告诉法海、志诚等大弟子，将来到各方说法，要"举三科法门，动用三十六对"，"共人言语，外于相离相，内于空离空"，"若有人问汝义，问有将无对，问无将有对，问凡以圣对，问圣以凡对，二道相因，生中道义"。这虽然目的在于破执，但由动机方面看，总难免有厚内薄外之嫌。而幸或不幸，这个法宝就真流传下去，一变而成为说得更玄，再变而成为机锋，就雾锁峰峦，使人难见庐山真面了。

我有时想，禅法到慧能，作为一种对付人生的所谓道，是向道家，尤其庄子，更靠近了。我们读慧能的言论，看那自由自在、一切无所谓的风度，简直像是与《逍遥游》《齐物论》一个鼻孔出气。这种合拍，更生动地表现在《六祖坛经·机缘》篇的一则故事上：

有僧举卧轮禅师偈曰：

卧轮有伎俩　　能断百思想

对境心不起　　菩提日日长

师闻之曰：此偈未明心地，若依而行之，是加系缚。因示一偈曰：

慧能没伎俩　　不断百思想

对境心数起　　菩提作么长

后一偈确是少系缚。但问题是，对境数起之心会都是清净的吗？不清

自由律走向开放的思维

净，道家可以，佛家不可以。这类问题，后面还要谈到，这里从略。

慧能徒众很多。能传法的高足，《六祖坛经·付嘱》篇提到十个，是：法海，志诚，法达，神会，智常，智通，志彻，志道，法珍，法如；《景德传灯录》增到四十三人，其中并有外国人，西印度堀多三藏。对后代有大影响的是五个人：青原行思，南岳怀让，菏泽神会，南阳慧忠，永嘉玄觉。

慧能死于唐玄宗先天二年（公元713，年底改开元）八月，年七十六。唐宪宗追谥为大鉴禅师。

六 祖 坛 经

《六祖坛经》，全名是《六祖大师法宝坛经》，也可简称《坛经》。流传来由，《景德传灯录》说是"韶州刺史韦据清（慧能）于大梵寺传妙法轮，

并受无相心地戒，门人纪录，目为《坛经》"，可是书中记的有后来的事。《六祖坛经·付嘱》篇说：

> 知大师不久住世，法海上座再拜问曰："和尚入灭之后，衣法当付何人？"师曰："吾于大梵寺说法，以至于今，抄录流行，目曰《法宝坛经》，汝等守护，递相传授，渡诸群生，但依此说，是名正法。"

这是说，来于多年的言行记录，性质同于《论语》。因为是法海发问，有人说是法海记的。门人尊重老师，称为"经"，依分别三藏旧规，这是僭越的。

1929年，胡适博士作《菏泽大师神会传》，提出新的看法，说《坛经》是神会作的。他说：

> 至少《坛经》的重要部分是神会作的。如果不是神会作的，便是神会的弟子采取他的语录里的材料作成的。但后一说不如前一说的近情理，……我信《坛经》的主要部分是神会所作，我的根据完全是考据学所谓"内证"。《坛经》中由许多部分和新发现的《神会语录》完全相同，这是最重要的证据。

胡适博士这里用的又是大胆假设法，因为"内证"的力量终归是有限的。例如张三所讲与李四所讲相似，

可能的原因应是三种，一是有相同的想法，二是张三学李四，三是李四学张三，而不是一种。也许就是因此，胡适博士承认，其中有些"也许真是慧能在时的记载"。这样一让步，我们就无妨采用折中的办法，说《六祖坛经》虽然不免有后代人陆续修改增补的成分，但大体上还可以代表慧能的思想。

说陆续修改增补，是因为今传的本子不止一种，前者略而后者详。据胡适博士统计：唐敦煌写本只有一万二千字；北宋初年的惠昕本增到一万四千字；明藏本再增，成为两万一千字。

今通行繁本，如《频伽藏》本，分作十篇：行由第一，般若第二，疑问第三，定慧第四，坐禅第五，忏悔第六，机缘第七，顿渐第八，宣诏第九，付嘱第十。多数是通篇讲禅法，少数是部分讲禅法。禅法，扩大到佛法，因为绝大部分是运转名相，而名相总是离眼所见的事物太远，所以常常使人有摸不着头脑之感。如《机缘》篇，弟子法海问"即心即佛"是什么意思，慧能答："前念不生即心，后念不灭即佛；成一切相即心，离一切相即佛。"照我们常人理解，老师的意思是心佛有别；可是，"即心即佛"（也说"即心是佛"）的说法，能理解为心佛有别吗？

可是，无论如何，《六祖坛经》总是南宗的经，它的思想，虽不免小异而有大同。这大同是自性清净，不假外求。自性地位高了，从而冥思遐想（甚至胡思乱想）的地位也高了。这顺势下流就成为禅的放，一直放到远离常态，都留到后面去谈。这里只说明一点，就是：讲南宗禅，我们不能不重视《六祖坛经》。

高 足 举 要

慧能一传法嗣，《景德传灯录》举四十三人，有事迹的十九人。本节所谓"要"，是指有家业下传的，共五人：行思，怀让，神会，慧忠，玄觉。

（一）青原行思

六祖以后，受付法传义说的影响，和尚更标榜占山头，主寺院，所以法名前常常加山名（多）、地名或寺名（少），如百丈（山）怀海禅师，黄州齐安禅师，归宗（寺）智常禅师；或干脆用地望，如南岳（指怀让），赵州（指从谂），菏泽（指神会）。行思住吉州青原山静居寺，所以称青原行思。他在《坛经》里地位似不高，《付嘱》篇所举十人里没有他。《机缘》篇里有，他的事迹只是与慧能问答"不落阶级"的几句话。可是他前程远大，不只法嗣多（《五灯会元》举了十六世），而且有高明法嗣先后创立了曹洞宗、云门宗和法眼宗。他俗姓刘，吉州安城人

（在今江西）。幼年出家,后到曹溪慧能处求法,受到慧能的器重。《景德传灯录》说:

> 一日,(六)祖谓师(行思)曰:"从上衣法双行,师资递受,衣以表信,法乃印心。吾今得人,何患不信? 吾受衣以来,遭此多难;况乎后代,争竞必多。衣即留镇山门,汝当分化一方,无令断绝。"

照这个传说,如果衣仍下传,行思就成为南宗第七祖了。《景德传灯录》还记一件事,颇带传奇味,是石头希迁在慧能处求法,问老师死后"当依附何人",慧能说:"寻思去。"用双关语,有《推背图》意味,俗陋可笑。但借此因缘,希迁就成为行思的嗣法弟子。《景德传灯录》记行思的言论,有一点值得注意,如僧问"如何是佛法大意",行思答:"庐陵米作什么价?"如果这不是后来人编造的,那就是六祖死后不久,禅宗和尚传法就由常态(明白讲)走向变态(用谜语讲)了。行思死于开元二十八年(公元740),后来唐僖宗谥他为弘济禅师。

(二) 南岳怀让

在六祖慧能的高足中,只有怀让的地位可与行思比。他也是法嗣多(《五灯会元》举了十七世),而且由高明的法嗣创立了宗派:沩仰宗和临济宗;临济宗下传又分为黄龙派和杨歧派。《六祖坛经》里也只有《机缘》篇提到他,慧能对他没有大夸讲,却预言他将有个好弟子,说:"西天般若多罗(第二十七祖,传法于菩提达摩)谶,如足下出一马驹,踏杀天下人。"这是指马祖道一。怀让俗姓杜,金州安康(在今陕西)人。生于唐高宗仪凤二年(公元677)。十五岁出家,先学律宗,不久到曹溪慧能处求法,住了十几年。学成后往南岳般若寺传禅法。弟子很多,受到印可的有六人。怀让说:"汝等六人同证吾身,各契其一。一人得吾眉,善威仪(指常浩)。一人得吾眼,善顾盼(指智达)。一人得吾耳,善听理(指坦然)。一人得吾鼻,善知气(指神照)。一人得吾舌,善谭说(指严峻)。一人得吾心,善古今(指道一)。马祖道一得心传,也经过一些曲折,《景德传灯录》记载:

> 开元中有沙门道一,在衡岳山常习坐禅。师知是法器,往问曰:"大德坐禅图什么?"一曰:"图作佛。"师乃取一砖,于彼庵前石上磨。一曰:"磨作什么?"师曰:"磨作镜。"一曰:"磨砖岂得成镜耶?"师曰:"磨砖既不成镜,坐禅岂得作佛?"

这是有名的公案,可表明南宗重顿悟的精神。怀让死于唐玄宗天宝三载(公元744),年六十八,谥大慧禅师。

(三)菏泽神会

讲南宗的历史,说到神会,使我们不禁想到王勃《滕王阁序》中"冯唐易老,李广难封"的慨叹。李广劳苦功高,竟一生未得封侯。神会也是这样,他是南宗得以创立并发展的关键人物,可是子孙却不能繁衍。幸而有司马迁,写了《李将军列传》,有胡适博士,写了《菏泽大师神会传》,我们借此才可以知道,一两千年前曾有这样的"善不受报"的人物。神会,俗姓

独履西归
殊途同归的最高精神追求

高,襄阳(在今湖北)人。年轻时候读儒书、道书,是个不小的知识分子。据说是读《后汉书》(也许是《襄楷传》吧),才知道有所谓佛,于是到本府国昌寺出了家。出家后曾在荆州玉泉寺从北宗的创始人神秀学习禅法三年,然后到曹溪从慧能学。

神会到曹溪依慧能,旧说多认为年才十四。还有提前一年的,《六祖坛经·顿渐》篇说:"有一童子名神会,襄阳高氏子,年十三,自玉泉来参礼。"又《付嘱》篇记载,慧能死前跟弟子们说:"吾至八月欲离世间,汝等有疑须早相问,为汝破疑,令汝迷尽。吾若去后,无人教汝。"弟子们"悉皆涕泣,惟有神会神情不动,亦无涕泣"。慧能说:"神会小师,却得善不善等(等同),毁誉不动,哀乐不生;余者不得。"好像在诸弟子中,神会确是最年轻的。可是胡适考证,慧能死时,神会四十六岁,王维作慧能碑文,说"神会遇师于晚景,闻道于中年",到曹溪时间应该在慧能死前不很久。幸而这关系不大,可以不深究。

慧能死后,神会曾在中原各地云游,较长时期住在南阳龙兴寺。这个时期禅宗的情况是:

慧能大师灭后二十年中,曹溪顿旨沉废于荆吴,嵩岳渐门炽盛于秦洛。普寂禅师,秀弟子业,谬称七祖,二京

法主，三帝门师，朝臣归崇，敕使监卫，雄雄若是，谁敢当冲？岭南宗旨，甘从毁灭。（宗密《慧能神会略传》）

这说得虽然过分一些，不过当时神秀一系声势烜赫却是事实。神会坚决站在慧能一边，于唐玄宗开元二十二年（公元734）正月在河南滑台大云寺设无遮大会，大举为南宗争地位。他在大会上宣称：一、他设无遮大会，目的是为天下学道者定宗之，辨是非。二、菩提达摩付法传衣，到第六代是慧能，不是神秀，因为传法袈裟在慧能那里。三、因此，神秀的弟子普寂称自己为第七代是错误的。四、他还举个旁证，说当年神秀说过，东山忍大师曾付嘱，佛法在韶州；神秀也并未

悟佛

说自己是第六代。五、也许最重要，是说神秀一系的法门，是渐而非顿，所以不是正宗。打了这第一炮之后，到唐玄宗天宝初，他到洛阳，住菏泽寺，继续弘扬南宗顿教，也因为当时的风气厌渐而喜顿，于是渐渐，神秀一系的禅法冷落了，慧能一系的顿教取得独占法统的胜利。

天宝晚期，因为北宗人的诬陷，神会曾离开洛阳，到长江一带寺院流转。安禄山叛乱时又回到洛阳，因为开坛场度僧收费补充了唐朝的军费，所以受到朝廷的尊敬。他地位更高了，所弘禅法的地位也高了，有人甚至称为菏泽宗。

神会或菏泽宗的禅法，可以总括为知、行两个方面。知的方面，他认为法性本来空寂，以灵知认知此本来空寂的法性，就是解脱。所以说"知之一字，众妙之门"（宗密语）。能知即顿悟，所以不同于北宗的由定发慧，而是以慧摄定。此后南宗禅强调顿悟，走的都是这一条路。行的方面，是强调"无念"，无念就是不作意，这大概是指心离一切相，以保持空寂的法性的意思。神会著作传世的，有《显宗记》《菏泽神会语录》和敦煌发现的《大乘开心显性顿悟真宗论》等。

神会的传法弟子，各书所载共有三十多人。据宗密所记，主要是：神

会传法如，法如传惟忠，惟忠传道圆，道圆传宗密。宗密住终南山圭峰草堂寺，著作很多，有《华严心要法门注》《圆觉经大疏》《禅源诸诠集》《中华传心地禅门师资承袭图》等，人称圭峰大师。不过宗密通晓多种经论，尤其华严，造诣更深（华严宗推为五祖），所以依九流分应该算杂家，他不只主张教、禅合一，而且认为儒、佛也可以相通。

神会死于唐肃宗上元元年（公元760）五月，年九十三（一说年七十五），谥真宗大师。

（四）南阳慧忠

《六祖坛经》说慧能的嗣法弟子有四十三人，提到名字的有十几个，其中没有慧忠。但他事迹多，而且有法嗣，所以在后人眼里，地位反而比在《六祖坛经》中位居第一的法海高了。他俗姓冉，越州诸暨（在今浙江）人。在慧能处学成后，住南阳白崖山党子谷，据说在那里传法，四十多年没下山。名声大了，唐肃宗派人请他到京城，在那里传法十几年，受到皇帝的礼遇，尊为国师。

《景德传灯录》记慧忠事迹，都是答人问。问者包括中外、僧俗和贵贱，计有西天大耳三藏、南泉、麻谷、张濆行者、唐肃宗、鱼军容、紫璘供奉等。主旨仍是破一切执着，办法是用巧辩

证明有所肯定便错。如：

> 一日，师问紫璘供奉："佛是什么义？"曰："是觉义。"师曰："佛曾迷否？"曰："不曾迷。"师曰："用觉作么？"奉无对。奉问："如何是实相？"师曰："把将虚底来。"曰："虚底不可得。"师曰："虚底尚不可得，问实相作么？"

这是正面说，有时不正面说，如：

> 帝（肃宗）又问："如何是十身调御？"师乃起立曰："会么？"帝曰："不会。"师曰："与老僧过净瓶来。"帝又曰："如何是无诤三昧？"师曰："檀越蹋毗卢顶上行。"帝曰："此意如何？"师曰："莫认自己清净法身。"

正面说自性空寂之类是玄，跑野马，随口乱说，恐怕目的就在于加码，使之成为玄之又玄。据现存材料，慧能的言行还没有越出玄的范围，由他的高足起，大胆往外迈了一步，越境了，言行就成为更难懂。不幸而此风越刮越大，不久以后，出言不奇，举止不怪，似乎就不成其为禅僧了。

慧忠的嗣法弟子，《五灯会元》收吉州耽源山应真禅师一人，可见不久就门庭式微了。

慧忠死于唐代宗大历十年（公元

775），谥大证禅师。

（五）永嘉玄觉

玄觉，《六祖坛经·机缘》篇提到他，说他俗姓戴，温州（在今浙江）人。儿童时期出家，读经论不少，深通天台止观法门。经慧能的弟子玄策介绍，到曹溪见慧能。与慧能的一段谈话稀有，像是弟子占了上风：

觉遂同策来参，绕师三匝，振锡而立。师（慧能）曰："夫沙门者具三千威仪，八万细行，大德自何方而来，生大我慢？"觉曰："生死事大，无常迅速。"师曰："何不体取无生了无速乎？"曰："体即无生，了本无速。"师曰："如是如是。"玄觉方具威仪礼拜。须臾告辞，师曰："返太速乎？"曰："本自非动，岂有速耶？"师曰："谁知非动？"曰："仁者自生分别。"师曰："汝甚得无生之意。"曰："无生岂有意耶？"师曰："无意谁当分别？"曰："分别亦非意。"师曰："善哉！"少留一宿，时谓"一宿觉"。

玄觉有大名，还因为他有讲禅法的著作，是《永嘉集》和《证道歌》。他死于唐玄宗先天二年（即开元二年，公元713）十月，比慧能晚死两个多月。谥无相大师。禅宗典籍没有提他的嗣法弟子；只是传说他有个女弟子，温州净居寺比丘尼玄机，就是与雪峰义存对话，说"存丝不挂"的那一位（《五灯会元》说她是慧能的弟子，《景德传灯录》未收）。（选自《张中行作品集》卷三）

在中国人文世界中，和禅联系最密切的自然是诗。这里也有一篇妙文，尽管其中略有现代中国学术的政治伦理影响，但无疑也是受其影响最小、因而最接近本义的一种阐释了。

木末芙蓉花，山中发红萼。
涧户寂无人，纷纷开且落。

这是王维著名的田园组诗《辋川集》的第十八首。"辛夷"即木笔树；辛夷坞，因坞中有辛夷花，故名。木末芙蓉花，由《九歌·云中君》"搴芙蓉兮木末"句点化而来；木末，即树杪；芙蓉花，这里实指辛夷花，因芙蓉与辛夷花色相近，故借以代称，在裴迪的《辋川集》和诗中有"况有辛夷花，色与芙蓉乱"两句可证。这首诗浅近单纯，说的是：在辛夷坞这个幽深的山谷里，辛夷花自开自落。自然得很，平淡得很。简直不敢相信这是诗。诗以言志，诗人的志哪里去了？诗以言情，作者的情何处可寻？然而，这确确实实是一首好诗，你看，辛夷花在树杪怒放，开得何等烂漫！辛夷花又在纷纷涧

木末辛夷花

零,又是何等洒脱!既没有生的喜悦,也没有死的悲哀。无情有性,你能说,这仅仅是一棵普普通通的辛夷花么?

王维笔下的辛夷花,是他内在精神的外射,是一棵人格理想之花,然而又是一棵与众不同的花。

自古以来,鲜花与诗人们的关系就特别密切。它以美妙的线条、丰富的色彩、诱人的芳香、摇曳的姿态,赢得了人们的关注,为它歌唱,为它倾倒。人们赞美它,因为它象征着青春、生命和理想;人们又惋惜它,因为它的花期是那样的迅速短暂,很容易引起"好景不长,良辰难再"的联想。因此,在我们诗的王国里,咏花诗的佳作特别多,也就不值得奇怪了。《诗经》

的"桃之夭夭,灼灼其华",歌唱的是少女的美貌和宜室宜家的美好品行;屈原《离骚》的"香草美人",则抒发了美政理想的幻灭和不肯同流合污的坚贞情怀;晏殊"无可奈何花落去",李清照"花自飘零水自流",都是在希望的幻灭之中包含着对生命的无限深情,至于林黛玉《葬花词》:"侬今葬花人笑痴,他日葬侬知是谁?一朝春尽红颜老,花落人亡两不知。"则不啻是对少女身世的深沉慨叹,倾诉着不幸,留恋着青春。这些咏花诗尽管风姿各异,有的哀婉,有的热烈,有的悲愤,但是它们审美情感的主体是人而不是花。它们无一不是人类现实社会的折射,无一不是充满着对人生的积极肯定和对理想的执着深情。然而,这一切,在《辛夷坞》里却看不到。"木末芙蓉花,山中发红萼",这本来该是何等生机勃勃的景象呵!然而,在王维看来,却是"涧户寂无人,纷纷开且落"。在这个绝无人迹的地方,辛夷花在默默地开放,又默默地凋零,既没有人对它们赞美,也不需要人们对它们的凋零一洒同情之泪。它们得之于自然,又回归于自然。没有追求,没有哀乐,听不到心灵的一丝震颤,几乎连时空的界限都已经泯灭了。这样的静谧空灵,可以说是前无古人的。恬淡有如陶渊明,犹且"采菊东篱下,悠然见南山"。怡然自得的神情溢于言表。而王维则连这样的一丝悠然之情也找不到，淡漠、冷清、空灵、寂灭。诗人的心境竟是这样的太上无情！其原因究竟何在？

对此，胡应麟说得很有见地，他说《辛夷坞》是"入禅"之作，"读之身世两忘，万念俱寂"（《诗薮·内编》）。"入禅"二字，抓住了理解此诗的关键。王维确实是经常对花习禅，以禅入诗的。他的《积雨辋川庄作》说："山中习静观朝槿，松下清斋折露葵。"可以说是他当时生活的真实写照。王维由于家庭的原因，早年奉佛，终身不疲。他仰慕的是维摩诘居士，他以在家居士的身份，吸取并融通佛教的义理，对佛教各宗派持一种兼收并蓄的态度。他与华严宗、净土宗，甚至密宗僧人都保持着联系。不过，对他影响最大的恐怕还是禅宗思想。他母亲"师事大照禅师三十余年"（见王维《请施庄为寺表》），大照即北宗祖师神秀的高足普寂。这对王维早年的思想不可能没有影响。大约在他四十岁左右的时候，王维为侍御使出使南阳，途中遇到慧能的弟子神会，神会所宣扬的南宗心要，又使他一见倾心。（《大正藏》85册《神会语录》残卷，巴黎藏敦煌写本，胡适校写）

禅宗是中国人的哲学，是中国人接触了大乘佛教之后体悟到自己心灵深处的奥秘的一种新的境界，它与中国原有的老庄哲学存在着一定程度的内在联系。禅宗强调"对境无心""无往为本"。也就是对一切境遇不生忧乐悲喜之情，不粘不著，不生不染，心念不起。《坛经·顿渐第八》记载了这样一则故事："时有风吹幡动。一僧曰风动，一僧曰幡动，议论不已。慧能进曰，不是风动，不是幡动，仁者心动。"禅宗还特别强调要破除"法执"、"我执"。说世界万有固属虚幻，说一切皆空，亦是妄见，只有不空不有，亦空亦有，才是中道义。所以，他们把人类的一切活动都看成是寻求解脱的"妙

《田园乐》，王维诗意

道":"举手举足,皆是道场,是心是性,同归性海。"(王维《能禅师碑并序》)把世界的一切事物都看成是"真如"的外在显现:"青青翠竹,尽是法身;郁郁黄花,无非般若。"(僧肇语)这种"真如"佛性存在于宇宙万物之中,存在于每人的内心深处,不是语言所能传达、概念所能表现的,所谓"不可思议",只是神秘的直觉——顿悟,才能真实地把握到它的存在。王维以禅宗的态度对待人世的一切,使他对宇宙对人生都保持着一种任运自在的恬淡心境。将这种心境融进于自己的诗歌,于是,使其《辋川集》及其晚年的大多数作品中都闪耀出一种似有若无的禅光佛影。王维诗中的境界,大都是一个个独立而封闭的世界:空山、翠竹、日色、青松、莲花、鸟鸣、流水、钟声……一切都是那样的圆满自在,和谐空灵。其意象的空间是有限的,但包含着无限的意蕴;时间也并不明显,似乎象征着"真如"的永恒。

《辛夷坞》也是这样一个境界,只不过禅意更浓,显得更为空灵。因为"对境无心",所以花开花落,引不起诗人的任何哀乐之情;因为"不离幻相",所以他毕竟看到了花开花落的自然现象;因为"道无不在",所以他在花开花落之中,似乎看到了无上的"妙谛":辛夷花纷纷开落,既不执着于"空",也

孤艇闲花落,人生自寂寞

不执着于"有",这是何等的"任运自在"!纷纷二字,表现出辛夷花此生彼死、不生不死的超然态度。在王维看来,整个精神世界和物质世界,不正是像辛夷花那样,在刹那的生灭中因果相续、无始无终、自在自为地演化着的吗?"不生不灭,如来异名。"(《楞伽经》),王维因花悟道,似乎真切地看到了"真如"的永恒存在,这"真如"不是别的,就是万物皆有的"自然"本性。但是,一悟之后,王维竟分不清这"道"究竟是花的本性呢?还是自己心中本有的清净无染的佛性。不过,这

是无关紧要的,要紧的是悟到了道,在"真如"智慧的灵光下,物与我本无差别,物即是我,我即是物,这就是人们常说的物我两忘的无差别境界,亦即王国维"以物观物"的"无我之境。"

"王维诗高者似禅,卑者似僧。"(李梦阳《空同子》)他那些纯粹宣扬佛教教义的押韵诗,写得毫无意味。不过,像《辛夷坞》这样的"入禅"之作,借助于完整的形象表现出那么一种"禅趣",其艺术上的成功,还是令人寻味的。朱光潜先生说过:"诗虽然不是讨论哲学和宣传宗教的工具,但是它的后面如果没有哲学和宗教,就不易达到深广的境界。"(《中西诗在情趣上的比较》)有余不尽,意在言外,这言外之"意"不管是哲学的,还是宗教的,似乎都是艺术作品审美意境所不可缺少的。王维诗之所以在今天仍有其独特的审美价值,其原因大概就在于此吧。(陈仲奇《因花悟道物我两忘——王维〈辛夷坞〉诗赏析》)

由于在这里有可能脱离与北方意识形态的任何联系,或者说它会直接

画船儿天边至,酒旗儿风外飐,爱杀江南
——张养浩 《水仙子·咏江南》

威胁到中国文明精神结构的完整性，因而对这一种精神流向略加束缚与劝导，也是不可缺少的。凡事都是不能过分的，一旦完全剥夺了个体生命的主体机能与他生存的热情与意志，那么叫他们如何应付越来越沉重与残酷的现实世界呢？这就是尽管北方意识形态时常不那么悦耳，甚至是悖逆人的天性与情感的，但仍要把它的"大道"与"重担子"承担起来的原因。这既是诗与禅、同时也是诗性文化不同于禅宗文化的根源：

……但是，禅宗与诗家还有一点非常重大的不同，正如胡应麟《诗薮》内编卷二所云："禅则一悟之后，万法皆空，……诗则一悟之后，万象冥会。"这正是两家不能完全合一的原因。其本体差异在于：诗源于诗性智慧，它的本体内涵是一种生命精神，是生生之德；禅源于死亡宗教学，其本体内涵为死，为毕竟空。所以诗家虽然可借助禅学来"切玉"（欲），使人的生命在精神境界上更上一层，但如果"此欲"全部被切掉了，那么诗也就走向了其历史终结处。这也正是王国维的三境界与临济宗四料简的区别，在前者看来，诗的最高境界是"蓦然回首，那人正在，灯火阑珊处"，即其最高境界是对生命（"那个个人"）的大肯定，而后者则是"人境俱不夺"，因为人境两空，它肯定的一种原始的无生境界。

……

写到这里，我突然想到两句诗，它们恰能把诗与禅的关系讲得纯净而真切。面对出走的人生，诗人总是看不太透，所以他说：

子规声里雨如烟。
而禅家则看得透极了，所以他说：
子规声里劝人归。

但是，君问归期未有期，巴山夜雨涨秋池。人生怎么走法，还得由历史来决定。（选自刘士林《中国诗性文化》）

肆 文 人

江南文人好读书，多是读书的种子。这是在他们总角之年就开始养成的习惯。

《徽州古祠堂》，中间有几处敦促弟子读书的训诫：

重诗书

诗书所以明圣贤之道，本不可重，况一族子弟，无论将来读书成名，即农工商贾亦须稍读书本，略知礼仪。凡请先生，第一要有品行老成之人，而待先生之礼貌尤须周到。凡读书人受恩不可忘,无恩不可怨,不可持才学而傲慢乡党,不可挟绅衿而出入衙门。如果品行都好,就不发达,一样有光门户。(绩溪《涧州许氏宗谱·祖训》)

譬如歙县潭渡的黄氏宗族就规定:"子姓十五以上,资质颖敏,苦志读书者,众加奖劝,量佐其笔札膏火之费;另设义学,以教宗党贫乏子弟。"(《潭渡孝里黄氏族谱》卷六《家训》)

对于族中子弟在科举道路上的每一点进步,上庄胡氏宗祠都有奖赏:

其学成名立者,赏入泮贺银一两,补廪贺银一两,出贡贺银五两,登科贺银五十两,仍为建竖旌扁,甲第以上加倍。

参加省试、会试的族中子弟,宗祠又有规定:"至若省试(每三年一次在省城举行的举人考试,又称乡试)盘费颇繁,贫士或艰于资斧(指行旅之费用),每当宾兴(科举时代,地方官设宴招待应举之士谓之宾兴)之年,各名给元银二两,仍设酌为饯荣行。有科举者(每届乡试之前,各省学政都要举行一次巡回考试,以选出优等生员参加本省的乡试,称为'科考'或'录科考试'。此指在'科考'中胜出者)全给,录遗者(此指录科考试未取而参加第二轮录遗考试的人)先给一半,俟入棘闱(指试院),然后补足;会试者(举人们参加每三年一次在京师举行的贡生考试,称为会试)每人给盘费十两。为父兄者幸有可选子弟,毋令轻易废弃。盖四民之中,士居其首,读书立身胜于他务也。"(选自张小平《徽州古祠堂》)

至于十年寒窗以后结果如何,似可从主体与社会两个层面分析。

对于读书人来说,孔孟之书读得越好,就越容易培养那种"治国平天下"的大丈夫之志。但是问题正如所谓的"秀才造反,十年不成",由于孔孟本身固有的道德理想主义倾向,特

孔尚任引驾图

随时做好准备要去支撑倾圮欲摧的大厦的南方文人,
也曾经这样雄心勃勃

别是当这种革命冲动产生在最富于审美精神的江南文化背景中，因而它在主体身上直接产生的不是一种清醒的政治意识或一种百折不挠、不择手段的政治机能，而往往是凭借着一种审美幻像去从政的。在许多士子的诗词或墓志文，最常见的叙事就是他们自夸的"运天下于执掌"以及别人感慨他们是如何的怀才不遇。而实际上，如果说前者属于"当局者迷"，那么后者则可谓"死不悔改"。在某种意义上讲，这一致命"硬伤"在士子人生叙事中的出现，乃是由于审美因素与伦理因素在联手之后虚构了一个强大的主体。

对此的评价当然可以是一分为二的：它好的一面是在江南士大夫身上可以刺激、生产出一种比北方人更加坚定的政治伦理精神，这里可以随意选择两段历史文献来说明。

南都死难纪略序言

传曰："谋人之军师，败则死之；谋人之邦邑，危则亡之。"言与军国共存亡也。晏子曰："君为社稷死，则死之；为社稷亡，则亡之。"言与君共死生也。士既策名，报国之途非一，而身殉者其一端。世方多故，杀身之道亦非一，能死国者，其大义也。或进退由我，从容自裁，是为死节；或矢石交攻，义不旋踵，是为死事；或军败城陷，被执不屈，是为死难。三者之外，凡有身首分离，血膏原野者，何可胜数？然羽坑降卒，非秦国之忠臣；汉斩丁公，非楚王之烈士也。当死之际，先有必死之心，则致死之后，存其敢死之实。大夫士居乡被祸，非自裁、非不屈、非执干戈亲矢石者，不录，非其志也。节妇烈女不录，明国事也。儒生贱卒，死于国难者，必录。《春秋》能卫社稷，童子不殇之义也。有玷生平，致身临难者，必录，存大节也。于乎！自此以后，夫岂无豪杰之士，独患无身者乎？何敢以此律彼，曰："一死而外，何足道哉？"
（选自[清] 顾苓撰《南都死难纪略》）

兵部左侍郎兼都察院左都御史经理河北联络关东左懋第

左懋第字仲及，山东莱阳人。中崇祯四年进士，由知韩城县授户科给事中。崇祯十六年，奉敕以史科都给事中察核上江军务。十七年五月，上即位，以都察院右佥都御史巡抚应安等处。六月，丁母忧。上言请同前都督陈洪范倡义山东，以图恢复，兼负母骸骨，不许。会遣陈洪范使女直，议择大臣偕行。懋第复上言："臣之身，许国之身也。去年奉先帝察核之命，臣母属臣曰：'尔以书生，受朝廷知遇。膺特遣，当即就道，勿念我。'今国难家忧，一时横罹，不忠不孝之身，惟有一死。倘得叩头先帝梓宫之前，以报察核之命，臣死不恨。"情词慨激。金曰可，上许之。七月，加兵部左侍郎兼都察院左都御史，经理河北，联络关东。太仆寺少卿兼兵部职方司郎中马绍愉副之，同太子少傅都督陈洪范，赍大明皇帝致北国可汗书，犒师银十万两，币称之，使女直。越三日，上召陈洪范、绍愉入对，懋第以丧服不召。上疏曰："臣此行往问先帝后梓宫，又问东宫、二王消息，皆当衰麻往，谊不敢辞，但臣衔当议，同行之人，不得不言。臣衔以经理河北、联络关东为命。带封疆重寄之衔，而往议金缯岁币，则名实乖。况以此衔往虏所，将先敛地而后经理乎？抑先经理而后往乎？衔之当议者也。若同行之马绍愉，壬午年，陈新甲遣赴虏讲款，奴颜婢膝，得虏参貂无数。臣疏纠言：'中国宽一马绍愉，北庭添一中行说。'以此递解回籍。今与臣联镳出使，可无一言哉？如皇上用臣经理，祈命洪范同绍愉出使。而假臣一旅，同山东抚臣收拾山东。如用臣同洪范北使，则去臣经理联络之衔，但衔命而往谒先帝后梓宫、访东宫二王消息，赏赍吴三桂，并宣酬虏之义。而绍愉似可无遣。"不听。又疏言："臣原请者，收拾山东，结连吴镇，并可负臣母骸骨。而今以使北往，内痛于心。唯以不辱自许，以死自矢

以报君命，而并完父母所生之身，死无憾耳。愿皇上勿以臣此行为必成。即成矣，无以款成为可恃。"乃给路费银三万两，并德州大学士谢陞、太仆寺少卿卢世㴶、辽东巡抚黎玉田、总兵官祖大寿敕书，吴三桂蓟国公诰券及刮陵资费以行。十月，次张家湾。懋第贻女直摄政王书，请以礼迎御书。十二日，女直礼部官又奇库率鼓吹前导懋第等入京，馆鸿胪寺。明日，礼部官来请御书，词不顺，懋第拒之。女直内院刚林来，南向坐；懋第等三人北向坐。刚林问今上即位故。语毕，不受御书。又明日，索金币，与之，邀以君臣礼入朝，懋第不可。十余日遣归。不得见三桂、大寿等，遥祭先帝山陵而返。至沧州，追懋第、绍愉北去，听洪范南行。懋第、绍愉移馆太医院，乃密疏归报先帝山陵、东宫二王委曲。弘光元年正月朔，大书于门曰："生为大明忠臣，死为大明忠鬼。"六月二日，女直知入南京矣，酾以酒食送懋第，懋第不食。部将艾大选先薙发，杖之。勒自殉。司饷傅濬上告变懋第勾引东寇，谋危京城。女直以兵劫懋第等薙发。懋第曰："头可断，发不可断。"参谋兵部司务陈用极、游击将军王一斌、都司张良佐、王廷佐、守备刘统俱不屈，锒铛入狱。以水浸之，绝饮食者七日。执见女直摄政王，一揖就地，南

向坐。用极从懋第坐。摄政王问立皇帝，招土寇、杀总兵、不投国书及当庭抗礼等语。懋第抗言曰："高皇帝子孙皆吾主，况今上以亲以序当即皇帝位，山东豪杰，鼓舞中兴，勉以大义，授以方略，忠孝之人，不得称寇。我大明皇帝，念尔君臣为先帝发丧成服，破贼复城，遣懋第慰劳尔君臣。既不郊迎，又不礼迎御书，成何国体？艾大选辫发，背叛大明天子，杀之何辞？天朝大臣，奉命通好，羁留囚辱，有死而已。"摄政王指用极曰："尔何人，亦不跪？"用极曰："我，兵部也。三尺童子，羞拜犬羊，况堂堂大明人物耶。"摄政王乃从容曰："汝等不怕死，皆是忠臣。今汝江南无主，辫发归降，不失富贵。"懋第曰："不如斫头。"左右扶之出。降女直诸臣曰："先生改念，则转祸为福。不然，刀锯在前矣。"懋第曰："吾本不怕死，公等之言，不自心惭愧乎？"引至顺城门，将遇害，复有人奔马来曰："降则封王。"懋第曰："我为大明鬼矣。"遂南面叩头，与用极等五人俱死。时闰六月十九日也。观者皆哭。百姓闻之，知与不知，尽为流涕。门下士成默、徐元敷葬懋第于白马寺旁。用极，昆山人，以诸生荐举。一斌，宁国人，武进士。良佐、廷佐，统俱上元人。

论曰：左侍郎之死，人比之文丞相云。士民哀伤，天地变色，皆类之矣。时丞相起兵被擒，侍郎奉使通好。而蒙古能迟丞相之死于数年之后，女直不能忍侍郎以日月，其度量相越，宁有量哉？（选自[清] 顾苓撰《南都死难纪略》）

由于是在一种特别柔弱的女性般的身体上承担了只有北方大汉的铁肩才能承担的道义，所以这种江南伦理叙事往往是最能打动中国民族心灵的。

但另一方面，由于是携带着不同的精神资源进入政界的，因而也就使中国文化中的南北矛盾直接进入到文明的中心地带。如果说在北方文化圈长大的士大夫，由于早年经验的险恶与困苦，因而更容易理智地与清醒地

依旧江南第一州

看问题，那么对于在江南生活惯了的诗人政治家们，他们对政治本身的肮脏、黑暗与复杂程度，是一时半晌很难洞悉的。当这样两种政治力量在面对相同的经验对象时，他们的分歧、矛盾、不同政见则是在所难免的。自从西晋社会南人北上以后，这种矛盾就一直没有停止过。而历史学家经常讲到的北宋中期的三次党争，它们最深刻的政治背景都深埋在南北文化的二元矛盾结构之中。

"庆历党争"是北宋南北两大政治集团之间第一次大规模的冲突和对抗，双方的首要人物分别是苏州的范仲淹和寿州的吕夷简。寿州虽属南方，但在地理上和北方中原地区非常接近，所以吕夷简代表了北方地主阶级的利益。范仲淹政治集团中虽然也有北方人，如石介为兖州奉符（今山东泰安东南）人，但绝大多数是南方人。余靖为韶州人，欧阳修为吉州人，蔡襄为兴化人，杜衍为越州山阴人，李觏为建昌军南城人，孙沔为越州会稽人。他们面对当时国内外矛盾的尖锐发展，从稳定和巩固宋朝封建统治秩序的目的出发，提出一系列的改革措施和方法，这便是历史上著名的"庆历新政"。然而以吕夷简为代表的保守派，却不遗余力地攻击改革派为"朋党"，使实施不到一年的庆历新政

以失败而告终。到英宗时，以司马光、欧阳修为首的北南两大政治集团再次为贡院逐路取士而引起了激烈的冲突和争议。治平元年(1064年)四月十四日，司马光在《贡院定夺科场不用诗赋状》中极力主张采用北人占有优势的经学取士。而欧阳修则在《论逐路取人简子》中针锋相对地提出用诗赋取士，他说："盖言事之人，但见每次科场，东南进士得多，而西北进士得少，故欲改法，使多取西北进士尔。殊不知天下至广，四方风俗异宜，而人性各有利钝。东南之俗好文，改进士多而经学少；西北之人尚质，改进士少而经学多。所以科场取士，东南多取进士，西北多取经学者，各因其材性所长，而各随其多少取之。今以进士经学合而较之，则其数均，若必论进士，则多少不等。此臣所谓偏见之一端，其不可者一也。国家方以官滥为患，取士数必难增，若欲多取西北之人，则却须多减东南之数。今东南州军进士取解者，二三千人处，只解二三十人，是百人取一人，盖已痛裁抑之矣。西北州军取解，至多处不过百人，而所解至十余人，是十人取一人，比之东南，十倍假借之矣。若至南省，又减东南而增西北，则已裁抑者又裁抑之，已假借者又假借之，此其不可者二也。东南之士，于千人中解十人，其初选已精

矣,故至南省,所试合格者多。西北之士,学业不及东南,当发解时,又十倍优假之,盖其初选已滥矣,故至南省,所试不合格者多。今若一例以十人取一人,则东南之人合格而落者多矣,西北之人不合格而得者多矣。至于他路理不可齐,偶有一路合格人多,亦限以十一落之;偶有一路合格人少,亦须充足十一之数,使合落者得,合得者落,取舍颠倒,能否混淆,其不可者三也。且朝廷专以较艺取人,而使有艺者屈落,无艺者滥得,不问缪滥,只要诸路数停,此其不可者四也⋯⋯"理由可谓充分之至,但最后到哲宗元祐四年(1089)时仍然实行南、北分卷制度,分经义、诗赋两科试士,特许齐、鲁、河、朔等五路北人别考经义,使南、北两地的取士人数相对接近均衡。

第三次为王安石变法,这是北宋时期统治阶级内部南、北政治集团之间最为激烈的一次矛盾冲突。在当时,朝野中形成了以南方王安石为首的改革派和以北人司马光为首的保守派。南北两派之间的矛盾尖锐对立,形成了不共戴天的两大阵营。北人出于对丧失统治地位的极端怨恨,对执政的南方大臣进行不择手段的攻击,如司马光对宋神宗说:"闽人狡险,楚人轻易,今二相皆闽人,二参政皆楚人,必将援引乡党之士,充塞朝廷,风

俗何以更得淳厚?"又说:"臣与安石南北异乡,用舍异道。"永静人刘挚对神宗说:"臣东北人,少孤独学,不识安石也。"赵郡李承之说:"今知鄞县王安石眼多白,甚似王敦。他日乱天下者,必此人也!"开封吕诲上疏攻击王安石说:"大奸似忠,大佞似信。安石外示朴野,中藏巧诈。陛下悦其才辩而委任之。安石初无远略,惟务改作立异,罔上欺下,文言饰非。误天下苍生,必斯人也!"当然,执政的南人也极力排斥北人,唯恐去之不速、不远。如王安石执政期间,斥逐在朝北人就达数十人之多。这种南北政治集团内部的激烈斗争,使最高统治者宋神宗也无可奈何,叹说:"何至是!"(李学勤等主编《长江文化史》)

王国维在《人间词话》中曾谈道:"有造境,有写境,此理想与写实之所由分。然二者颇难分别。因大诗人所造之境,必合乎自然,所写之境,亦必邻于理想故也。"但那是文学艺术中的事情,而在现实世界中则无异于痴人说梦。一旦两相纠缠并且不可开交,不仅北方人压抑在伦理教化之下的粗野本能原形毕露,而这时的江南文人也往往显示出善于算计的小市民的另一面。他们都很难逃脱"一为文人,便不足观"的历史宿命。对中国历史了解多了深了,就难免会越来越厌恶

文人本身，甚至同意朱元璋的观点，即很多事情都是文人惹的麻烦，而如果没有文人在搅浑水，中国的历史和日常生活世界则很可能要单纯、宁静得多。而异常清醒的历史学家黄仁宇之所以对东林党人评价不高，也许根本原因就在于此。其实，如同人们惋惜为什么历史要选择宋徽宗作皇帝一样，对于江南文人来说，他们最擅长的也许只是作琴棋书画的名士，或者在热闹的市井中"扮几回将相王侯，写几页粉墨春秋"。说说笑笑唱唱地过一生，其实在万方多难的现实世界中，也是一种不错的选择。

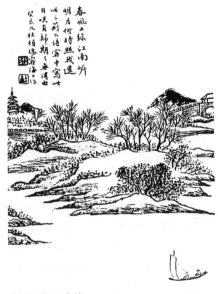

春风又绿江南岸

接下来的情况很可能是，在斗争失败或对斗争本身厌倦之后，还有一条不是出路的出路就是隐居起来。由于江南物产丰富和风光美丽，所以这里自古就盛产隐士。说它条件好的主要原因有二：一是江南自古就是鱼米之乡，可以为隐居者提供坚实的物质基础。有了这样一个基础，主人说话的口气就很不一样。与孟子在齐王面前反复摆谱，最终还是希望能够"为帝王师"不同，像张翰那样因"思吴中菰菜、莼羹、鲈鱼脍……遂命驾而归"（《晋书·张翰传》)，像王导那样坦然地"如其欲来，吾角巾径还乌衣"（《世说新语·雅量》)，他们之所以有这种不怒自威的傲气，完全是因为有雄厚的物质基础作后盾。也就是说，即使不能以做官方式从统治集团中分配生活资料，但生活本身仍然是毫无问题的。在这样的情况下，一些与心相违的摧眉折腰事权贵的事情，在逻辑上才有可能被置之度外。二是在政治斗争中经常失败的人们，也特别善于用他们熟悉的话语武器，来美化、伦理化江南的隐居生活。其中最著名的应该是严光和陶渊明。垂钓的前者可以与汉武帝平分秋色。唐人王贞白写富春江上的严子陵钓台："山色四时碧，溪光七里清。严陵爱此水，下视汉公卿。"范仲淹说"云山苍苍，江水泱泱。先生之风，山高水长"，都可以看作是这种话语斗争的一部分。而躬耕南亩的陶渊明在后代士大夫心目中的位置，更是任何一位有权有势的帝王将相所无法比拟于万一的。

正如钱谦益在《耦耕堂记》中所表白的，当官最大的痛苦是不能安静地读书。出生在吴江的今人费孝通在诗中也反复写道：

> 万水千山行重行，老来依然一书生。
> 难尽笔下胸中意，愧忆南园读书声。
>
> 早年书声犹在耳，古井清泉应未干。
> 花开花落八十四，依稀识得苦与甜。

与在政治、经济的旋涡中危险地觅食，那种在青山绿水间晴耕雨读的隐居生活，不是更适合渺小而短暂的个体生命来承领吗？与李颙、黄宗羲、顾炎武并称为海内四大布衣的朱鹤龄，就基本上是这样度过他平淡而又"不可与人相语"的一生的：

> 江湾草庵者，朱子长孺耕且读之地也。震宗之水，径长桥东北入庞山湖，稍北为吴淞江，亦曰松陵江，吾邑之所由得名也。余家江湾在庞山湖东渚，去吴淞江不二里。掣陂巨浸，幽溆曲隈，弥望皆是芰菇罗生，菱芡蔓合，渔人网罟之利所在。有之，其田畴沃

以衍，其风土清以嘉，从前高贤达士，未有卜宅于此者，故郡邑志不载其地。茸茆庵而居之，盖自朱子始焉。

庵之制创自田畯，门牖略具丹漆，不施竹帘纮帏，容膝而已。东偏一小轩，稍洁，中设棐几一，匡床一，聚图书数百卷，性喜著撰，朱墨二毫，未尝辍揽。每睹藻网如织，轻鳎出游，落花成荫，鸟语上下，意欣然乐之。时复督勒耕奴，课其耘耔，沟塍浸灌，禾黍怀新，岁入虽不逮，老农亦颇识农家之兴

在北方政治中心碰得头破血流的北方文人最后还是回归到江南的故乡寻求慰藉

味矣。兴发散步湖滨，与村童野叟相狎荡。遥望晴澜汉民，渔曾估舳出没荒墟树杪中，指点西山诸峰，螺髻逶迤，浮青送碧，未尝不拄策忘疲，如置身潇湘洞庭之间也。（《江湾草庵记》）

当然，在这里如同在南禅中一样，也有一个"过犹不及"的问题。过于消解自己的政治伦理机能，就会使自身真正脆弱得手无缚鸡之力，他充其量只能成为《桃花扇》中那种高雅的看客："俺曾见金陵玉殿莺啼晓，秦淮

《桃花扇》插图

水榭花开早，谁知道容易冰消。眼看他起朱楼，眼看他宴宾客，眼看他楼塌了。这青苔碧瓦堆，俺曾睡风流觉，将五十年兴亡看饱。那乌衣巷不姓王，莫愁湖鬼夜哭，凤凰台栖枭鸟。残山梦最真，旧景难丢掉，不信这舆图换稿。诌一套哀江南，放悲声到老。"这当然是另外的问题了，但它足以反映仅有江南文化这半壁，是不足以在残酷的现实世界中打开一条生路的。这也就是南北不可完全无关的原因。

伍 学 术

中国古典学术是中国传统文化的精魂，也是南北二元叙事表现得最为充分的领域。

关于中国学术的南北之分及其源流问题，刘师培先生曾有一概括十分精要：

三代之时，学术兴于北方，而大江以南无学。魏晋以后，南方之地学术日昌，致北方学者反瞠乎其后，其故何哉？盖并、青、雍、豫古称中原，文物声名洋溢蛮貊，而江淮以南则为苗蛮之窟宅，及五胡构乱，元魏凭陵，虏马南来，胡氛暗天，河北关中，沦为左衽，积时既久，民习于夷，而中原甲姓避乱南迁，冠带之民萃于江表，流风

南北學者之病

江南之士輕薄奢淫梁陳諸帝之遺風也河北之人闊很

顾炎武 《日知录》书影
南北学者之病

所被，文化日滋，其故一也。又古代之时，北方之地，水利普兴，殷富之区，多沿河水，故交通日启，文学易输。后世以降，北方水道淤为民田，而荆、吴、楚、蜀之间，得长江之灌输，人文蔚起，迄于南海不衰，其故二也。就近代之学术观之，则北逊于南，而就古代之学术观之，则南逊于北。（选自刘师培《南北学派不同论》）

但在今天的学术视域中，则不容不提出一个疑问。即这种以北方为中国学术发源地，而以江南学术为其传播成果的叙述，它究竟是一种历史的真实，还是根据北方意识形态而复制的一种"说法"，则是需重新加以审视及作深入研究的。这是因为，如果有一种完全不同于黄河文明的长江文化，那么后者作为一个整体性的存在，它当然应该有专属于自身的学术之根。但另一方面，尽管"大江以南无学"的叙事很难经得住考古文化的检验，但作为中国学术史上一种重要经验，它对于后人了解前人在坎坷的学术道路上曾经怎样跋涉，仍然是有它不可替代的学术史价值的。

在当代一个十分值得关注的现象是，由于长江文化圈这一新理念的产生，或者说，出于积极地探索江南文化自身的独立性与系统性，历史学家们已经开始关注起江南学术自身的特征：

江南的学者治学方法上与北来的士人有所不同，如：会稽余姚人虞翻，著《易注》，开以玄释经之风，他认为："经之大者，莫过于《易》。自汉初以来，海内英才，其读《易》者，解之率少……若乃北海郑玄，南阳宋忠，虽各立注，忠小差玄而皆未得其门，难以示世。"虞翻是江东《易》学的代表人物，也是江东士族中最有成就、最有影响的经师。孔融读了他的《易注》，曾写信称赞他，说："闻延陵之理乐，睹吾子之治《易》，乃知东南之美者，非徒会稽之竹箭也。又观象云物，察应寒温，原其祸福，与神合契，可谓探赜穷通者也。"晚年，他徙居交州，"讲学不倦，门徒常数百人。又为《老子》、《论语》、《国语》训注，皆传于世。"他对交州文化的发展有一定影响。会稽上虞人吴范"治历数，知风气"，担任过孙吴的太史令。吴郡吴人陆绩"博学多识，星历算数无不该览"，孙吴时出任郁林太守，"作《浑天图》，注《易》释《玄》，皆传于世"。

吴地的史学也很发达。吴郡吴人张温，曾任太子太傅，他节抄《史记》、《汉书》、《东观汉记》，编《三史略》20卷。会稽山阴人谢承，为吴主权谢夫人弟，撰《后汉书》百余卷，记事偏重南方，有地方特色。吴郡云阳人韦昭著有《吴书》，后来成为陈寿撰《三国志》时所依据的重要材料之一。他的史注《国语解》，汇合了郑众、贾逵、虞翻、唐固等学者注解《国语》的成果，同时参考了许多古代典籍，治学严谨，是流传至今的唯一的一部《国语》注本。韦昭的文学才能也很高，其《博弈论》被选入《昭明文选》。他改编的乐府歌辞十二首，颂孙吴功德，富于尚武的进取精神，对鼓舞士气、激励人心有明显效果，已被《宋书·乐志》所收录。

江东陆氏与顾氏对文化发展有重要贡献。陆机的《文赋》用骈文的形式讨论创作构思与文章利弊，对文学

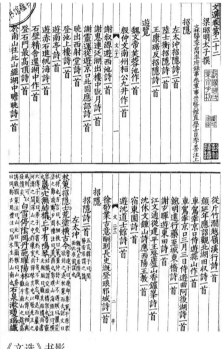

《文选》书影

理论有重要建树。其散文《辨亡论》以文论史，以史论政，总结东吴兴亡之教训。这篇史论质量很高，可与贾谊《过秦论》相媲美。陆机与弟陆云的诗文，都有一定质量，号称"二陆"。陆氏兄弟入晋后，将长江流域文化的影响扩大到了北方。顾雍之子顾邵，出任豫章太守，推行教化，禁断淫祀，表彰先贤，"小吏资质佳者，辄令就学，择其先进，擢置右职，举善以教，风化大行。"促进了豫章地区文化的发展。豫章人徐整，著作可考者达7部之多。

自然科学方面,孙吴时期长江流域的数学家,有阚泽与赵爽。阚泽的著作未能传下来,赵爽注《周髀算经》为《隋书·经籍志》所著录。他用弦图证明勾股定理,直观性强,至今仍有价值。天文学方面,吴太史令陈卓的星图,庐江人王蕃制造的浑仪,葛衡设计的浑象,都在天文学史上有一定地位。(选自李学勤等主编《长江文化史》)

这一则关于三国时期江南学术状况的材料,可以说明在基本观念上改变对南北文化关系之理解,将会开拓出一种什么样的学术文化新世界。它在深层结构上意味着,如果江南学术有属于自身的文化根源与知识谱系,那么不仅整个江南学术史需要重写,而且整个中国学术固有的基本框架与格局,在这样一种由于"在中国发现江南"而引发的观念震荡中,所面临着很可能是中国学术史上最大的一场学术革命与资源重组的挑战。在这里似乎再一次印证了语言本体论的更重要性,即有了什么样的江南学术元叙事,就可以生产出什么经验形态的江南学术来。这些是后话,且存而不论。

而在当代学术中,部分的由于学统已断,部分地由于西语横行,所以能够用简洁优美的中国话语来讲枯燥学术的好文章,实在是少之又少的。在这里我们还要感谢那些既有很好的国学根基,又可以用中国话语讲学论道的现代学人。这里选择一个谈中古时期南北学术的文字片断,可说明在江南轴心期本土学术与外来势力相互消长的具体情形。

南　北

我们看了鲁迅的演讲稿,该明白魏晋间学术思想的演变,是一件多么重要的史迹。可是,前人茫无所知,说是五胡乱华,一笔带过,岂非十分可笑。前人也有人谈刘义庆的《世说新语》,其中一些佳话,也流传下来。可是,刘劭《人物志》和范缜《神灭论》所激起的大辩论,《弘明集》和《弘明后集》该是多么重要的书,可是那些谈"文化复兴"的人就不知其人,不知其书。所以"国学常识"这件事,成问题的实在太多了。我呢,只能尽其心力,来搜残补缺就是了。

魏晋南北朝到隋唐初那四百年间,在中国的学术思想,是一个变化最大的时期。(我们只能说"国学"是"在中国"的"学术",不能说是"中国"的,因为这时期,印度佛学已经东来,成为我们思想文化的主流之一。)这时候,已有所谓"南学"与"北学","南人"与"北人"。(和今日香港人所说的"南与北"绝不相同。)《世说新语·文学篇》:"褚季野语孙安国云:'北人学问渊综广博。'孙答曰:'南人学问清通简要。'支道林闻之曰:'圣贤固所忘言,自中人以还,北人看书如显处视月,南人学问如牖中窥日。'"唐长孺先生说:"从来引这一段来说明南北学风的,都以为褚裒、孙盛和支道林所说的南北就相当于以后南北朝的界限。我觉得在东晋时,可能范围有些出入。褚裒(季野)为阳翟人,孙盛(安国)是太原人,所谓南北应指河南北。东迁侨人并不放弃原来籍贯,孙、褚二人的对话,只是河南北侨人彼此推重,与《隋书·儒林传》所云:'南人约简,得其精华;北学深芜,穷其枝叶。'虽同是南北,而区域是不一致的。《晋书·祖逊附兄纳传》:"时梅陶及钟雅数说余事纳辄困之。因曰:'君汝颍之士利如锥,我幽冀之士钝如槌,持我钝槌,捶君利锥,皆当摧矣。'陶、雅并称:'有神锥,不可得槌。'纳曰:'假有神锥,必有神槌。'雅无以对。祖纳为范阳人,钟雅为颍川人,这又是河南北人的彼此诋毁,与褚、孙的相互推重,事虽不同,而同以河南北相对比则一。这种以河南北相对比的人物论,大概始于东汉。"

唐氏又云:"魏晋新学风的兴起实在河南。王弼创通玄学,乃是山阳人。同时名士夏侯玄是谯郡人,阮籍是陈留人,嵇康是山阳人。颍川荀氏

曹聚仁

虽然还世传经学,他的《易》学也与王弼相接近,而荀粲独好言道,也属于新学派开创人之一。创立行书法的钟繇、胡昭都是颍川人,而钟会也精练名理。这些人都是河南人,大河以北我们很少看到这类人物了。……上面所说,褚裒所谓'北人学问渊综广博',乃指大河以北流行的汉儒经说传注;孙盛所谓'南人学问精通简要',乃至大河以南流行的玄学。就是经学中郑玄、王肃的差异,也由于郑较近于汉儒家法,而王肃则年轻时曾从荆州学派的宋忠读《太玄》,多少受新经学影响。"(《南齐书·陆澄传》称王肃《易注》"在玄(郑)弼(王)之间"。可见其《易注》虽承其父王朗之业,而一部分也出于荆州之学,和王弼同出一源,

所以一方面承汉学之旧,而另一方面,又与新学相合。)

近代学人,研究客家话的,如杨恭恒的《客话本字》,温仲和的《嘉应州志方言》,章太炎师的《岭外三州语》,罗翙云的《客方言》,黄钊的《石窟一征》,都证明了"客话多中州古语"。也正如黄遵宪所说的"方言足证中原韵,礼俗犹存三代前"。(陈兰甫也曾说过:客人声音多合周德清《中原音韵》。)所谓"南"与"北",自和东晋南渡、南宋南迁的民族大流转有关。可是"南与北"的观念,东晋南北朝人的和南宋人的想法,大不相同,和明末清初顾亭林所说的更不相同,用香港人的说法,来看东晋人的区域概念,那更牛头不对马嘴了!这么一说,大家该明白,用科举时代的传统观念来理解魏晋玄学家的思想,自必闹出更大的笑话;我得在这儿,郑重提一提。

那为追慕神仙家的葛洪(杭州西湖上的葛岭,便是纪念这位吐纳炼丹的仙人的所在。我也曾上过他的初阳台去看过日出),他是吴人,当吴国灭亡与晋室东迁之后,亲见江南人慕效洛阳风气;他在《抱朴子》中,说了四种南北异同之点:(一)书法,(二)语言,(三)哀哭,(四)居丧。葛洪把吴之善书者,与中原之书家分列,二者之间一定有所不同,可是诸家手迹,都已

不能见到,有一些保留在宋代阁帖中的刻本,真伪亦难于鉴定,而又传拓失真。葛洪所举吴国书家四人,止有皇象见于记载,其余三人,不但笔迹失传,连最简单的事迹,已不可考。《法书要录》载窦氏《述书赋》云:"吴则广陵休明(皇象),朴质古情,难以穷真,非可学成,似龙蠖蛰启,伸盘复行(以上皇象)。贺氏兴伯,同时共体,瘠而不疏,逸而置礼,等殊皇、贺,品类兄弟(以上贺邵)。"北方书法之南流,改变了吴人"朴质古情"的形制,主要在于行书的推广。《晋书·卫瓘传》载卫恒《四体书势》:"魏初有钟、胡二家为行书法,俱学之于刘德升,而钟氏小异,然亦各有巧,今大行于世云。"卫恒所谓,乃是古文;篆书、隶书、草书。行书、八分、楷书都属于隶书范围。卫恒于每一书体中,列举若干精于此一体的书家,钟繇、胡昭见于隶体项下,而且说其"为行书法,今大行于世"。行书是一种较新的书体,王僧虔《论书》又云:"刘德升善为行书,不详何许人,颍川钟繇魏太尉,同郡胡昭公车征,二子俱学于德升,而胡书肥,钟书瘦。"张怀瓘《书断》云:"案行书者,后汉颍川刘德升所作也。即正书之小伪,务从简易,相间流行,故谓之行书。王愔云:'晋魏以来工书者多以行书著名,昔钟元常善行押书是

南京·佚名 《长江秋雪图》(部分)

也.'……刘德升即行书之祖也。"行书一体,在汉末始在颍川提倡起来,曹魏时才流行于中原士大夫间,江南民间虽或流行,而号称书家的士大夫则尚未接受。晋灭吴以后,才传入江南,以后王羲之、献之父子书名最盛;晋以后又多学二王,这可见两晋、南北学术文化流传之迹。

关于"吴语"问题(葛洪所提到的第二点),(吴语变迁,可分若干时期,有扬雄时代的无余,又郭璞时代的吴语,有东晋以后的吴语,有南宋以后的吴语。东晋、南宋这两时期,差不多把北方的俊秀荟集到南方来,而江左的语言乃有剧烈的变化,与其说它是吴语,不如说它是中原旧语;而现在中原人所说的,反是中原新语。)陈寅恪先生写了《东晋南朝之吴语》,周一良先生写了《南朝境内之各种人及政府对待之政策》,他们都替葛洪所说"江

南士族普遍学习洛阳话"的话作注解。周氏说:"……盖扬州之侨人,不自觉中受吴人熏染,于中原与吴人语言以外渐形成一种混合之语音。同时扬州土著士大夫求与侨人沆瀣一气,竞弃吴语而效侨人之中原语音。然未必能得其似,中原语音反因吴人之模拟施用,益糅入南方成分。此种特殊语言,视扬州闾里小人之纯粹吴语固异,视百年未变之楚言(此指北方语言),亦自不同。"简单地说,这种吴化洛阳语相当于蓝青官话,因为是官话,所以只行于士族间。(抗战八年的重庆,以及近二十年的港澳,也产生了这样的语音。)

葛洪所举的第三件事是"哀哭"。他说:那时南人学了北方哭法,乃是"治饰其音"。(江南哭法,时有哀诉之言,有声调节奏,今苏州一带还是流行了这一种有声调节奏的哀诉之言。)《颜氏家训·风操篇》:"江南丧哭时

有哀诉之言耳。山东重丧则惟呼'苍天'，期功以下则惟呼'痛深'，便是号而不哭。"（"治饰其音"的哭声出于洛阳，而为吴人所仿效。到了南北朝，颜之推已认为这是江南之俗，那时北方反而没有这种哭法了。）（《艺文类聚》引《笑林》："有人吊丧，因赍大豆一斛相与。孝子哭唤'奈何'，以为问豆，答曰：'可作饭。'哭，复唤'穷已'，曰'适得便穷，自当更送一斛。'"吴人或南人到洛阳时，由语言隔阂所闹的笑话，可作例证。）

葛洪所举第四件事是"居丧"。吴国风俗，居丧哀毁过于北方，《宋书·五行志》："故吴之风俗相驱以急，言论弹射以刻薄相尚。居三年之丧者，往往有致毁以死。诸葛（恪）患之，作《正交论》，虽不可以经训整乱，盖亦救时之作也。"这和葛洪所说江南旧俗相符合。这种丧过于哀的旧俗，从晋室东迁之后，带来了京洛名士放诞之风，于是遭到破坏。正确地说，如葛洪所指责的"居丧不居丧位"及"美食大饮"等，也不是北方旧俗，只是魏晋以来放诞名士的行为。但南渡侨人很多，就是染有这种放诞之风的名士或贵族子弟，因此有人还以为京洛之风如此。葛洪对于贵人的不遵丧礼，由于服散之故，加以原谅。王羲之也是服散的人，所以他也"勤以食啖为意"。但他

们要责备那些不服丧的凡琐小人的居丧无礼。

唐长孺先生说："上述只是琐细之事，却表示了吴亡以后，江南士人却至羡慕中原风尚的心理。一到晋室东迁，以洛阳为中心的中原文化，便移到了建康，改变了江南所固有的文化和风俗了。"（选自曹聚仁《中国学术思想史随笔》）

如果说这种解释还有什么不足，那么在我看来，需要补充和修正就是它在叙事江南学术时所使用的北方文化传播叙事，即把这一切都阐释为落后的江南学术向北方学习、模仿的结果。这也是中国人谈到江南文化时一个最重要的元叙事。而一般的中国学者之所以把江南的开发看作是"永嘉南渡"的结果，把明清时代江南文化的发达看作是建炎南渡的结果，实际上都是由于有了这样一个"先入为主"的内在观念。而这也是两次南渡具有深刻的家族类似性的总根源。这个叙事的深层根据是，北人南下本身就是政治中心的转移，而政治中心的转移则是"牵一发而动全身"的，必然要引发所有附属于这个中心的经济、文化以及人口资源的大流通。而这些资源流通到哪里，就会给哪里带来先进的文化与繁荣。这也是中国学者最喜欢讲的"事实"，以宋代的建炎南渡为例，像"高宗南渡，民之从者如归市"

的说法可以说俯拾即是，如李心传说"中原士民，扶携南渡，不知其几千万人"；如庄绰说"建炎之后，江浙、湖湘、闽广，西北流寓之人徧(遍)满"；如袁说友说"今江之南北，淮之东西，皆此辈(北方移民)安养之地"；如朱熹说"靖康之乱，中原涂炭。衣冠人物，萃于东南"；如赵扑说"淮民避兵，扶老携幼渡江而南无虑数十百万"等。据学者统计，宋室南迁前后，北方人口南迁的数字大约在150万至200万人之间。而按照这种元叙事，顺理成章的是，像这样一种来自先进文化区域的人力资源，不仅把他们先进的生产技术、伦理道德等物质生产与意识形态因素带给江南，而且由于其中挟裹着大量的饱读经书的学者，因而江南的学术也正是在这种理性力量的刺激下才成长壮大的。这里可以再选择一段材料阅读：

移民对南宋长江流域的学术文化产生了不可估量的作用。吴莱说："自东都文献之余，天下士大夫之学日趋于南。或维皇帝王霸之略，或谈道德性命之理，彬彬然一时人才学术之盛，不可胜纪。"

据余瑛先生对《宋元学案》一书儒者的统计，"北宋末叶人物之盛，仍推中原一区为第一，但其人数增加率很大，差不多比较前期多了一倍；浙东次之，其所处的地位比前期提高了两位(前期居于第四，今乃升居第二)，数目又比前期差不多增加了二倍；闽中第三，较前期增加七分之四；浙西第四，位置虽降低二位，然其人数反较前期增加了；江西第五，蜀中第六，湖湘第七；至于关中，在这个时期真是凋零得可惊了！南宋前期，浙东一变而处于第一位，其人数的增加极为惊人，比北宋中叶时增加了五倍有奇；闽中居于第二位，其人数增加率也很大，与北宋中叶相比较，增加三倍余。江西第三，蜀中第四，中原和浙西同处于第五位，湖湘第六，关中第七。由这样看来，可知本期内人才的盛况，已经从黄河流域向南迁到长江和珠江流域了！"

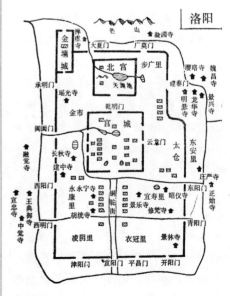

古洛阳图

梁代吴平侯萧景墓

这个中的原因，除南方经济的繁荣和社会安定外，还当与移民密切有关。如洛阳人尹焞，自靖康之乱后，以商州奔蜀，传程颐之学。绍兴五年后又应诏进京，任秘书郎兼说书，宣讲二程之学，在南方产生了较大的影响。《宋元学案》卷二七《和靖学案》曰："其后林拙斋之后有东莱，陆子正之后有艾轩，皆名世大儒也。"又如，祖籍于河南的吕祖谦，在婺州创有金华学派，并成为浙东事功学派的代表，与朱学、陆学鼎足而立。（选自李学勤等主编《长江文化史》）

这些说法在中国学术界如此风行，以至于会给人造成这样一种错觉，即包括江南学术在内的物质与精神文明，完全是因为北方文化圈的扩散与传播而产生的。而在这里需要讨论的一个基本问题则是，北方究竟是江南的一个刺激因素，还是它发生与发展的根源？在表面上看来，以上两个材料中所言都是不容置疑的"事实"，但关键在于，他们那种以"北人之眼"分析与看待文献材料的方法论，却是很难真正经得起理性推敲的。一言以蔽之，它属于一种"北主南客"的独断论叙事，并且借助于强有力的北方意识形态从而使自身成为一种霸权话语的。而这种"坏逻辑"的负面影响则在于：首先，它在整体上忽略了江南本土学术对北方文化传播的积极应战，以及在这个过程中是如何把南人的思想、情感与意志保存下来或直接延伸进北人的精神结构之中。其次，它同时遮蔽了对"北学在江南"的深入讨论之可能。在经历了巨大的政治牺牲与背井离乡之后，那些南渡的衣冠人士可使人想到现代史上流寓西南的知识分子。今人萧公权先生曾有"图书屡为移家损，亲友多因避乱逢"（《辛巳元日走笔》其三）之诗句，像这样一种沉痛的生存经验对北方学者的影响是可想而知的。而如果对南下之人的"今日之我"与"昔日之我"不加分辨，那当然就不可能真正接触到"历史的精神真实"层面。而这些都是在今天重新审视南北关系时需要格外加以注意的。

换一种视角也可以说，正是在江

南学术中还深深地保存了不同于北方的基因，才使得学术史家可以发现与阐释江南学术的特质。如刘师培在《南北学派不同论》中提到的南北诸子学、经学、理学、考证学、文学的不同等。这里也引一段刘师培论述的南北考证学之不同："要而论之，吴中学派传播越中，于纬书咸加崇信，而北方学者鲜信纬书，徽州学派传播扬州，于礼学咸有专书，而南方学者鲜精礼学。北人重经术而略文辞，南人饰文辞以辅经术。此则南北学派之不同者也。"由此可知，重建江南学术实际上是从属于重建江南文化这个根本问题的，只有江南文化的发源、存在及其独特历史过程得到确立，那么在这个根基上的成长的一切才可能获得它们的本体论承诺。而那些属于更加细微的事物与特征，也才能从传统的宏大叙事的遮蔽中澄明自身。比如说江南人细腻到琐碎的个性与乾嘉学术的主体性根源，比如不同于北方政治家的"隐而耕"，在江南士人"隐而学"的生活方式中，实际上也最容易产生"为学术而学术"这种现代学术意识的。

最后则是由南北之辨想到的一则趣事。2000年秋冬之际，我在北京参加了一个庄子国际学术会议。后来在网上见到有位朋友在会议随记中写道：

……刘士林先生发言，题目为

刘士林 《先验批判》书影

"庄子的庄子"，果然益见怪异。所述凡五事：（一）如何分析庄子文本？（二）庄子本人还是学者自己？（三）思想史与学术史的关系。（四）解读庄子的语境。（五）庄子思想发生的文化背景。其论述初觉属现代阐释学一路，其结论一以为庄子当时之学术背景为诸子出于王官，庄子则是以王族之高贵血统为动力，制造一政治文本以抢夺话语权；二以为庄子所述多与原始思维有关，今人视之荒诞不经，而在远古皆为事实，故无玄妙可言。

刘先生于所言五事之先，劈头有

一观感，谓此次会议"学术不纯，学理不精"，此语亦颇得中青年学者倾心矣。

刘先生为南京师大文学院教授、博导，以少壮之年，而著述独多，无怪语惊四座。蒙培元先生以列维之《原始思维》提问，刘先生便答请见近著《中国诗性文化》某章某节。

以余所偶见，北方学者多持守学理，南方学者多标示新意，闻刘先生所言，果见有沪上秦淮之风。

对此当然只能权作一种旁观者言吧。只是有两点需要说明一下：一是这里的博导系博士之误，借此机会订正一下。二是这次发言后来我整理作《先验批判与中国古典学术研究》，收在拙著《先验批判》中，至于其观点是南是北，有兴趣的读者朋友不妨自己作一判断。

陆　市井风情

百里不同风，何况南北的千里之遥。

而在不同风土人情之间，由于大家都想自己成为"中心"，所以最常见的就是战争状态。除了在现实中真刀真枪的拼杀，另一个主要的战场则是"打嘴仗"。而"打嘴仗"的导火索则是语音的不同。如《世说新语·轻诋》有两条记载，一曰："支道林入东，见王子猷兄弟。还，人问：'见诸王何如？'答曰：'见一群白颈乌，但闻唤哑哑声。'"二曰："人问顾长康：'何以不作洛生咏？'答曰：'何至作老婢声！'"（原注"洛下书生咏，音重浊，故云老婢声。"）在前者是北人把不会说官话的王氏兄弟讥为鸟语，在后者则是生在晋陵无锡的顾氏把洛下语贬作婢语，这真可谓是一报还一报。在这里，语言本体论似乎进一步发展为语音本体论。从语音差异延伸出来，则是不同地方文化之间相互友善或不善的嘲弄。在葛煦存的《诗词趣话》中有这样两则记载：

王威宁越诗粗豪震荡。《雁门纪事》曰："雁门关外野人家，不养丝蚕不种麻。百里全无桑柘树，三春那见杏桃花。檐前雨过皆成雪，塞上风来总是沙。说与江南人不信，只穿皮袄不穿纱。"人谓曲尽大同风景。

……昌北地巷曲中曰："门前一阵骡车过，灰扬，那里有踏花归去马蹄香。绵袄绵裙绵裤子，膀胀，那里有春风初试薄罗裳。生葱生蒜生韭菜，腌脏，那里有夜深私语口脂香。开口便唱冤家的，歪腔，那里有春风一曲杜韦娘。举杯定吃烧刀子，难当，那里有兰陵美酒郁金香。头上狄髻高尺二，蛮娘，那里有高髻云鬟官样妆。行云行

北方官宦人家欢庆春节

雨在何方，土炕，那里有鸳鸯夜宿销金帐。五钱一两等头昂，便忘，那里有嫁得刘郎胜阮郎。"

它可以说明江南人士是如何喜欢在"嘴"上讨便宜，以便弥补他们在文明进程中越来越低的"声音"与实际上无法与北方意识形态抗衡的失败命运。

正如诗人所说："汴河通淮利最多，生人为害亦相和。东南四十三州地，取尽脂膏是此河。"（李敬方《汴河直进船》）其实何止是最好吃的鱼米之乡的生活资料，这片土地上最美丽的女人与最聪明的士子，也无一不是要被当作贡品统统上缴国库的。这种情况对于江南人来说，也就直接刺激了一种"到底意难平"的心气。但由于"利剑不在掌"的原因，他们不可能保护好自己最心爱的东西。而他们惟一能作的就是作一种话语上的抵抗。它的主要方式有二：一是采用一种"谁不说俺家乡好"的口吻，如同西汉赋家极力炫耀帝王之都的富丽堂皇一样，到处推销"有三秋桂子，十里荷花"的江南风光。二是要通过文本的制作以便使自己心爱的乡邦，得以"藏之名山，传之后世"。由于在乡土、乡音与故土的风俗人情中最容易找到江南的感觉，又由于痛感真正的威胁实际上

古版画《金陵图咏》
江南佳丽地，金陵帝王州

正来自后人对北方生活方式的向往与模仿，因而对于许多清醒的江南士人来说，他们经常做的、最喜欢做的就是撰述地方志；因为在被挤出了中心的历史文献之后，这是他们保存江南文化最重要的历史著作。在这种乡邦文献中，不仅正在失去的一切都暂且停留下来，而且在其中还寄托着重振家声的痛苦而隐秘的愿望。

清代中期的苏州人顾禄，写有一部著名的《清嘉录》，在它的三篇序言中，恰好表达了这样一种特别复杂的江南人的心情与愿望。

时序之书，昉于《夏小正》及《吕氏·月令》。至李唐时，永兴虞氏《北堂书钞》、渤海欧阳氏《艺文类聚》为类书嚆矢，虽颇及时令，而犹未大备。近世董氏《类传》出，而终岁典故始集其成，然未有专指一方风土者也。吾吴古称荆蛮，自泰伯、虞仲以来，变其旧俗，为声名文物之邦。陆士衡所云"土风清且嘉"者，迄于今，文采风流为天下冠。然江湖雄阔，川泽沃饶，杂处五方，商贾辐辏，世运迁流，风会不无少靡。吾家铁卿荟萃群书，自元日至于岁除，凡吴中掌故之可陈、风谣之可采者，莫不按节候而罗列之，名之曰《清嘉录》，洵吾吴未有之书也。夫千里不同风，百里不同俗，虽时序之在天下，薄海皆同，而一方有一方之风土人情，不可得而强也。（顾禄《清嘉录·宛山老人序》）

《礼》："君子入境而问禁，入国而问俗。"又曰："礼从宜，使从俗。"古之人欲周知风俗也如此。三代以上，其书不可考已。后世舆地之书，大都详及沿革、选举、人物、山川，而间涉于风俗。嗟夫！人各偏处一方，其欲周知之也，不亦难乎？虽闻，其能详乎？小阮铁卿明经，以超隽之才，喜著述之事，读书之暇，纂列吴中岁时琐事，凡十二卷。访诸父老，证以前文，纠缪

乾隆刻本　《扬州画舫录》书影

摘讹，秩然有体。《庄子》谓："道在蝼蚁，道在屎溺。"夫蝼蚁屎溺，至微且浊矣，而不嫌每下而愈况。盖天地之至道贯于日用人事，其传之于世者，皆可笔之于书者也。昔张勃作《吴录》，陆广微作《吴地记》，范成大作《吴郡志》，王鏊作《姑苏志》，皆吴人记吴事，今其书虽或佚或存，而其名终不可泯灭。然则铁卿之为此书，其继古人而传之也可必矣。仆居吴，而犹且欣然流览焉，况其为辽绝阔远之人足迹未尝一至者乎？剑峰老人日新序。（顾禄《清嘉录·剑峰老人序》）

吴，古扬州地，东际大海，西控震泽，山川衍沃，水陆所凑，唐宋以来号称繁华之区，亦江南一大都会也。如星野、山川、城郭、土田、人物、食货、灾祥、艺文之类，县志邑乘，或能详之；至其岁时琐事，则略而不言；即一二言之，亦不致详细，盖恐其涉芜杂也。然土风民情，于是可见，然其所关系，亦自不小，岂可阙哉？古有采诗之政，以观民风。今无其政，又无其诗，在上之人何以周知天下风俗而移易之？然则纪其土风，以备采择，亦古人贡诗之意也。顾君，诗人也，其合而刻之，意或在斯乎？故于土俗时趋，推其来由，寻其沿习，慎而不漏，诙而不侈，考证精确，纤悉无遗，然后土风可以观，民情可以知矣，是在上之人固所欲闻者也。（顾禄《清嘉录·[日本] 朝川鼎序》）

它的主题不外有三：一是强调乡邦文献的重要性；二是极力赞美江南

的"物华天宝,人杰地灵";三是对它将消失于其他文化或话语系统中的深深恐惧。在这个意义上讲,所有的地方志图书,都可以看作是政治斗争的文本。不过它更属于一种有文化内涵的诗性政治文本,而与现代世界中一切赤裸裸的政治逻辑完全不同罢了。它是希望通过追述祖先生活的淳美,通过唤醒或激活个体生命深处被遮蔽的人性意识与审美机能,来改变他们异化的现实存在与命运的。

这部被如此看重的书主要写了什么呢?限于篇幅,这里只能提供一个最简单的目录:

卷一

正月

行春、打春、拜春、拜牌、岁朝忌讳附、挂喜神、上年坟、拜年、飞帖、开门爆仗、欢喜团、黄连头叫鸡、看风云、称水、新年、烧十庙香、山川坛迎喜、状元筹、升官图、年节酒、小年朝、接路头、开市、七人八谷九天十地、看参星、斋天、祭猛将、点灶灯、

爆竹生花

爆字娄、春饼、圆子油䭔、灯市、走三桥、放烟火、闹元宵、打灯谜、三官素七子山、接坑三姑娘、百草灵、验水表、灯节

卷二

二月

元墓看梅花、惊蛰闻雷米似泥、土地公公生日、掌腰糕、文昌会、冻狗肉、百花生日、二月十二、观音生日、观音山香市、木杌柴、老和尚过江、神鬼天落沙天、春台戏、解天饷

卷三

三月

田鸡报、野菜花眼亮糕、插杨柳、戴杨柳球、过节、青团炝熟藕、上坟、纸锭、山塘看会、犯人香回残烛、放断鹞、野火米饭、游春玩景看菜花、茶贡、谷雨三朝看牡丹、斋元坛、白龙生日、东岳生日草鞋香

卷四

四月

立夏见三新、称人、注夏、立夏三朝开蚕党、小满动三车、卖新丝、麦秀寒、卖时新、浴佛放生会、阿弥饭、七日八夜、蛇王生日、神仙生日、九神仙、剪千年蒀、神仙花、四月十六、药王生日

木版画《后羿射日》

卷五

五月

修缮月斋毒月、贴天师符、挂钟馗图、端五、秤锤粽、雄黄酒、蒲剑蓬鞭、采百草蟾酥、健人、雄黄荷包袅绒铜钱、老虎头老虎肚兜、独囊网蒜、长寿线、五毒符、辟瘟丹蚊烟、划龙船烟囱洞、关帝生日磨刀雨、黄梅天、梅水、三时、分龙雨、拔草风

卷六

六月

黄昏阵、六月不热五谷弗结、山糊海幔、龙挂、谢灶素菜、狗齆浴、晒书、翻经、三伏天、凉冰、珠兰茉莉花市诸

色花附、乘风凉、虎丘灯船、合酱、火神素、雷斋接雷素、封斋开荤、二郎神生日荷花荡、消夏湾看荷花、辛斋

卷七

七月

预先十日作秋天、秋穀磙收秕谷天收、朝立秋溲溲溲夜立秋热吽吽秋老虎、立秋西瓜

巧果、嚳巧、染红指甲、看天河、烧青苗、青龙戏、七月半、斋田头、盂兰盆会水旱灯、棉花生日、地藏王生日

卷八

八月

天灸、灶君生日、八字娘娘生日、八月半、小摆设、斋月官、烧斗香、走月亮、塔灯、月饼、石湖串月、瓷团、稻生日、木犀蒸、风潮、秋兴、处暑十八盆、白露身弗露、处暑若还天不雨纵然结实也难收、白露白迷迷秋分稻秀齐、稻秀只怕风来摆麦秀只怕雨来淋、分后社白米遍天下社后分白米像锦墩、寒露没青稻霜降一齐倒、霜降见霜米烂陈仓未霜见霜窠米人像霸王

卷九

九月

重阳信九月九蚊虫叮石白、登高、重阳糕夜作、祭钉靴、旗纛信爆、菊花

山、唤黄雀、养叫哥哥、斗鹌鹑、阳山观日出

卷十

十月

十月朝、天平山看枫叶、收租完粮、五风信、冬酿酒、煠蟹、盐菜

卷十一

十一月

冬至大如年、冬至团、拜冬、连冬起九、干净冬至擸撴年、冬春米、起荡鱼、乳酪、饧糖、窖花、三朝迷路发西风、弥陀生日、腊雪

扬州木版画《天官送子》

民国木版画《武门神》

卷十二

十二月

跳灶王、跳钟馗、腊八粥、年糕、冷肉祭山猪、送历本、叫火烛、打埃尘、过年、盘龙馒头、念四夜送灶、灯挂挂锭、冬青柏枝、口数粥、接玉皇、烧松盆、照田财、送年盘、年物、年市、年夜饭、安乐菜、暖锅、压岁盘压岁钱、压岁果子、辞年、守岁、守岁烛、老虎柏子花、过年鞋、门神、神荼郁垒钟进士、欢乐图、春联、封井、接灶、祭床神、掌门炭、节节高、富贵弗断头兴隆、年饭万年粮米、画米囤、听响卜、叛花、节帐、小年夜大年夜。(选自顾禄《清嘉录》)

如果有人对这个菜单不满意，或者说由于吞噬了过多的当代文化的

"麦当劳"，已经没有什么想象的机能了，那么还可以提供一个民俗学者简单的解释，它或许对当代的读者会有所裨益。

正月

立春日，士庶交相应贺，谓之"拜春"，"捻粉为丸，祀神供先"。市上又卖"春饼"，即以面团中间涂油，擀薄后入炉烘烤，少时即熟，吃时撕开，仍为两薄饼，可供多人食用。人多争相食之，谓之"咬春"。元旦，"讳啜粥及汤茶淘饭"（此俗在江南大部分地区都有）。挂喜神，陈列香蜡、茶果、粉丸、糍糕（以糯米蒸熟后搅之成干糊状做的糕，至今江浙一带犹有之）等。十五日元宵，"簸米粉为丸，曰'圆子'；用粉（面粉）下酵裹馅，制如饼式，油煎，曰'油烩'"。据《江震志》，"元夕会饮，以米粉为丸子，油烩之属食之，盖始于永乐十年"，顾氏认为此俗之起当推前至唐宋间。江浙均有正月十五吃元宵的风俗，杭州人称为"上灯圆子"。这天，妇女又用"白粥以祭蚕神"。

二月

初二，"以隔年糕油煎食之，谓之'撑腰糕'。蔡云《吴歈》云：二月二日春正饶，撑腰相劝谈花糕。支持柴米凭身健，莫惜终年筋骨劳。"徐士夸《吴中竹枝词》的描写更有风趣："片切年糕作短条，碧油煎出嫩黄娇。年年撑得风难摆，怪道吴娘少细腰。"可见这一习俗与生产劳动的关系很密切。杭州也有二月二吃煎年糕的习俗。

三月

初三，"以隔年糕油煎食之，云能明目，谓之'眼亮糕'"。清明节，"市上卖青团、污熟藕，为居人清明祀先之品"。清明又称"寒食节"，禁烟火，"吕希哲《岁时杂记》，谓两浙民俗以养火蚕，故于此日禁火，今俗用青团、红藕，皆可冷食，犹循禁火遗风。然以神鬼享气之义不合，故仍复有烧笋、烹鱼以享者"。这天，儿童又于野外支灶，"敲火煮饭，名'野火米饭'"。

四月

立夏，"家设樱桃、香梅、偏麦供神享先，名曰'立夏见三新'。宴饮则有烧酒、酒酿、海蛳、馒头、面筋、芥菜、白笋、咸鸭蛋等品为佐，蚕豆亦于是日尝新"。"蔡云《吴歈》云：消梅松脆莺桃熟，偏麦甘香蚕豆鲜。鸭子调盐剖红玉，海蛳入馔数青钱。"昆山一带，除上述诸食物外，另有印糕（一种用粗米粉蒸成的松糕）作供品。小满，吴俗有"小满动三车（丝车、油车、水车）"之说，指农事渐忙。饮食有"小满见三新"之说，就是"摘菜苔以为蔬，春菜子以为油，斩菜萁以为薪，磨麦穗以为面，杂以蚕豆，名曰'春熟'"。锅里烧的，灶下燃的，都是当令田间的出产，所以有"新"之谓。吴中一年四季都有各种蔬菜水果上市，故有"卖时新"的说法。四月的"卖时新"，"五日而更一品，如王（黄）瓜、茄、诸色豆、诸海鲜、枇杷、杨梅迭出，后时者价下二三倍"。初八，"市肆煮青精饭为糕式，居人买以供佛，名曰'阿弥饭'，亦名'乌米糕'"。顾氏又引谢去咎《事类合璧》说："道家采杨桐叶、细冬表染饭，色青有光"；引《吴县志》说："僧家以乌叶染米，作黑饭赠人"；引龙佩芳《脉药联珠》说："取天南烛叶煮汁，渍炊之，名黑饭"；引吴曼云《江乡节物词小序》说："杭人呼为乌饭，有制以为糕者，于立夏食之，此又一说也。"足以可见，此俗在不少地区都有流传，名称、做法也都大同小异。

五月

初五，是日为端午节，最普通的饮食习俗就是吃粽子。吴地"人家各有宴会"，"百工亦各辍所业，群入酒肆哄饮，名曰'白赏节'（即江浙方言'白相'的谐音，玩耍、游乐之意）"。"市肆以菰叶裹黍米为粽，像秤砣之开，谓之'秤砣粽'。居人买以相馈贶，并以祀先"。又"研雄黄末，屑蒲根和酒以

20世纪30年代上海黄浦江、苏州河上端午赛龙舟盛况

饮,谓之雄黄酒"。

六月

初四、十四、廿四日,"比户祀司灶,谓之'谢灶'","祀时,以米粉作团,素羞四簋,俗称谢灶素菜"。六月的江南,进入伏天,这是一年中最热的季节。这时,吴地也有适合时令的饮食。"面肆添卖半汤大面。日未午,已散市。早晚卖者,则有臊子面,以猪肉切成小方块为浇头,又谓之'卤子肉面';配以黄鳝丝,俗呼'鳝鸳鸯'"。街上还有卖冰块的,谓之"凉冰","或杂以杨梅、桃子、花红之属,俗呼'冰杨梅'、'冰桃子'。鲜鱼肆以之护鱼,谓之'冰鲜'"。吴人又趁盛夏造酱,作为夏季菜肴的调味品。

七月

立秋,吴人以西瓜祭祖先,并互相馈赠,俗称"立秋西瓜"。"或食瓜饮烧酒以迎新爽。有等乡人,小艇载瓜,往来于河港叫卖者,俗称'叫浜瓜'。"七夕,即七月初七,"市上已卖巧果"。"有以面白和糖,绾作苎结之形,油氽令脆者,俗呼'苎结'。"此俗江南及北方大部分地区都有。中元,即七月十五,"农家祀田神,各具粉团、鸡黍、瓜蔬之属于田间十字路口,而拜而祝,谓之'斋田头'"。这是古时秋社的遗风。

八月

中秋,节前即有"人家馈贻月

饼","十五夜,则偕瓜果以供,祭月筵前"。(苏式月饼的做法是,用油酥和面为皮,其中包入或甜或咸的馅心;其烘烤方式也是与其他地区不同,是将做好的饼胚放入饼铛、煎盘内,用文火煎烤,谓之"燉"。二十四日,"煮糯米和赤豆作团,祀社,谓之'糍团'。人家小女子皆择是日裹足,谓食糍团缠脚,能令胫软"。

九月

重阳,"居人食米粉五色糕,名重阳糕。自是以后,百工入夜操作,谓之'做夜作'"。重阳众多,《岁时杂记》载有"以枣为之,或加以栗,亦有用肉者"。《吴县志》有"九日卖糕作黄色,名重阳糕"。《昆新合志》有"用面发丰糕,掺百果于其上"。旧俗又有用面裹肉作糕,形骆驼蹄。

十月

"湖蟹乘湖上簖,渔者捕得之,担入城市,居人买以相馈贶,或宴客佐酒。有九雌十雄之目,谓九月团脐佳,

吴友如《中秋拜月》

十月尖脐佳也。汤煠（音'闸'）而食，故谓之'煠蟹'。"据《苏州府志》载，"出太湖者大而黄，壳软，曰湖蟹"；"出吴江汾湖者曰紫须蟹"，特肥大，有一只重及一斤者；"昆山蔚洲村者曰尉迟蟹，出常熟潭塘者曰潭塘蟹，软壳，爪拳缩，俗呼'金爪蟹'"；至于其他品种，都不如上述者好。"比户腌藏菘菜于缸瓮，为御冬之旨蓄。皆去其心，呼为'藏菜'，亦曰'腌菜'。有经水滴而淡者，名曰'水菜'。或以所去之菜心，剞劈婴为条，两者皆寸断，盐拌酒渍，入瓶倒埋灰窖，过冬不坏，俗名'春不老'。"据《江乡节物词小序》，杭州习俗，以冬至开缸，先祀后食。

十一月

冬至，"节前一夕，俗呼'冬至夜'。是夜，人家更迭燕饮，谓之'节酒'。女嫁而归宁在室者，至是必归婿家。家无大小，必市食物以享先"。"比户磨粉为团，以糖、肉、菜果、豇豆沙、萝菔丝为馅，为祀先、祭灶之品，并以馈赠，名曰'冬至团'。"入冬以后，吴人家宴多以"烹羊炮雉，递为消寒之会"。"寒冬，乡农畜乳牛，取乳汁入瓶，日担于城，鬻于主顾之家，呼为'乳酪'。"据《苏州府志》及《吴县志》，"牛乳出光福诸山"，冬日，养牛者取其乳，用豆腐点卤法点之，"名曰乳饼"，从乳中提炼出来的脂肪，"为酥，或作

泡螺酥膏、酥花"。据钱思元《吴门补乘》，苏州以"北街安雅堂酉包酪，为郡城第一"。冬日，"土人以麦芽熬米为糖，名曰'饧糖'"。寒宵担卖，锣声铿然，凄绝街巷"。《楚词注》说："饧谓之饴，即古之张湟也。吴人呼为糖。

苏州刺绣《十二生肖》

盖冬时风燥糖脆,利人牙齿。"出常熟直塘市者名"葱管糖",出昆山如三角粽者名"麻粽糖"。

十二月

初八,又称腊八。"居民以菜果之米煮粥,谓之'腊八粥';或有馈自僧尼者,名曰'佛粥'。""杭俗,腊八粥一名'七宝粥'。"此粥本为素食,今俗以入粥之物为八样,又有以肉类入其中,已失去原意了。到了腊月十五以后,吴人即陆续开始做年糕。年糕以"黍粉和糖","有黄白之分,大径尺而形

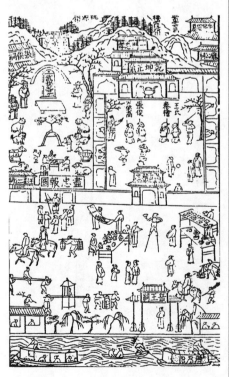

富有诗意的江南日常生活

方,俗称'方头糕';为元宝式者曰'糕元宝'。""其赏赉仆婢者,则形狭而长,俗称'条头糕';稍阔者曰'条半糕'。"一般富裕人家大多雇工做糕,普通市民,则从店里买。春节前十余朝,吴地糕店即"门庭如云"。这段时间,农民也开始宰杀自家所养之猪,或"卖于居人,充年馔之无原则,谓之'冷肉';或乡人自备以祭山神者,祭毕复卖于人,俗名'祭山猪'"。苏、杭还流行以猪头祭祀祖先,苏州人所用为新鲜猪头,杭州人则用腌制过的。在选购猪头时,一定要挑"皱纹如寿字者,谓之'寿字猪头'",以图吉利。廿四日,"是夜送灶,谓之'送灶界'。比户以胶牙饧祀之,俗称'糖元宝';又以米粉裹豆沙为馅为饵,名曰'谢灶团'"。以此甜食祭灶王爷,是希望能粘住他的嘴,上天后不言人过失。廿五日,"以赤豆杂米作粥,大小遍食,有外出者,亦复储待之。虽襁褓小儿、猫犬之属亦预,名曰'口数粥',以避瘟气。或杂豆渣食之,以免罪过"。杭州人在这天则食糖豆粥,粥中放姜屑、蔗糖,甘滑无比。春节将至,亲朋间大都互送"年盘"。年盘以猪蹄、青鱼为主,杂以果品。吴人平时多食淡水鱼,而最重青鱼,因其生长于河塘的上层,又以螺蛳等荤性食物为主,所以无一般淡水鱼所有的泥腥味。吴人年货中,青鱼是必备的,

除鲜食外，还将剩余的腌制起来，留春季食用。除夕，是夜家家长幼咸集，户户举宴，说吉利话，谓"合家欢"。宴席之菜，较往日更为丰盛，"皆用冰盆，或八，或十二，或十六，中央则置以铜锡之锅，杂投食物于中，炉而烹之，谓之'暖锅'"。蔬菜中有名为"安乐菜者"，"以风干茄蒂杂果蔬为之"，合家吃饭时必先要尝此菜。原来茄子吴语叫做"落苏"，"落"、"乐"谐音，以讨吉利。饭后，长者要为小孩准备"压岁果子"，为橘子、荔枝干，也是取其与"吉利"二字的谐音。（选自钱杭等著《十七世纪江南社会生活》）

至今其具体、丰富、饶有趣味的内容，有兴趣的读者则不妨找原书来慢慢品读。这同样是一个古典江南文化的网站，不过它的文本系统、编码机制以及使用的技术手段与当代完全不同而已。如果在一个漫长的江南梅雨季节中，打开这样的一本书，那将会是一种什么样的生活呢？

柒 日常生活的
诗性美学

记得以前在学习西方文论时，印象最深的是梅特林克的《日常生活的悲剧性》，它把人在平凡世界中的幸福生活看作是人生最大的悲剧。不久又读到雅斯贝尔斯《悲剧的超越》对中国民族的批判："在这种文明里，所有的痛苦、不幸和罪恶都只是暂时的、毫无必要出现的扰乱。世界的运行没有恐怖、拒绝或辩护——没有控诉，只有哀叹。人们不会因绝望而精神分裂：他安详宁静地忍受折磨，甚至对死亡也毫无惊惧；没有无望的郁结，没有阴郁的受挫感，一切都基本上是明朗、美好和真实的。"对于当时深受激烈的现代反传统叙事影响，并且由于物质基础薄弱基本上没有什么好日子过的年轻人来说，这些西方话语简直被看作是拯救这个民族的圣经与法宝。但后来在江南生活久了，则正所谓"一方水土养一方人"，这些年轻时代带有激进色彩的思想与信仰，在逝水流年中也就逐渐成为一串串的泡影。一个人

吴友如 《白衣送酒》

到中年的新觉悟则是：你不让他们这样又能叫他们如何呢？而一切存在的都是合理的，也正是当年最反感的黑格尔的庸人观点，时代的变化是如此惊人地快呀！只是不知为什么，我总是会把这种思想情感的变化，与江南文化的历史运动有意无意地联系在一起。而每当这样想时，一种莫可名状的心绪就会使我全身发出微微的颤抖。

在中国民族的生活与政治之间，存在着一种最微妙的精神联系。一方面，人们的生活总是要借助与政治的某种联系，才能刺激出社会再生产所需要的压抑和生命意志的冲动，从而使渺小而普通的个体获得历史意义。另一方面，这种联系又不能太密切，一旦两者浓得化不开，个体的情感与审美需要则会成为牺牲品。而只有正确处理了这两方面的矛盾，才能在这个民族中打开一种既现实又超越、既符合社会规律又满足精神利益的日常生活程序。而这个在北方文化圈中总是愈演愈烈的矛盾，在江南文化中可以说得到了比较好的解决。

这里可以以南京与杭州两个城市的日常生活为例加以说明。杭州的特点是始终无法成为政治中心，这一点正如一位现代作家所指出的："杭州号称天堂，自然有构成天堂的条件，首先是它交通经济地理的重要，扼钱江的咽喉，是浙东平原丰富产物的集中市场。它的地理形势为兵家所必争。但是在历史上却又没有经过许多剧烈的战争，平均起来，承平的日子多，这就大大地有益于居民的安逸感。杭州人通常都喜欢'耍子'，这风气要追溯到历史上定都偏安时期，当时政治风气，以及生产的条件都对享乐有利，于是就成为一种习惯般的流传下来。我在'一·二八'时候曾经住在杭州，熟悉了城厢生活情形，许多高大旧式住宅中间，曲折地穿插着许多街巷。这些高大住宅中居住人依附什么为生活，我不能明白地知道，但是生活的悠闲从容，却是令人羡慕的。"（任微音《雨丝风片游杭州》）而南京的特点则在于，总是想成为政治或文明中心，但每一次努力与挣扎则都是以一部金陵痛史为终结的。如果说前者由于远离北方意识形态而无法产生对政治中心的现实需要，那么对于后者来说，尽管它对政治中心一直艳羡不已，但由于它的文化土壤中不适合培育政治栋梁，所以所谓的"金陵王气"，也只能消融在一片"烟笼寒水月笼沙"的冷场烟水气之中。正如我在《江南的两张面孔》中所指出的："这是一片过于柔软的土地，本身就不适合铁石心肠的政治家来耕作和培植。"

如果说，在北方文化圈中，也有政

治中心与边缘之别,在那些远离中心的地区,也可以有一种由于政治伦理浓度相对较低、因而日子过得十分滋润的日常生活,那么也可以说,在江南地区这种诗化的日常生活则可以看作是主旋律。以宋金时代的戏剧为例而言,市井如此:

市南有不逞者三人,女伴二人,莫知其为兄弟妻姒也。以谑乞钱。市人曰:是杂剧者;又曰:伶之类也。每会聚之冲,阛咽之市,官府厅事之旁,迎神之所,画为场,资旁观者笑之。自一钱之上皆取焉,然不能鉴空。其所仿效者,讥切者:语言之乖异者,巾绩之诡危者,步趋之伛偻者,兀者,跛者;其所为戏之所,人识而众笑之。(周南《山房集》)

而另一方面,代表意识形态的宫廷也同样如此:

自汉有琵琶、筚篥之后,中国杂用戎夷之声。六朝则又甚焉!唐时并属太常掌之。明皇遂别置为教坊,其女乐则为梨园弟子也,自有《教坊记》所载。本朝增为东西两教坊……绍兴末,台臣王十朋(1112—1171)上章省罢之。后有名伶达技,皆留充德寿宫使臣,自余多属临安府衙前乐。今……会遇寺宴等,每差衙前乐权充之;不足,则又和雇市人。近年衙前乐已无教坊旧人,多是市井歧路之辈,欲

责其知音晓乐,恐难必也。(赵升《朝野类要》)

这是江南民族一种仿佛具有超稳定结构的生活方式,它数百年前如此:

在传统的乡土社会,村民间的信息交流主要是在户外的公用地上展开。特别是村头宅旁的豆棚瓜架、井畔河边,每天在此纳凉休憩或前来取水、洗衣、淘米的刘大妈与王二婶们,唾沫四溅地饶舌起张家长李家短的闲言碎语流短飞长。十六、十七世纪以后,随着近世都市化进程的加速,江南各地大城市的人口都在急剧膨胀。大批的乡村百姓纷纷涌入繁华都会,追寻着发家致富的迷梦。他们于劳作之余,也同样需要一种感情交流和宣泄的场所。于是,茶馆俨然成了都市中的豆棚瓜架、井畔河边,虽阛阓通衢、偏街僻巷亦莫不开设,以至于"遍地清茶室"之谣,在江南一带广泛传播。闲居茶肆,啜茗清谈,成为江南人的普遍习惯——"教场茶肆闹纷纷,每碗铜钱十四文。午后偷闲来到此,呼朋引类说新闻。"上自缙绅商贾,下至圉人走卒,无不鳞集蝇聚,日夕流连。(王振忠《斜晖脉脉水悠悠》)

在当代也同样如此:

"阿要白兰花啊——",小巷里又传来了女子的叫卖声,这声音并不激昂慷慨,除掉想做点买卖之外,也不想

江南好，风景旧曾谙（龚修森摄）

对谁说明什么伟大的意义，可我却被这声音激动得再也无法入睡了，不由得想起了那些有关于米的辛酸事，还有那些为了提高粮食产量荒唐透顶的行径……往事像一江春水似的翻腾。那一声"阿要大白米唉——"却又使翻腾的江涛归于平静。半个世纪总算熬过来了，粮食问题虽然还有很多麻烦，但那米字也不会把人钉到十字架上去，悠闲的苏州人又能在大门口买到又糯又软又香的大白米了。

"阿要白兰花啊——"，那悠扬的歌声渐渐地消失在春雨里。（陆文夫《深巷又闻卖米声》）

在这种把所有生命机能与精神需要都停留在最基本的衣食本能的原生态中，一切政治伦理的异化及其带来的生命苦痛，实际上都会被消解得一干二净。

这就是众里寻她千百度而不得的、与江南的日常生活不可须臾分离的日常生活的诗性精神。北方人的审美活动主要是政治伦理刺激的产物，因而它的一个基本内涵就是钟嵘《诗品》中讲的"诗可以怨"："至于楚臣去境，汉妾辞宫；或骨横朔野，魂逐飞蓬；或负戈外戍，杀气雄边；塞客衣单，孀闺泪尽；或士有解佩出朝，一去忘返；女有扬蛾入宠，再盼倾国；凡斯种种，感荡心灵，非陈诗何以展其义？非长歌何以骋其情？"看一看诗人在这里所面对的对象，就可以知道他们为什么不能伸眉一笑了。而江南文化中的诗性日常生活，其要义则集中表现在李渔的《闲情偶寄》之中。李渔的思想可以从两个方面来深入了解。

一是在生活理念上：

从根本上讲，南北文化差异主要表现为审美主义和实用主义生活方式的对立。具体说来，北方文化的价值观主要来自墨子，它的最高理念是"先质而后文"，或者说："食必常饱，然后求美；衣必常暖，然后求丽；居必常安,然后求乐。"马克思说"忧心忡忡的穷人对再美的景色也不会注意",鲁迅先生也讲到"贾府的焦大也是不会爱上林妹妹的"。它们都可用来说明北方文化和北方人的生活观念,由于自然环境和生产条件的相对恶劣,生活本身已经足够艰辛了,特别是在灾凶之年,甚至倾尽全部生命力还不够做到"免于死亡",因而也就不可能再有剩余时间和精力来关心非实用的东西。因而在北方人看来,人生最重要的是艰苦奋斗,至少也要在有了足够丰富的物质基础之后,才能再考虑"求美、求丽和求乐"等方面的超越问题。但另一方面,尽管墨家对物质基础的强调是十分正确的,但一旦把这个"从物质到精神"的"发展理论"绝对化,它的直接后果则必然是使人自身成为一种"只知道吃坏马铃薯的爱尔兰人"。这正如"何年何王不战争"的道理一样,什么时候才能永远没有战乱、灾凶而太平无事,或者说什么时候才能把北方式享受所需要的资本积累够、条件置办齐呢?而由于资本和条件实际上是永远不可能彻底解决的,因而这种克勤克俭的生活观念和风尚一旦走向极端,那也就等于一笔勾销了有限的生命个体在尘世间享受的可能。正如《红楼梦》中的《好了歌》所指出的:"终生只恨聚无多,及

到多时眼闭了。"更何况人生的常境往往是苦乐相随,欲望和满足的关系也是"道高一尺,魔高一丈"。而一旦像墨家那样把全部目光凝聚在金银财宝之上,还必然会导致对内在的精神需要的根本性异化,使人不再懂得珍惜日常生活中的幸福和实在,直至完全丧失掉"吃好马铃薯"这种发展的理想和需要。这对于百年光阴易逝的烦恼人生来说,当然是一种十分残酷的剥夺和异化,它残酷地剥夺了生命在艰难时世中升华生活和艺术化人生的

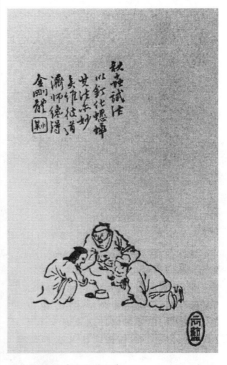

云南阁笺纸《秋虫试法》

可能。……

……从《闲情偶寄》来细察李渔设计的日常生活艺术实践方式，可以说其原理不外乎有二：一是要勤于动脑筋，二是还要勤于动手。当然，北方人也不是思想和行动的懒惰者，但他们却是只肯在国家大事上费力费神。如一代名相王安石，就是一个"衣臣虏之衣，食犬彘之食，囚首丧面而谈诗书"（苏洵《辨奸论》）的不近人情的人。而南方的文人士子与此恰好可作一比，像鲁迅笔下的孔乙己，就是打死他也不肯脱下长衫或不再诗云子曰。……

……它提出的一个关键问题在于：如何对待你的日常生活，或者说一个人到底肯在不直接创造财富的消费和享受上投入多少时间和精力。而这一点，则是在通常的物质条件下，要过一种更富有的人生必须突破的一个心理瓶颈。

二是在生活实践中：

"看缸下饭，量体裁衣"，这是老百姓的一句家常话，在我看来，它的精义无疑在于"适度"二字。以李渔对盖房子的态度为例，他既不一味赞美过于俭朴和狭小的穷巷陋室，因为它"适于主而不适于宾"。同时对阔人的

美丽的江南乡间图景（龚修森摄）

高屋华堂也投了反对票,因为后者是"宜于夏而不宜于冬"。对于日常生活来说,最重要的就是如何把握住消费的分寸。"吃的是鸡鸭鱼肉,穿的是绫罗绸缎",这在旧戏文中经常被用来表示生活的质量,但是很显然,只有鸡鸭鱼肉这些原料和素材,而没有一种赋予它们形式和味道的高超技术,也是不可能品尝到真正的美味的。也就是说,有了食物如何吃如何去享受,实际上也仍然是一个十分重要的问题,而且它同样需要的是技术和思想。

在某种意义上讲,这里面就涉及一种关于生活的工艺美术或技术美学的原理,它们本质上都是用美学思想来指导具体的生产实践,从而使物质对象不仅实现它最直接的实用功能,同时实现的还有包含在它内部的更高的审美价值。

如果说工艺美术理念的落实和表现,不仅需要有足够的关于对象的知识,而且更需要有一种审美的眼光在,那么李渔关于饮食的很多想法和设计,都够得上一个工艺美术大师的水准。这里可以对《闲情偶寄》中精彩之处略举几例,相信它们不仅对了解古代江南社会的日常生活,而且对于今人提高生活质量也有积极的启示。

第一,李渔对食物的知识可谓所知甚多,以他对如何吃鱼的讲究为例。在鱼类的选择上,李渔说:"食鱼者首重在鲜,次则及肥",而最高的境界则是"肥而且鲜"。但在不能两全其美的条件下,则可以在二者中择一而用之。而且还要熟悉不同鱼类的品性,如"皆以鲜胜"的鲟、鲩、鲫、鲤等"宜清煮作汤";而如"皆以肥胜"的鳊、白、鲥、鲢则"宜厚烹作脍"。而在鱼类的烹煮技术上,最重要的则在于"火候得宜",否则就容易出现"肉生"和"肉死"的问题。

第二,由于任何食物都有损益的二重性,因而如何趋利避害以达到养生的目的,也是李渔在日常饮食中特别注意悉心研究的。而这些理论至今仍有很高的养生学价值。例如一般人都知道羊肉大补,因而只要能吃得起,无不是要吃个天昏地暗痛快淋漓。但在李渔看来,像这样饿虎扑羊的暴饮暴食,无异于自己拿钱买罪受。一般人也许知道羊肉的折耗最重,几乎都是打对折的,即一个一百斤的活羊,宰割以后最多就剩下五十斤。如果把生羊肉烹煮成熟羊肉,最后也就只剩下二十五斤。但人们不知道的却是"熟羊易长"的道理,即在吃羊肉时总是不觉得饱,但进入胃部之后却会自动地扩张。因而,如果吃羊肉时不留余地"以俟其长",那么"饭后必有胀而欲裂之形",直至引发"伤脾坏腹"的结果。这也是见了好东西不能太饕餮的原因。

第三，作为一种工艺美术或技术美学思想，它的重要意义不仅体现在各种昂贵食物的烹制上，而且也和普通人的家常便饭有着直接的联系。这一点是尤其难得的。一般人家也有讲究的时候，但那多半是逢年过节或偶然得到了什么珍奇食物。而李渔则不然，他的意思是完整地贯穿于人的一餐一饮的。在禅林中有一个故事，说一个求法的小和尚，一进寺门就急着问佛法大意，大和尚对此毫不理会，而是问"吃饭了么"？当得知小和尚尚未吃饭时，接着一句就是"且吃粥去"。人们一般把这个禅话理解为在讲一切自然的道理，因为吃饭喝粥本身就是日常生活中最普通的事情。但在李渔看来，问题绝没有那么简单，因为一顿简单的稀粥也不是可以轻易做好的。

饭之大病，在内生外熟，非烂即焦；粥之大病，在上清下淀，如糊如膏。此火候不均之故，惟最拙最笨者有之，稍能炊爨者必无是事。然亦有刚柔合道，燥湿得宜，而令人咀之嚼之，有粥饭之美形，无饮食之至味者。其病何在？曰：抑水无度，增减不常之为害也。其吃紧二语，则曰："粥水忌增，饭水忌减。"米用几何，则水用几何，宜有一定之度数。如医人用药，水一钟或钟半，煎至七分或八分，皆有定数。若以意为增减，则非药味不出，即药性不存，而服之无效矣。不善执爨者，用水不均，煮粥常患其少，煮饭常苦其多。多则逼而去之，少则增而入之，不知米之精液全在于水，逼去饭汤者，非去饭汤，去饭汤之精液也。精液去则饭为渣滓，食之尚有味乎？粥之既熟，水米成交，犹米之酿而为酒矣。虑其太厚而入之以水，非入水于粥，犹入水于酒也。水入而酒成糟粕，其味尚可咀乎？

"道在日常饮食中"。尽管李渔所讲表面上都是壮夫不为的"雕虫小技"，但实际上这里面也有很深的人生哲理和处世学问。如强调好笋一定要出自山中，如以为越是有钱人家越难保"不食污秽"等。……而这些精神成分很高的问题，当然不是有"烙饼卷大葱"就能满足的北方人所关心的。

最后可以这样总结，如果说，由于肯在日常饮食上下工夫，因而南方的审美感觉无疑越来越精细和敏感，那么在只有酒足饭饱理想的北方人，则必然在审美趣味上出现严重的异化和退化。而长期以往，他们也不再有关心实际生活之外的事物的闲情和逸

何澄　《归去来兮》（部分）

志。一般人都想着奋斗成功之后再坐下来享受生活，但实际情况却往往是，一旦在奋斗过程中完全出卖了主体享受生命和创造生活的机能，最后的结果必然是"恰似暴富儿，颇为用钱苦"。这正如李渔在谈穿衣时所讥讽的"沐猴而冠"现象。按照李渔的看法，不是猴子不可以戴帽子，而是"猴头"与"帽子"不能相称也。而在人们讨论如何提高生活质量的当代语境中，以李渔为最高代表的南方生活理念，应该成为当代人一种最重要的古典人文精神资源。（选自刘士林《谁知盘中餐》）

　　总之，这是一种从十分聪明的文人头脑创造出来的精致审美精神，是把生活与艺术、实用与诗意融和到一种极致的境界。而它的前提则是必须超越北方文化圈中最普遍的政治伦理异化。只有这样，才不会鄙视平凡的生活与普通人的幸福，而且由于罢黜了政治伦理程序中的价值等级，所以，他们才能对生活中的任何事物，无论巨细地给予同样的关注和爱。而江南文化中超功利的审美精神，恰恰是在这样一种主体基础上生长出来的。如果说中国诗性文化在北方意识形态中主要表现为一种政治伦理愉快，那么也只有在这种日常生活的诗性精神中才真正纯粹起来。而了解到这一点，在学理上还有一重意味就是可以为中国美学,以及纯粹的中国美学精神找到它真正的家园。

而至于在今天应该如何评价它,我想说的主要有两点:首先要结束在古典伦理语境以及现代理性叙事中,由于伦理与审美、理性与情感的二元对立而在它们之间形成的那种恶性内耗方式,它们的后果只能是要么完全是"温柔富贵",要么是"一本正经",而不可能在这些基本的生命需要之间建立一种良性对话的有机联系。其次则是在讨论审美问题时一定要采用江南话语,否则中国民族的审美精神就会异化为一种道德愉悦,而中国民族个体生命的呼吸、生存与发展也就不可能获得一个健康的母体。如同南北文化的花开两朵一样,在这里也应该建设出一种二水分流的局面,让其中一条在怒吼中去冲击一切不合理的现实,而同时让另一条蜿蜒的小溪去甜甜地滋润人们的心田。这难道还不是对中国古典文化的一种最合理的现代性阐释吗?美丽的江南文化应该对人类有更大的作为。

附篇　二三子的夜航船

中国诗人尝有疑问："日暮乡关何处是？"

海德格尔则说："语言是存在之家。"

在这一问一答之间，可以说包含了语言本体论的所有秘密。即无论是历史陈迹的还原与复活，还是向内深入开掘中国民族的诗性精神，实际上都不可能脱离我们所说的江南话语。

江南话语的语言学基础是吴方言。根据方言学家的看法，吴语形成主要有这样几个关键环节：（一）吴语初源来自古楚语；（二）江东方言生出

南曲总集《吴骚集》

吴语。作者最后得出的结论是："吴语从江东方言分别独立发展则应在南朝以降。吴语形成的下限应该至少不晚于唐，而其祖语上限可以追溯到汉以至东吴时代。"（詹伯慧《吴语的源流》）也可以说，吴语同样是江南轴心期的产物。而它的两个最大的特点无疑是：一是它在起源上不同于北方方言；二是它的审美特色与意味特别丰富。也就是说，吴语本质上是一种既实用又美丽的方言，它既不是完全实用的交际工具，也不是只在艺术创作中才有美感，它的美在艺术中与在生活中是完全一致的。

把这种江南声音体会得最深刻的，无疑是精通戏曲音律的王骥德。他说："凡曲，北字多而调促，促处见筋；南字少而调缓，缓处见眼。北则辞情多而声情少，南则辞情少而声情多。北力在弦，南力在板。北宜和歌，南宜独奏。北气易粗，南气易弱。此吾论曲三昧语。"正是在这个吴方言的语言基础上，才产生了美丽到极致的南宋词、南曲、昆曲、越剧等。一切江南文化都是在这个语言本体论基础上发生的。然而，在经历了晚近一百年来的种种暴风雨洗礼之后，中国民族对这种美丽的声音已经越来越陌生了。在现实赋予当代人文学者的职责中，我们觉得有一种就特别是让江南出场，

以及让当代人能够听懂江南的声音。在本书附篇中所呈现给读者朋友的，就是在这样一种语境中从事知识考古工作的一个结果，希望它们能够在滔滔者天下皆是的话语混乱中整理出一种真实的吴音，或者从主体方面说，能够在当代清洗出越来越多的可以和江南发生联系的心灵和视听感觉。

在做这种工作的时候，我时常会想到伦伯朗作画的手："在那一个晚上，当伦伯朗还在绘画的那个晚上，一切光荣的幽灵，包括史前穴居时代的艺术家们的幽灵，都目不转晴地注视着那只颤动的手，因为他们是重新活跃起来，还是再次沉入梦乡，就取决于这只手了。"（马尔罗《沉默的声音》）同样，我们也希望能够有一种文本，可以帮助美丽的古典江南回到人们的生活世界之中。

壹　散步者的诗意

宗白华先生在《美学的散步》中写道："散步是自由自在、无拘无束的行动，它的弱点是没有计划，没有系统。看重逻辑统一性的人会轻视它，讨厌它，但是西方建立逻辑学的大师亚里士多德的学派却唤做'散步学派'，可见散步和逻辑并不是绝对不相容的。"限于当时的时代背景，今天可以说宗白华先生有些过于谦虚了。事实上，散步美学不仅存在，按照维科的说法，它本身就是人类最初的智慧形式；而按照我的理解，正是在诗性智慧中，才包含着人类审美活动的根本秘密，甚至只有在人们清理了理性智慧的污染后，才可能开始生命本身真正的审美活动。而江南文化的精神核心无疑就是这样的一种诗性智慧。它是偶然的闪光，不具备逻辑的普遍性；它是神奇的恩赐，不是每个人都能得到。

尽管当代人的情感机能与想象力已经严重萎缩，但好在尚有为数不多的先贤前人，在他们诗性人生的散步中，为我们拣拾回来一些珍贵的纪念品，从中隐约可以见到我们久违的诗性智慧。一个世纪以来，尽管这种声音已经微弱，但还是让我们尽力去倾听吧。

昆　曲
叶圣陶

昆曲本是吴方言区域里的产物，现今还有人在那里传习。苏州地方，曲社有好几个。退休的官僚，现任的善堂董事，从课业练习簿的堆里溜出来的学校教员，专等冬季里开栈收租的中年田主少年田主，还有诸如此类的一些人，都是那几个曲社里的社员。北平并不属于吴方言区域，可是听说

清叶堂纳书楹曲谱之清唱昆曲谱《西厢记·哭宴》

也有曲社，又有私家聘请了教师学习的，在太太们，能唱几句昆曲算是一种时髦。除了这些"爱美的"唱曲家偶尔登台串演以外，职业的演唱家只有一个班子，这是唯一的班子了，就是上海"大千世界"的"仙霓社"。逢到星期日，没有什么事来逼迫，我也偶尔跑去看他们演唱，消磨一个下午。

演唱昆曲是厅堂里的事。地上铺一方红地毯，就算是剧中的境界；唱的时候，笛子是主要的乐器，声音当然不会怎么响，但是在一个厅堂里，也就各处听得见。搬上旧式的戏台去，即使在一个并不宽广的戏院子里，就不及平剧那样容易叫全体观众听清。如果搬上新式的舞台去，那简直没法听，大概坐在第五六排的人就只看见演员拂袖按鬓了。我不曾做过考据功夫，不知道什么时候开始有演唱昆曲的戏院子。从一些零星的记载看来，似乎明朝时候只有绅富家里养着私家的戏班子。《桃花扇》里有陈定生一班文人向阮大铖借戏班子，要到鸡鸣埭上去吃酒，看他的《燕子笺》，也可以见得当时的戏不过是几十个人看看罢了。我十几岁的时候，苏州城外有演唱平剧的戏院子两三家，演唱昆曲的戏院子是不常有的，偶尔开设起来，开锣不久，往往因为生意清淡就停闭了。

昆曲彻头彻尾是士大夫阶级的娱

乐品，宴饮的当儿，叫养着的戏班子出来演几出，自然是满写意的。而那些戏本子虽然也有幽期密约，盗劫篡夺，但是总要归结到教忠教孝，劝贞劝节，神佛有灵，人力微薄，这就除了供给娱乐以外，对于士大夫阶级也尽了相当的使命。就文词而言，据内行家说，多用词藻故实是不算稀奇的，要像元曲那样亦文亦话才是本色。但是，即使像了元曲，又何尝能够句句像口语一样听进耳朵就明白？再说，昆曲的调子有非常迂缓的，一个字延长到十几拍，那就无论如何讲究辨音，讲究发声跟收声，听的人总之难以听清楚那是什么字了。所以，听昆曲先得记熟曲文；自然，能够通晓曲文里的故实跟词藻那就尤其有味。这又岂是士大夫阶级以外的人所能办到的？当初编撰戏本子的人原来不曾为大众设想，他们只就自己的天地里选一些材料，编成悲欢离合的故事，藉此娱乐自己，教训同辈，或者发发牢骚。谁如果说昆曲太不顾到大众，谁就是认错了题目。

昆曲的串演，歌舞并重。舞的部分就是身体的各种动作跟姿势，唱到哪个字，眼睛应该看哪里，手应该怎样，脚应该怎样，都由老师傅传授下来，世代遵守着。动作跟姿势大概重在对称，向左方做了这么一个舞态，接下来就向右方也做这么一个舞态，意思是使台下的看客得到同等的观赏。譬如《牡丹亭》里的《游园》一出，杜丽娘小姐跟春香丫头就是一对舞伴，从闺中晓妆起，直到游罢回家止，没有一刻不是带唱带舞的，而且没有一刻不是两人互相对称的。这一点似乎比较平剧跟汉调来得高明。前年看见过一本《国剧身段谱》，详记平剧里各种角色的各种姿势，实在繁复非凡；可是我们去看平剧，就觉得演员很少有动作，如《李陵碑》里的杨老令公，直站在台上尽唱，两手插在袍甲里，偶尔伸出来挥动一下罢了。昆曲虽然注重动作跟姿势，也要演员能够体会才好，如果不知道所以然，只是死守着祖传来表演，那就跟木偶戏差不多。

昆曲跟平剧在本质上没有多大差别，然而后者比较适合于市民，而士大夫阶级已无法挽救他们的没落，昆曲恐将不免于淘汰。这跟麻将代替了围棋，豁拳代替了酒令，是同样的情形。虽然有曲社里的人在那里传习，然而可怜得很，有些人连曲文都解不通，字音都念不准，自以为风雅，实际上却是薛蟠那样的哼哼，活受罪，等到一个时会到来，他们再没有哼哼的余闲，昆曲岂不将就此"绝响"？这也没有什么可惜，昆曲原不过是士大夫阶级的娱乐品罢了。

有人说，还有大学文科里的"曲

学"一门在。大学文科分门这样细，有了诗，还有词，有了词，还有曲，有了曲，还有散曲跟剧曲，有了剧曲，还有元曲研究跟传奇研究，我只有钦佩赞叹，别无话说。如果真是研究，把曲这样东西看做文学史里的一宗材料，还它个本来面目，那自然是正当的事。但是人的癖性往往会因为亲近了某种东西，生出特别的爱好心情来，以为天下之道尽在于此。这样，就离开研究二字不止十里八里了。我又听说某一所大学里的"曲学"一门功课，教授先生在教室里简直就教唱昆曲，教台旁边坐着笛师，笛声嘘嘘地吹起来，教授先生跟学生就一同嗳嗳嗳……地唱起来，告诉我的那位先生说这太不成话了，言下颇有点愤慨。我说，那位教授先生大概还没有知道，"仙霓社"的台柱子，有名的巾生顾传玠，因为唱昆曲没前途，从前年起丢掉本行，进某大学当学生去了。

这一回又是望道先生出的题目。真是漫谈，对于昆曲一点儿也没有说出中肯的话。（选自《叶圣陶文集》）

任伯年的一本册页
宗白华

任伯年是我国近代一位很有影响的画家，他出生于19世纪30年代末，当时在清朝皇室的提倡下，四王、吴、恽的绘画流行，仿古的风气很盛。而任伯年的绘画不论是人物、花鸟、山水都注重写实，但又不拘泥于自然，在艺术风格上清新洒脱，别有意趣，蕴含着一种革新的精神。

解放前我在南京买到任伯年画的一本册页，这本册页曾保存在任伯年的儿子董叔手中，画侧并有任董（即董叔）的题字。册页中画有松鼠、白鹤、水仙、山石、寒林等等，用笔洗练沉着，挥洒自如。其中松鼠葡萄一幅画得生动而有情趣，画家不是谨细地把松鼠的须毛画得根根逼真，而是抓住了松鼠眼神和体态的特征，用极简省的笔墨表现出松鼠的灵活机敏的神态。像这样传神的作品，如果没有画家对自然的精细观察和精湛的笔墨技巧，是决计画不出来的，册页中的山石寒林也流露出某种意境。当时胡小石和我在一起见到这本册页，他也很喜爱这些小品，他觉得这些看来仿佛是即兴的作品，却更显得天然率真。所以小石很有兴致地在册页中写了一段跋："以沉着之笔，写荒寒之境，嵯峨萧瑟，纯出天倪，大异平日所作，盖其闭户自怡，率真挥洒，不求胜人，转非余人所及，此正其真本领流露处耳。"解放前我和悲鸿的接触中，了解他对任伯年的作品是很推崇的，他认为任伯年是"仇十洲以后中国画家第一人"、

"一代明星"，同时对四王的那些仿古作品表示鄙薄。有一个时期悲鸿在上海只要见到任伯年的作品，便倾其积蓄，广为搜集。当时，友人开玩笑，说任伯年的作品后来愈来愈贵，这大概和悲鸿的推崇和搜集有关。听说悲鸿所收集任伯年的作品现在都保存在悲鸿纪念馆中，使这些艺术珍品免于流失损毁，还可以供群众观摩鉴赏，这是应该感谢悲鸿的。（选自宗白华《美学与意境》）

苏曼殊遗墨《莫愁湖图》

郑逸梅

记得柳亚子先生传苏曼殊，说他为"独行之士，不从流俗，奢豪好客，肝胆照人，而遭逢身世，有难言之恫。绘事精妙奇特，自创新宗，不依傍他人门户，零缣断楮，非食烟火人所能及。小诗凄艳绝伦，说部及寻常笔记，都无世俗尘土气。殆所谓却扇一顾，倾城无色者欤！"这几句富有概括力的对于曼殊的评价，确是允当无疑的。

我旁的不谈，只谈他的绘画。他不轻易作画，所以流传不多。据我所知，他的画汇成集子的有三种：一是他的女弟子何震所辑的《曼殊画谱》，这书没有见到过；二是南社蔡寒琼所辑的《曼殊上人墨妙》，共二十二幅，有章太炎题序，由李印泉斥资影印；三是

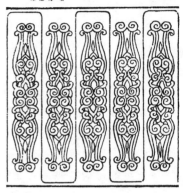

《清娱漫笔》书影

萧纫秋所藏的曼殊画稿二十四幅，由柳亚子辑为《曼殊遗墨》，北新书局铜版印行。

他的绝句有"多谢刘三问消息，尚留微命作诗僧"。可见他和江南刘三有特殊交谊的。因此他绘赠刘三的画便有好多幅，如《黄叶楼图》、《白门秋柳图》，又山水横幅、团扇、折扇，更为刘三夫人陆灵素绘人物扇等，都是很精的。某岁刘三抱病，请陆士谔医生诊治。陆士谔不受他的诊金。刘三病愈，没有什么报答他，便把《白门秋柳图》作为酬谢品。陆士谔的儿子清洁瞧见了喜爱得很。这画就由清洁珍藏。清洁行医杭州，画带到杭州去点缀他的医寓。不料抗战军兴，清洁仓

皇避难，这画失诸兵荒马乱中了。《江湖满地一渔翁》，这幅画是曼殊绘寄程演生的；《风絮美人图》，是为黄晦闻绘的；《汾堤吊梦图》，是为周庄叶叶绘的；《万梅图》，是为高天梅绘的。自演生、晦闻、叶叶、天梅先后逝世，这几幅遗墨，不知流落何处了。

曼殊在南京，常和赵伯先饮酒啖板鸭，既醉，相与控骑于龙蟠虎踞之间，一时称为豪举。曼殊为赵所作的，有《终古高云图》《绝域从军图》，最后请他绘《饮马荒城图》，没有绘成，伯先因黄花岗失败呕血而死，埋骨香岛，曼殊表示不负宿诺，特地赶成，托友人把画焚化于伯先墓前。结果友人未曾焚去，大约尚留天壤之间。

曼殊来上海，往往寄寓邓秋枚所主办的国学保存会的藏书楼中。有一次，他和秋枚的弟秋马秉烛夜话，绘成山水直幅寄赠秋马，秋马视如瑰宝，曾出示同赏，尺辐虽小，但很精炼。《丙午重过莫愁湖画寄申叔盟兄》的一帧，现今庋藏在我处。这画曾印入《曼殊上人墨妙》中，纸本，纵约七八寸，横一尺许，画作远山荒堞，水波浩渺，垂柳板桥间，泊一小舟，僧人立堤畔似欲唤渡，意境很是超脱。墨笔不设色，更觉高古，原来这画是画给刘申叔的。申叔也常寄寓邓秋枚的国学保存会中，申叔留画会中没有携去，后来申叔病故，画归秋枚保存。数年前秋枚逝世，画为其弟秋马所有。秋马喜欢搜罗明代名人尺牍，我把旧藏一部分明人信札赠给他，他慨然把这幅《莫愁湖图》让给我，我就请吴眉孙老诗人题写了几个字，配着镜框，悬挂在我的纸帐铜瓶室中。前年秋马又下世，那幅秉烛夜话所写的山水直幅，不知如何着落了。

这幅《莫愁湖图》山水苍茫中著一僧人。为秋马所绘的山水直幅，也有一僧人独立高冈。又他生平唯一杰构《白马投荒图》，那个僧人更突出；据云他画著一僧人，即为自己写照，寄托他的身世之感，这和郑大鹤画山水必著一鹤，同一风格与意义。

其他曼殊的画，陆丹林那里有一幅，寥寥数笔而已。梁烈亚有一扇，据烈亚告诉我，扇上山水是曼殊出于手笔，惜乎没有署款。又某岁曼殊东渡省母，临行画纨扇十余柄，分送朋友，留作纪念。听说柳亚子处尚有留存。现在亚子已逝世，所藏的文物，捐助苏州博物馆，不知道曼殊画扇是否在里面。（选自《清娱漫笔》）

园林美与昆曲美
陈从周

正是江南大伏天气，院子里的鸣蝉从早叫到晚，邻居的录音机又是各逞其威。虽然小斋中的这盆建兰开得那么馥郁，然而"树欲静而风不止"。在无可奈何的情况下，我也只好"以毒攻毒"，开起了我们这些所谓"顽固分子"充满了"士大夫情趣"者所乐爱的昆曲来。"袅情丝，吹来闲庭院，摇漾春如线"。"朝飞暮卷，云霞翠轩"。"雨丝风片，烟波画船"。(《牡丹亭·游园》)悠扬的音节，美丽的辞藻，慢慢地从昆曲美引入了园林美，难得浮生半日闲，我也能自寻其乐，陶醉在我闲适的境界里。

我国园林，从明、清后发展到了成熟的阶段，尤其自明中叶后，昆曲盛行于江南，园与曲起了不可分割的关系。不但曲名与园林有关，而曲境与园林更互相依存，有时几乎曲境就是园境，而园境又同曲境。文学艺术的意境与园林是一致的，所谓不同形式表现而已。清代的戏曲家李渔又是个园林家。过去士大夫造园必须先建造花厅，而花厅又多以临水为多，或者再添水阁。花厅、水阁都是兼作顾曲之所，如苏州怡园藕香榭，网师园濯缨水阁等，水殿风来，余音绕梁，隔院笙歌，侧耳倾听，此情此景，确令人向往，勾起我的回忆。虽在溽暑，人们于绿云摇曳的荷花厅前，兴来一曲清歌，真有人间天上之感。当年俞平伯老先生们在清华大学工字门水边的曲会，至今还传为美谈。那时，朱自清先生亦在清华任教，他俩不少的文学作品，多少与此有关。

苏州拙政园的西部，过去名补园，有一座名"三十六鸳鸯馆"的花厅，它的结构，其顶是用"卷棚顶"，这种巧妙的形式，不但美观，可以看不到上面的屋架，而且对音响效果很好。原来主人张履谦先生，他既与画家顾若波等同布置"补园"，复酷嗜昆曲。俞振飞同志与其父亲粟庐先生皆客其家。

苏州拙政园

俞先生的童年是成长在这园中。我每与俞先生谈及此事，他还娓娓地为我话说当年。

中国过去的园林，与当时人们的生活感情分不开，昆曲便是充实了园林内容的组成部分。在形的美之外，还有声的美，载歌载舞，因此在整个情趣上必须是一致的。从前拍摄"苏州园林"，及前年美国来拍摄"苏州"电影，我都建议配以昆曲音乐而成功的。昆曲的所谓"水磨调"，是那么经过推敲，身段是那么细腻，咬字是那么准确，文辞是那么美丽，音节是那么抑扬，宜于小型的会唱与演出，因此，园林中的厅榭、水阁，都是最好的表演场所，它不必如草台戏的那样用高腔，重以婉约含蓄移人，亦正如园林结构一样，"少而精"，"以少胜多"，耐人寻味。《牡丹亭·游园》唱词的"观之不足由他遣"。"观之不足"，就是中国园林精神所在，要含蓄不尽。如今国外自从"明轩"建成后，掀起了中国园林热，我想很可能昆曲热，不久也便会到来的。

昆曲之美，不仅仅在表演艺术，其文学、音韵、音乐，乃至一板一眼，皆经过了几百年的琢磨，确是我国文化的宝库。我记得在"文化大革命"前，上海戏曲学校昆曲班，邀我去讲中国园林，有些人看来似乎是"笑话"，

清末昆剧泥塑《浣纱记·寄子》

实则当时俞振飞校长真是有见地，演"游园"、"惊梦"的演员，如果他脑子中有了中国园林的境界，那他的一举一动，便不是无本之木，无源之水了，演来有感情，有生命，有声有色。梅兰芳、俞振飞诸老一辈的表演家，其能成一代宗师者，皆得之于戏剧之外的大量修养。我们有些人今天游园林，往往仅知吃喝玩乐，不解意境之美，似乎太可惜一点吧！

中国园林，以"雅"为主，"典雅"、"雅趣"、"雅致"、"雅淡"、"雅健"等，莫不突出以"雅"。而昆曲之高者，所谓必具书卷气，其本质一也，就是说，都要有文化，将文化具体表现在作品上。中国园林，有高低起伏，有藏有

隐,有动观、静观,有节奏,宜细赏,人游其间的那种悠闲情绪,是一首诗,一幅画,而不是匆匆而来,匆匆而去,走马看花,到此一游;而是宜坐,宜行,宜看,宜想。而昆曲呢?亦正为此,一唱三叹,曲终而味未尽,它不是那种"崩嚓嚓",而是十分婉转的节奏,今日有许多青年不爱看昆曲,原因是多方面的,我看是一方面文化水平差了,领会不够;另一方面,那悠然多韵味的音节适应不了"崩嚓嚓"的急躁情绪,当然曲高和寡了。这不是昆曲本身不美,而正仿佛有些小朋友不爱吃橄榄一样,不知其味。我们有责任来提高他们,而不是降格迁就,要多作美学教育才是……

写到此,那"粉墙花影自重重,帘卷残荷水殿风",《玉簪记·琴挑》的清新辞句,又依稀在我耳边,天虽仍是那么热,但在我的感觉上又出现了如画的园林。(选自《陈从周散文选》)

说　瘦
周怡

"瘦",从它的结体来看,原本是表示生物病弱之态,英语中与此相当的thin除去这个意义之外,还引申为浅陋乏味之意。可见"瘦"在审美意义上,本来是与丑相同类的。然而,在中国传统艺术观念的长期演变过程中,它竟脱胎换骨,渐而进入审美范畴。品石尚瘦石,称梅竹为瘦君、瘦影,评诗有"瘦诗",论书有瘦金体。以瘦为美,以瘦为雅,诗词书画,无不写瘦、论瘦。直到当今的文士画家,以"瘦"字作为名号而自赏者也不乏其人:瘦铁、瘦鹃、瘦石、瘦菊……,尚瘦之风源源不绝。

诗　瘦

贫寒苦吟谓之瘦,苏轼曾评价四位唐代诗人,曰:"元轻白俗,郊寒岛瘦"。以"寒瘦"概括孟郊与贾岛的风格,一比戳到了诗人的骨子里,得其神髓,因而成为后人认识孟贾诗风的基本原则。楼钥《题孟东野听琴图因次韵》中说:"郊寒凛如对,作诗太瘦生。"这两位诗人对自己的评价也大致如此,孟郊说:"饿犬龁枯骨,自吃馋饥涎。"已苦到自戕的程度,贾岛自称"沟西苦吟客"(《雨夜同厉主怀皇甫荀》)。他们苦思沉吟,尽推敲之能事,以求字句的精警准确与含意的深邃,的确写出了一些耐人寻味的好诗句,然而,过分地锤字炼句,也就有损于他们的生活视野和艺术想象。所以,孟贾二人的诗以生活单薄与内容的贫乏为共同的弱点。他们生活得窘迫、辛酸、寂寞,而其人生观和艺术观的制约并没有使他们睁大眼睛看一下更广阔

刘士林 中国风——江南文化系列丛书

的世界，相反，他们甘心囿于自己狭小的生活圈子里苦苦自守，这与唐代文坛那种恢弘多彩的大气候显然是不相当的。因此，他们的"瘦诗"虽是苦吟而来却并不受人推崇。

"瘦诗"真正受到赞许，是它的含义有所转变之后。自中唐起，随着社会心理的演变，士大夫的人生哲学、生活情趣由雄伟豪壮渐转向细腻阴柔，诗风承接晋唐山水、田园诗歌一路，喜好追求内心宁静恬淡的境界。这种以求自我精神解脱的适意人生哲学使中国士大夫的审美情趣趋向于清寒、幽静、淡雅。所以诗歌理论中又把意境清淡的诗称作"瘦诗"。杨万里《诚斋集·病后觉衰诗》中有句曰："山意

贾岛像

凄寒日，秋光染瘦诗"。此后，"瘦诗"便成为清淡诗的别称。不仅如此，这一时期的诗词中，"瘦"字本身已成为许多诗人写景、咏物、抒情的常用字，可见"瘦"的感情色彩已经发生转变，即赋予它以审美价值。喜欢运用"瘦"字的是女词人李清照。她诗词中写花："雪清玉瘦"（白菊）、"玉瘦檀轻""照水一枝清瘦"（梅）、"人比黄花瘦"（菊）。她不仅习惯把吟咏主体表现作"瘦"态，而且强调这种"瘦"是一种作者所独具达到主观感受。"试问卷帘人，却道海棠依旧。知否？知否？应是绿肥红瘦。"卷帘人看到的海棠是依旧的，而在诗人眼中就不同了。看来诗人把"瘦"当作一种高品位的欣赏层次，而且是一种情绪的感应和寄托。此外，李清照眼中"瘦"是与心中的"愁"密不可分的，她因愁而感花瘦，借花寄愁，最终目的还是以花况人。所以，"人比黄花瘦"一句就特别为人们称道。

由唐至宋，当许多诗人的视野由边塞田园退归庭院闺阁的时候，"愁"与"瘦"在诗词中就频频出现了。在那时文人的心目中，"愁"是他们所独具的一种情感，不管是乡愁、离愁、闺愁、少年愁、相思愁……，都有极强的审美价值，他们认为，"愁"是功利之外的一种情绪凝结。虽谈不上高尚，

却是十分优美的。所以，言愁成为一种诗风，为了追求这种美的境界，甚至"不愁强说愁"（陆游语），而"瘦"是"愁"的外在表现，同样是文人所独具的。但它决不是饿谨之瘦，而是情感萦绕所至，因此，诗人喜欢自说为"瘦"。瘦到极处："人比梅花瘦几分"（康与之），"别离滋味浓如酒，著人瘦"（张耒），"空赢得，似沈郎消瘦，还欠诗篇"（卢祖皋），"横窗孤干瘦于人"（汪士慎）。以清寒、澹泊为生活情趣的文人选择了这个"瘦"字，颇得其神韵。特别对于那些仕途不济、生活潦倒的文人来说，很能借此孤芳自赏，而那些身在仕途的文人，有感于官场的险恶和对政治生活的担忧，也不免借此排解。从这个意义上讲，"瘦"是中国文人对自己景况和心灵的写意。

正因为"瘦"成为文人一种聊以自喻自况情感色彩极浓的审美标准，所以，他们在写诗作文中，在对客观事物的观察和审视中，非常善于选取和描绘那些形体上纤弱的事物，以"瘦"字状其形，恰好吻合自己的心境："人共博山烟瘦"（毛滂），"瘦石聊吾伴，遥山更尔瞻"（叶梦得），"垂杨也被多情恼，瘦损春风十万条"（元好问），"霜凋红叶林林瘦"（吴承恩），最有代表性的还是诗人对竹梅兰菊这类纤细花草的咏颂。（这在下文尚有专门论述）除此而外，对于美好而易衰败的事物，诗人出于一种惋惜的心境，也要以"瘦"状之："乱红不管花消瘦"（杨炎正），"海棠糁径铺香绣，依旧成春瘦"（陈亮），"细雨裛残千颗泪，轻寒瘦损一分肌"（苏轼），"瘦雪一痕墙角，青子已妆残萼"（王庭筠），"石骨秋偏瘦"（左纬），"春瘦"、"秋瘦"、"雪瘦"、"林瘦"，都是在描绘事物之损，之败，之萧条，一经"瘦"字修饰，被描写的客观对象顿时注入诗人的情绪，显得那么的文质彬彬起来。

"瘦"在诗中的出现，往往在一种孤寂、惆怅、凄楚的艺术氛围中，勾画渲染出诗境的冷调子："可怜恰到，瘦石寒泉，冷云生处"（毛滂）。

"瘦"，是苦，是愁，是孤寂，是凝固的热情，是诗人的心灵。

画　瘦

《南史·沈庆之传》记："沈昭略"尝醉，晚日负杖携家宾子第至娄湖苑，逢王景文子约，张目视之曰：'汝是王约邪？仍乃肥而痴。'约曰：'汝沈昭略邪？何仍瘦而狂？'昭略抚掌大笑曰：'瘦已胜肥，狂又胜痴。'"尽管这是士大夫间的清谈笑料，但从中可以看出，在南朝，"瘦已胜肥"。沈昭略以其瘦而嘲笑王约之肥，颇有自鸣得意的神情。

唐代建都长安,西域文化的大量的引入,特别表现在艺术方面。胡琴、胡笛、胡服、胡舞在长安、洛阳一带,蔚然成风。王建《凉州行》中说:"洛阳家家学胡乐",可见其盛况。另外,西域女子以卖艺或商业服务遍于长安一带,"胡姬貌如花,当垆笑春风"(李白《前有樽酒行云》),"落花踏尽游何处,笑入胡姬酒肆中"(李白《少年行之二》),看来胡姬的酒肆是文人们十分向往而开心的地方,那些妖艳而丰腴的西域女子也被视为色貌如花。更重要的是西域艺术家大批的来到长

吴道子 《维摩诘图》

安,使佛教艺术兴旺起来,最著名的画家是尉迟乙僧,受其影响最深的画家则是名贯一时的吴道子。他们笔下那些阔面硕体的佛家人物形象,无疑对当时人们审美观的改变起到了不可忽略的作用。因而,唐画家在人物、鞍马诸类画科当中都喜好肥大的外形、华丽的色彩。以周昉为代表的唐人仕女丰肌形象,在当时从士大夫画家到民间画工,无人不感到是一种美。但到了晚唐,就产生了别议,受周昉影响较大的画家程修就对周昉的作品感到美中不足,说他"侈伤其峻"。到了宋代,李公麟对这种丰肌肥态的"美女"就无法理解了。他把收藏的周昉的画拿去问董逌:"人物丰浓,肌胜于骨,盖画者有所好哉?"董回答说:"此固唐时所尚,尝见诸说太真(杨贵妃)丰肌秀骨,今见于画亦肥胜于骨。昔韩公言曲眉丰颊,便知唐人所尚以丰肥为美,昉于此之时所好而图之矣。"(《广川画跋》)苏轼有诗亦云:"书生老眼省见稀,画图但怪周昉肥。"《宣和画谱》中也有关于这个问题的评述:"世谓昉画妇女,所为丰厚态度者,亦是一蔽。此无他,昉贵游子弟,多见贵而美者,故以丰厚为体。而又关中妇女,纤弱者为少,至其意秾态远,宜贤者得之也。此与韩幹不画瘦马同意。"

唐代画马的确也有类似的争议,

韩幹 《照夜白图》

韩幹画肥马,而且大有追随者,奇怪的是,在当时就出现了不同的意见。杜甫《丹青引》云:"弟子韩幹早入室,亦能画马穷殊相,韩惟画肉不画骨,忍使骅骝气凋丧。"杜甫还在《房兵曹胡马》中赞马句云:"锋棱瘦骨成"。李贺《马诗》中赞马:"向前敲瘦骨,犹自带铜声"。而同时代的画家兼书画理论家张彦远却指责:"杜甫岂知画者,徒以韩马肥大,遂有画肉之诮。"看来这位理论家与画界持有一种观点。时隔数百年的宋人张耒解释这种现象,他认为当时皇家的马饲养好,"磊落万龙无一瘦"。而韩幹作为宫廷画家,"忍

不画骐骨",这是具体原因,除此而外,看来唐代,诗人与画家都存在着审美观上的分歧。尽管整个画界尚肥马,但诗人的观点最终没有向画家方面倾斜。而社会上一旦出现尚瘦的画家,就会与诗人一拍即合,发生共鸣。中唐之后的画家萧悦画瘦竹,白居易立刻大加赞许,认为他有破俗的胆识。白的《画竹歌》中说:"人画竹身肥臃肿,萧画茎瘦节节竦。"他认为:"萧郎下笔独逼真,丹青以来唯一人。"

以上所论简括之,唐代的尚肥之风大致有这样几种因素造成的:第一是西域文化的渗入,第二是宫廷艺术

的影响，而前者与后者又是互为因果的。此外，我们从中还可以看出这样的几种情形：一是审美观的形成往往先从对人自身形象的认识开始，然后扩展到其他。二是唐代文人士大夫与画界的审美观念存在着明显的差异。

以上材料还表明，宋代开始，从文

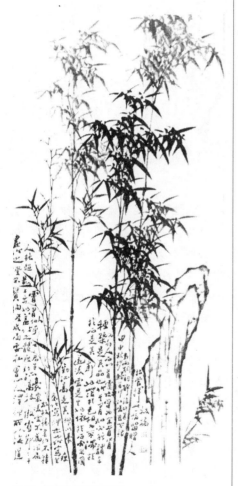

郑燮 《画竹之技法图》

人到画士对于肥瘦的审美意识基本趋于统一，从而形成中国以瘦为美的艺术观。画史上"竹梅菊兰"四君子的出现是一件饶有兴味的事情。为什么中国画特别善于表现他们，甚至单辟画科，许多有才华的艺术家一生精力都投入此？这些审美物在外型上到底以什么特质如此地打动一代又一代的画家呢？无疑，这是"瘦"的魅力。竹梅菊兰都是以瘦筋、瘦骨、瘦神而跃然纸上，画家无不刻意表现这种清瘦的神韵，甚至免去名称，直呼其"瘦"："君看断崖上，瘦节蛟蛇走"（苏轼《书晁补之所藏与可画竹三首》），"故作小红桃杏色，尚未孤瘦雪霜姿"（苏轼《红梅》），"清瘦两杆如削玉"（金农《题竹》），"一枝清瘦出朝烟"（郑板桥《题梅》），又云："瘦影自怜春不管"。从"瘦节"、"瘦影"、"孤瘦"、"清瘦"这些别称和雅号中，我们可以体会得到，"瘦"与诸"君子"的关系是多么不同寻常。

传统画梅的原则历来讲究"瘦枝疏花"，这与文人的试问境界属一致的。王藻词云："梅影横窗瘦"（《点绛唇》），吕渭老词云："瘦一枝梅影"（《选冠子》），如果说这些诗句出画境，倒不如看作写梅的画绘出了诗意，咏梅诗毕竟先于梅画。不仅梅瘦，插梅的瓶子也相附而瘦。《饮流斋说瓶》对梅瓶这样介绍:"因口径之小仅与梅之瘦骨相称,故名。"梅瓶即瘦瓶而已。菊,自陶潜以来,成为一种隐逸情致的寄托,穷于仕途的文人画家多有以菊自况者。《余谈》一书记李笠翁论菊,说他对人力培植菊花,使它长得肥头大耳甚为不满。他认为菊花以清瘦为贵。原文说:"余谓凡花皆可借以人力,而菊之一种止宜任其天然。盖菊,花之隐逸者也。隐逸之侣正以萧疏清癯(瘦)为真,若以肥大为美,则是李勣之择将,非左思之招隐矣,岂非失菊花之性也乎。"板桥《别梅鉴上人》诗中云:"一径晚烟篱菊瘦。"陶潜从品格着眼,把菊写成隐士,李清照则从个人情致出发,把菊写作瘦君,从而使菊形神兼备,成为后来的文人画家为菊造型的依据。

由于载道艺术思想的影响,大多数画家都超脱不了托物言志的创作基本模式。"瘦"同样也是言志,这首先体现士阶层那种孤高不屈的气节。从这个意义上讲,许多艺术家对瘦的理解和发挥,又是向正宗艺术观靠拢的一种努力,使之成为对儒家思想的形象阐释。在此,我们不妨以板桥为例做一下剖析,看看这位"尚瘦派"画家对瘦的种种认识。板桥说:"盖竹之体,瘦劲孤高,枝枝傲雪,节节干霄,有似乎士君子豪气凌云,不为俗屈,故

板桥画竹,不特为竹写神,亦为竹写生。瘦劲孤高,是其神也;豪迈凌云,是其生也;依于石而不囿于石,是其节也;落于色相,而不滞于梗概,是其品也。""瘦"为竹之神,神又为何物? 神是傲骨。其"神",其"生",其"节",其"品",与其说是竹的个性,不如说是文人士大夫理想人格的概括。

从艺术观来看,宋以后的艺术思潮基本主张以简胜繁,以少胜多,以淡胜艳。画界这种理论到郑板桥发展到极端。他的题竹诗云:"一枝瘦竹何曾少,十亩丛篁未是多。""画竹何须千万枝,两三片叶峭撑持。""一块石头,两杆竹,少好看,多不得。""种竹不须多,多则刮耳目,萧萧两三竿,自然清风足。"少而瘦,是板桥写竹的艺术标准,而只有少,才能突现其瘦。少与瘦,都属于"简淡"艺术观的形象体现。这个境界是经过一番艰苦而长期的努力追求才能达到的:"如余画竹能少而不能多,既而能多矣,又不能少,此层功力,最为难也,近六十外,始知减枝减叶之法。"板桥还写过一首诗来概括自己一生写竹的经验:"四十年来画竹枝,日间挥洒夜间思,冗繁削尽赛清瘦,画到生时是熟时。"可见板桥把少与瘦看作是艺术造型的一种高度精简和概括。

板桥取竹之瘦,还在于他在艺术

上追求一种纤秀之美,他有诗云:"竹也瘦,石也瘦,不讲雄豪,只求纤秀。"板桥还曾谈到他对种竹、画竹的趣味追求:"至于回廊石槛,粉壁纱窗,则以小者为合宜,青瘦可人,照书扑面,牵人衣袂,如良朋好友也。余所画小幅竹,不过悬之密室,挂在茆斋,正无取粗枝大叶,苏学士'大江东去',不若十五女郎唱'晓风残月'词也。"尽管板桥一生刚正不阿,但他在艺术上对竹梅兰菊这些纤雅之物的特殊喜爱和表现,对简淡情调的一味追求,就足以显示出他的美学倾向。

中国画家对石头的玩赏与描绘,也是值得深究的。其实,无论是东方

太湖石

人还是西方人都是喜爱石头的,西洋建筑就是石结构,而且把它们雕成石像来欣赏。中国是木质建筑,于是把对石头的情感寄托于石头本身的原貌,并在此基础上选择一些适合于自己审美趣味的石形。晋宋时的士人有赏石的先例,但普遍好尚怪石,中唐之后,此风更盛,元结《石溪记》,柳宗元《钴鉧潭西小丘记》等皆以奇石不遇识者以自喻。白居易曾拾得两片苍石,担来置郡内,并作《双石》诗咏之曰:"老蛟蟠作足,古剑插为首。"苍石如剑,可见主人十分赏识它的瘦劲。白居易在杭州三年,北还时唯携二石一鹤,他把石头看作重于一切,"先问江南物在耶?引手摩挲青石笋"(《问江南物》)。从白居易对此石的称誉"青石笋"来看,不难发现其艺术特征,也是"瘦"。林语堂先生根据现在园林中存留的许多柱石或片石来推断,认为它们是"化了石的树皮",给人的感受是像人一样地孤零直立,这种石大概就属白居易所喜爱的笋石或剑石,高达十余尺,可谓瘦石之最。品石趣味丰富一点的要算湖石,古人对湖石的品评标准说法很多,但都离不开"瘦"。以"石痴"出名的宋代书画家米芾的品石标准是:"曰秀,曰绉,曰瘦,曰透"(《相石法》),这四字相石法成为后来最权威的说法。明代张

岱《陶庵梦忆》评仪园三峰石云："一黑石，阔八尺，高丈五，而瘦，瘦妙。"明代计成在《园治》中称石之妙在于"瘦漏生奇，玲珑安排"。清代李笠翁谓："言山石之美，俱在透、漏、瘦三字。"（《一家言》）其中"透漏"是局部，而"瘦"是整体风貌。李笠翁评其瘦曰："壁立当空，孤峙无依者为瘦。"石之瘦，也是取其孤傲之气。苏州留园中有一太湖石曰"冠云峰"，高三丈，峭然孤瘦，被誉为江南园林第一石。传说这块瘦石为宋代著名园林家朱勔的杰作，是当年"花石纲"中之罕物。可见尚瘦之风已从士人阶层渗入皇家朝廷。

中国文士画家好石，赏石，也擅长画石。从现存的绘画作品看，从宋元起，文人画家开始以石入画，并把它作为表现立体之一，像苏轼的《古木竹石图》，元代赵孟頫、管道升都有类似的画题，而且元人常作瘦石。但这些作品都没有把石头作为主题来表现，只是把它与竹、木等物并列而已。清代画家最善画石，像石涛、八大、扬州画派的诸画家。最典型的还是板桥。尽管他声称自己喜欢的是"丑石"，但从他的作品来看，其石绝无丑样，反而全是瘦长纤秀的姿态，一般是修竹配瘦石，那石瘦得出奇。板桥也喜欢单画石，不配其他。他的《柱石图》，

画面上只有一尊秀石，真是瘦到了极处。这是画史上少见的以石为主体的绘画作品。这一传统一直到现代的齐白石，如果翻阅一下这位现代文人画大师的画集就会发现他画的每一块石头差不多全是瘦石，而瘦过了郑板桥。他的《巨石图》，画幅上瘦石一块，别无任何衬物。白石最善于表现的一种形象是画一修长的瘦石，另衬一小动物，或小花细草，形成线与点的和谐。像《梅石麻雀》《石与蟹》《石鹊图》等。瘦石画止齐白石，物极必反，画坛上有意打破这个传统的是另一个文人画家潘天寿，他一生喜好画石，却不画瘦石。他的石头，全是大而阔的方石。潘天寿冲破瘦石的框子，重建自己的构图形式，寻求自己的审美趣味，使他

圣教序

的画风为之一新。

赏石与赏山同理，石是山的缩影，山是石的组合。中国的文士画家对山的姿态也是有其独特选择的。他们心目中最理想、最入画的山应该是挺秀峭拔的山，即瘦山。而最能代表此种风格的山莫过于黄山，所以就有了"黄山画派"。从渐江、梅清，直到今天的许多画家，他们都善于夸张式地表现黄山的瘦削之态。中国山水画史上从来没有人像黄山画派的画家那样专注执着地喜爱并表现某一山景的。直到现在，大都把黄山视为最能体现中国山水风貌的景观来看待。李可染对他的学生说："要画好中国山水画，必须从黄山山水写生中去学习体验。"他认为黄山的山势和岩石结构最符合中国的审美趣味。因而一般说来，只要不是刻意求新的山水画，不论画家画的是什么山，总感到有那么一点黄山的气派。当然，随着中国山水画的革新，画家们把表现对象和审美趣味开拓得广阔多了。但这个传统所形成的基本审美观依然是稳固的。

山瘦，水亦称瘦。河溪之瘦自不必论，扬州就有瘦西湖。这因为湖面狭长而得名，在此，"瘦"字本身还具有一种赞美的意味。园林学家陈从周先生认为，游瘦西湖与杭州西湖相比，"有浅斟低酌与饱饮大嚼的不同"（《园林谈丛》）。他也是把"瘦景"归于淡雅的审美范畴中去。并且他认为瘦西湖的绿化应以柳为主，万缕千丛，要瘦就瘦个彻底。

中国画的画幅从来不讲究什么黄金分割律，而多是条幅和长卷，还要装裱，再增加其长度。或许这其中亦有尚瘦意识的渗入吧。

花瘦，人亦瘦；石瘦，山亦瘦。瘦得孤高，瘦得纤秀，瘦成了长卷、条幅，瘦出了个文人气候。

书　瘦

中国书法理论古来就有肥瘦之论、之争。或主肥，或主肥瘦相得。如果我们沿着这条线索简略地梳理一下书法史，就会发现其中某些有趣的规律。

一般认为，殷商甲骨文，是我国文字的鼻祖，它的文字书写，除了个别的是先写后刻之外，通常都是用刀将文字直接刻在甲骨上，所以它的总体风格是瘦劲方折的。直到今天，那些仿写甲骨文的作品无不把握并强化这个特征。可见中国书法最初风貌是偏瘦的。但萧衍论书曰："元常谓之古肥，子敬谓之今瘦，今古既殊，肥瘦颇反。"显然，在尚未发现甲骨文的当时，萧衍所言之"古"，是指秦汉，所言之"今"是南北朝。而作为梁武帝的萧衍，不仅精于书画，又能凭其地位纵览古今墨迹和各种书论,说这番话是有相当依据的。秦汉书家由于多是帝王侍臣,所书大度雍容,流传下来的作品也足以证实此论。魏晋南北朝时期,隐逸任诞风盛,是一个"个体自觉"的时代,士风染及书风,因而一反秦汉旧习,不再讲究沉稳肥硕,而以一种洒脱瘦秀的风格展示其神采。王羲之父子的书法即为典型的代表。

一到离南北朝不远的唐代,反对这种书风的就大有人在了。唐人主肥,这在前文已有论述,此种观念自然影响到书界。当时最权威的评论家张

宋徽宗

怀瓘在《书议》中说:"逸少(王羲之)草有女郎才,无丈夫气,不足贵也。"他在另一书论《书断》中说:"羊欣云,张芝、皇象、钟繇、索靖时并号书圣,然张劲骨丰肌,德冠诸贤之首。斯为当矣。"他在《六体书论》中评钟繇,认为他的书法美中不足,"伤于疏瘦"。尽管张怀瓘把二王列入"神品",给予十分的称赞,但总是对他们的瘦秀之气表示不满。酷爱《兰亭序》的李世民对偏瘦之书也不乏微词,他观献之书法,认为:"字势疏瘦",比作"严家之饿隶"。显然,唐代书界中把"瘦"当作一种贫弱之势。

宋代书风又一变,米芾《海岳名言》中评:"颜鲁公行字可教,真便入俗品。"米芾看不惯颜真卿肥大的楷书,认为它太俗。姜夔是一位肥瘦兼顾的书家,但他认为:"虽然,尤贵于瘦。使工人刻之,又从而刮治之,则瘦者又变为肥矣。"他非常惋惜工匠把瘦字刻肥了。可见在宋代,常常把肥字认为是"俗气"、"匠人之气",而愈加推崇瘦书。诗人陆游好草书,而且善于以诗论书,他直接把草书喻之为"瘦蛟",此称一度成为草书的别称。《学古》诗云:"老蔓经松饱霜雪,瘦蛟出海拏虚空。"《杂兴》云:"纸欲穷时瘦蛟举,已看雷雨跨苍茫。"

宋代尚瘦之极为赵佶的"瘦金

体"，就其字形而论，本应作"瘦筋体"，意为清瘦而有筋力，后以"金"易"筋"，是对"御书"的尊重。其实此楷法是从唐代薛曜所书《夏日游石淙诗》而来。薛是褚遂良的外甥，薛书出于褚而有变，褚书道貌岸然，凛然不可犯，薛书轻歌曼舞，如美女起步。赵佶吸取其神髓，风姿瘦劲而清丽。从此我们可以认识到书风的继承关系。唐肥宋瘦，是其概略。而肥瘦风格的转换，并非凭空而来。唐尚肥，亦有喜瘦者，宋尚瘦，也有肥硕之风。杜甫《李潮八分小篆歌》云："书贵瘦劲方通神。"而宋代的苏轼为之不满，反唇相讥："杜陵评书贵瘦硬，此论未公吾不凭。"

宋代，不仅书称瘦，与书有关的文具也冠以瘦字，墨的雅称为"瘦龙"，这源于黄庭坚的《谢景文惠浩然所作廷珪墨》，诗中说："柳枝瘦龙印香字，时袭一日三摩挲。"看来"瘦龙"是指墨上刻的龙纹。此后文人以此称墨。元好问有诗云："瘦龙不见金书字，试就宣和石谱看。"（《遗山集·陈德元竹石诗之一》）

元代书论少，对肥瘦无过极之辞，但从有影响的书家风格来看，是偏瘦的。

明代画派书派兴起，画分南北宗，书亦分南北宗。然士风盛，主张散淡，有影响的书法家都言瘦，董其昌《画禅室随笔》中说："用墨须有润，不可使其枯燥，尤忌秾肥，肥则大恶道矣。"董其昌把秾肥上升到"恶道"的原则问题上来了。

清代是古典艺术集大成时期，与其他艺术门类相比较，书法艺术显得平淡无奇，亦无偏激之论。刘熙载《艺概》中认为："肥瘦皆善"、"瘦处力量要足以当肥"、"肥瘦形异而实同"。

从书法的肥瘦之变，我们可以总结出这样的规律：首先，肥瘦之变，与时代风尚有着密切的关系，汉唐之气"以势壮为美"（李德裕语），"中和之美"（孙过庭语），时风喜好肥阔雄健，像颜体那般的大将军风度。两宋推崇"冲淡"之美，出现平淡清新的艺术风尚，书风则喜瘦，以至瘦到"瘦金体"。其二，时代与时代之间大致是在艺术风格的否定之否定规律中更替前进，"反者道之动"（老子语），肥极则瘦，瘦极则肥。其三，尚瘦与隐逸思想有关，中唐以后士大夫的精神生活越来越远地离开了汉唐恢宏的境界，不论庙堂之上，还是山林之中，"以兵为戏，廊庙之上，耻言韬略"（《苏轼选集》卷14）。隐逸情趣使艺术趋于精巧和纤秀，即便是一向讲究气派的宫廷艺术也不可摆脱这种风尚的冲击。所以五代两宋都有皇帝痴心书画、不务朝政的特殊现象。

从审美角度看,尚瘦之书属纤秀、阴柔之美,尚肥之书属稳健、阳刚之美,瘦书如竹梅兰菊,肥书似金刚罗汉。

儒 寒 道 瘦

徐渭《画竹十首》诗中云:"数叶传神为不朽,儒寒道瘦任人看。"中国士大夫艺术家尚瘦之风有着深厚的思想渊源。徐渭诗中形象地概括为儒寒道瘦,非常传神地刻画出他们的生存

花谢花飞飞满天,红消香断有谁怜
　　　　　——《红楼梦》

状态和精神气质。

儒家理想人格的要求是:"君子食无求饱,居无求安","饭疏食,饮水,曲肱而枕之,乐亦在其中矣。""一箪食,一瓢饮,在陋巷,人不堪其忧,回也不改其乐。"君子谋道不谋食,君子忧道不忧贫。儒家文化和封建的社会形态所赋予士大夫阶层的责任,要求这个阶层在任何时候、任何条件下都不丧失自己对人格理想的追求。应劭在《风俗通义》中特写《穷通》一卷,旌扬古来"君子厄穷而不闵,劳辱而不苟,乐天知命,无怨尤焉"。儒家安贫乐道的人生哲学两千年来一直成为士大夫的处世准则,一篇《陋室铭》成为千古绝唱,从中可见其人格力量和人生观的深远影响。竹梅兰菊诸"瘦君"之傲雪、傲霜,甘于寂寞而洁身自好的风格正是儒家士子的精神浓缩。

对艺术家影响至深的中国古典哲学的另一支——道家,则从自然辩证法的角度殊途同归地阐述着同样的理论。老子以"损"的观点反对"以求生之厚。"主张"少则得""不欲盈",无为不争,知足常乐。沿其思想,形成士大夫清淡寡欲、不求闻达的隐逸文化,以"少"、"损"作为把握自然规律的准则。它在艺术上的影响就是对精简澹泊境界的追求,这成为尚瘦意识美学上的渊源。

孔氏思想的原始面目是充满阳刚之气的，儒教那种不畏困苦强暴的精神力量曾使西方哲学家伏尔泰为之折服，以至二十年如一日在室内挂一幅孔子画像，他认为孔子训导的儒生讲究气节和尊严，道德上远比巴黎文人来得清爽。然而，儒家思想发展到封建时代的中后期，其中的"乐处"意识，不惧贫困的思想成分，加之道家的隐逸观逐渐退化成为一种慵懒和病态，尚瘦的审美意识中显然包含着此种情绪。白居易曾作《咏慵》，诗中说，屋漏懒得修，衣破懒得缝，酒懒得酌，饭懒得做，亲朋好友的书信也懒得开封。陆游认为小病胜健，"小疾深居不唤医，消摇更觉胜平时。"（《小疾谢客》）"避人便小疾，移竹喜微阴。"（《病中戏书》），刘子翚自号"病翁"，他的弟子朱熹号"沧州病叟"。将懒与病纳入审美范畴，并视为文人雅事，反映出中国封建文化精神上的衰落和艺术情趣的畸形发展，尚瘦意识中显然程度不同地含蓄着此种病态的情趣。这种观念一直到《红楼梦》，造出一个病态、娇容、瘦形的林妹妹，成为封建社会后期士大夫审美趣味的典型代表。

愁而成病，病而至瘦，懒愁，病瘦，一身风雅，全在诗词书画当中求。……

（选自《齐鲁艺苑》1993年第2期）

贰 江南诗性地理札记

有一种江南的普遍性，可以用"江南园林甲天下，苏州园林甲江南"来形容。也就是说，好的、美丽的、有精神品位的东西，似乎都被富甲中国的江南占据了。无论是自然界的山水，还是男才女貌的人物；也无论是只有依靠商业的铜臭气才能生机勃勃的城市，还是在自然怀抱中仿佛永远沉睡的乡村……这一方面难怪江南人说起家乡总是那么自豪，另一方面也难免异乡人总是心含妒意乃至于口诛笔伐。这真是一个两难困境，在一直贫穷落后的中国为什么会单单便宜这个地方，然而另一方面，在中国为什么就不应该有这样一个给人做梦的空间呢？这些都暂且不去考虑了，这里还是着手编几篇江南诗性地理的文章吧。当然由于上述原因，这里面有对有错、有误会也有默契，总之，套用商务印书馆"汉译名著"的一句话，相信读者自有判断力可以做出明断。

只有一点遗憾是，有些地方、人物很好，江南的精神气质也很足，只是没有被诗人艺术家表现出来，所以无法汇入此编中，只能俟之于来日了。

南　京

朱自清

南京是值得留连的地方，虽然我只是来来去去，而且又都在夏天。也想夸说夸说，可惜知道的太少；现在所写的，只是一个旅行人的印象罢了。

逛南京像逛古董铺子，到处都有些时代侵蚀的遗痕。你可以摩挲，可以凭吊，可以悠然遐想；想到六朝的兴

玄武湖
传说曾有"黑龙"出现，故得名，这里曾是练兵演武之地

庄严肃穆的中山陵位于紫金山麓

废，王谢的风流，秦淮的艳迹。这些也许只是老调子，不过经过自家一番体贴，便不同了。所以我劝你上鸡鸣寺去，最好选一个微雨天或月夜。在朦胧里，才酝酿着那一缕幽幽的古味。你坐在一排明窗的豁蒙楼上，吃一碗茶，看面前苍然蜿蜒着的台城。台城外明净荒寒的玄武湖就像大涤子的画。豁蒙楼一排窗子安排得最有心思，让你看的一点不多，一点不少。寺后有一口灌园的井，可不是那陈后主和张丽华躲在一堆儿的"胭脂井"。那口胭脂井不在路边，得破费点工夫寻觅。井栏也不在井上；要看，得老远地上明故宫遗址的古物保存所去。

从寺后的园地，拣着路上台城；没有垛子，真像平台一样。踏在茸茸的草上，说不出的静。夏天白昼有成群的黑蝴蝶，在微风里飞；这些黑蝴蝶上下旋转地飞，远看像一根粗的圆柱子。城上可以望南京的每一角。这时候若有个熟悉历代形势的人，给你指点，隋兵是从这角进来的，湘军是从那角进来的，你可以想象异样装束的队伍，打着异样的旗帜，拿着异样的武器，汹汹涌涌地进来，远远仿佛还有哭喊之声。假如你记得一些金陵怀古的诗词，趁这时候暗诵几回，也可印证印证，许更能领略作者当日的情思。

从前可以从台城爬出去，到玄武

湖边;若是月夜,两三个人,两三个零落的影子,歪歪斜斜地挪移下去,够多好。现在可不成了,得出寺,下山,绕着大弯儿出城。七八年前,湖里几乎长满了苇子,一味地荒寒,虽有好月光,也不大能照到水上;船又窄,又小,又漏,教人逛着愁着。这几年大不同了,一出城,看见湖,就有烟水苍茫之意;船也大多了,有藤椅子可以躺着。水中岸上都光光的;亏得湖里有五个洲子点缀着,不然便一览无余了。这里的水是白的,又有波澜,俨然长江大河的气势,与西湖的静绿不同,最宜于看月,一片空蒙,无边无际。若在微醺之后,迎着小风,似睡非睡地躺在藤椅上,听着船底汩汩的波响与不知何方来的箫声,真会教你忘却身在哪里。五个洲子似乎都局促无可看,但长堤宛转相通,却值得走走。湖上的樱桃最出名,据说樱桃熟时,游人在树下现买,现摘,现吃,谈着笑着,多热闹的。

清凉山在一个角落里,似乎人迹不多。扫叶楼的安排与豁蒙楼相仿佛,但窗外的景象不同。这里是滴绿的山环抱着,山下一片滴绿的树;那绿色真是扑到人眉宇上来。若许我再用画来比,这怕像王石谷的手笔了。在豁蒙楼上不容易坐得久,你至少要上台城去看看。在扫叶楼上却不想走;窗外的光景好像满为这座楼而设,一上楼便什么都有了。夏天去确有一股"清凉"味,这里与豁蒙楼全有素面吃,又可口,又贱。

莫愁湖在华严庵里。湖不大,又不能泛舟,夏天却有荷花荷叶。临湖一带屋子,凭栏眺望,也颇有远情。莫愁小像,在胜棋楼下,不知谁画的,大约不很古罢;但脸子开得秀逸之至,衣褶也柔活之至,大有"挥袖凌虚翔"的意思;若让我题,我将毫不踌躇的写上"仙乎仙乎"四字。另有石刻的画像,也在这里,想来许是那一幅画所从出;但生气反而差得多。这里虽也临湖,因为屋子深,显得阴暗些;可是古色古香,阴暗得好。诗文联语当然多,只记得王湘绮的半联云:"莫轻他北地胭脂,看艇子初来,江南儿女无颜色。"气概很不错。所谓胜棋楼,相传是明太祖与徐达下棋,徐达胜了,太祖便赐给他这一所屋子。太祖那样的人,居然也会做出这种雅事来了……

秦淮河我已另有记。但那文里说的情形,现在已大变了。从前读《桃花扇》《板桥杂记》一类书,颇有沧桑之感;现在想到自己十多年前身历的情形,怕也会有沧桑之感了。前年看见夫子庙前旧日的画舫,那样狼狈的样子,又在老万全酒栈看秦淮河水,差不多全黑了。加上巴掌大,透不出气的所谓秦淮小公园,简直有些厌恶,再别提做什么梦了。贡院原也在秦淮河上，现在早拆得只剩一点儿了。民国五年父亲带我去看过，已经荒凉不堪，号舍里草都长满了。父亲曾经办过江南闱差，熟悉考场的情形，说来头头是道。他说考生入场时，都有送场的，人很多，门口闹嚷嚷的。天不亮就点名，搜夹带。大家都归号。似乎直到晚上，头场题才出来，写在灯牌上，由号军扛着在各号里走。所谓"号"，就是一条狭长的胡同，两旁排列着号舍，口儿上写着什么天字号，地字号等等的。每一号舍之大，恰好容一个人坐着；从前人说是像轿子，真不错。几天里吃饭，睡觉，做文章，都在这轿子里；坐的伏的各有一块硬板，如是而已。官号稍好一些，是给达官贵人的子弟预备的，但得补褂朝珠地入场，那时是夏秋之交，天还热，也够受的。父亲又说，乡试时场外有兵巡逻，防备通关节。场内也竖起黑幡，叫鬼魂们有冤报冤，有仇报仇；我听到这里，有点毛骨悚然。现在贡院已变成碎石路；在路上走的人，怕很少想起这些事情的了罢？

明故宫只是一片瓦砾场，在斜阳里看，只感到李太白《忆秦娥》的"西风残照，汉家陵阙"二语的妙。午门还残存着，遥遥直对洪武门的城楼，有万千气象。古物保存所便在这里，可惜规模太小，陈列得也无甚次序。明孝陵道上的石人石马，虽然残缺零乱，还可见泱泱大风；享殿并不巍峨，只陵下的隧道，阴森袭人，夏天在里面呆着，凉风沁人肌骨。这陵大概是开国时草创的规模，所以简朴得很；比起长陵，差得真太远了。然而简朴得好。

雨花台的石子，人人皆知；但现在怕也捡不着什么了。那地方毫无可看。记得刘后村的诗云："昔日讲师何处在，高台犹以'雨花'名。有时宝向泥寻得，一片山无草敢生。"我所感的至多也只如此。还有，前些年南京枪决囚人都在雨花台下，所以洋车夫遇见别的车夫和他争先时，常说："忙什么！赶雨花台去！"这和从前北京车夫说"赶菜市口儿"一样。现在时移势异，这种话渐渐听不见了。

燕子矶在长江里看，一片绝壁，危亭翼然，的确惊心动魄。但到了上边，逼窄污秽，毫无可以盘桓之处。燕山十二洞，去过三个。只三台洞层层折折，由幽入明，别有匠心，可是也年久失修了。

南京的新名胜，不用说，首推中山陵。中山陵全用青白两色，以象征青天白日，与帝王陵寝用红墙黄瓦的不同。假如红墙黄瓦有富贵气，那青琉璃瓦的享堂，青琉璃瓦的碑亭却有名贵气。从陵门上享堂，白石台阶不知多少级，但爬得够累的；然而你远看，决想不到会有这么多的台阶儿。这是设计的妙处。德国波慈达姆无愁宫前的石阶，也同此妙。享堂进去也不小；可是远处看，简直小得可以，和那白石的飞阶不相称，一点儿压不住，仿佛高个儿戴着小尖帽。近处山角里一座阵亡将士纪念塔，粗粗的，矮矮的，正当着一个青青的小山峰，让两边儿的山紧紧抱着，静极，稳极。——谭墓没去过，听说颇有点丘壑。中央运动场也在中山陵近处，全仿外洋的样子。全国运动会时，也不知有多少照相与描写登在报上；现在是时髦的游泳的地方。

若要看旧书，可以上江苏省立图书馆去。这在汉西门龙蟠里，也是一个角落里。这原是江南图书馆，以丁丙的善本书室藏书为底子；词曲的书特别多。此外中央大学图书馆近年来也颇有不少书。中央大学是个散步的好地方。宽大，干净，有树木；黄昏时去兜一个或大或小的圈儿，最有意思。后面有个梅庵，是那会写字的清道人的遗迹。这里只是随意地用树枝搭成的小小的屋子。庵前有一株六朝松，但据说实在是六朝桧；桧阴遮住了小院子，真是不染一尘。

南京茶馆里干丝很为人所称道。但这些人必没有到过镇江、扬州，那儿的干丝比南京细得多，又从来不那么甜。我倒是觉得芝麻烧饼好，一种长圆的，刚出炉，既香，且酥，又白，大概各茶馆都有。咸板鸭才是南京的名产，要热吃，也是香得好；肉要肥要厚，才有咬嚼。但南京人都说盐水鸭更好，大约取其嫩，其鲜；那是冷吃的，我可不知怎样，老觉得不大得劲儿。

杭　州
郁达夫

杭州的出名，一大半是为了西湖。而人工的建设，都会的形成，初则是由于唐末五代，武肃王钱镠（西历十世纪初期）的割据东南，——"隋朝特创立此郡城，仅三十六里九十步；后武肃钱王，发民丁与十三寨军卒，增筑罗城，周围七十里许。……"（吴自牧《梦粱录》卷七）——再则是由于南宋建炎三年（一一二九），高宗的临安驻跸，奠定国都。至若唐白乐天与宋苏东坡的筑堤导水，原也有功于杭郡人民，可是仅仅一位醉酒吟诗携妓的郡守的力量，无论如何，也是不能和帝王匹敌的。

据说，杭州的杭字，是因"禹末年，巡会稽至此，舍航登陆，乃名杭，始见于文字"（柴虎臣著《杭州沿革大事考》）。因之，我们可以猜想，禹以前，杭州总还是一个泽国。而这一个四千余年前的泽国，后来为越为吴，也为吴越的战场，为东汉的浙江，为三国吴的富春，为晋的吴郡，为隋唐的杭州，两为偏安国都，迭为省治，现在并且成了东南五省交通的孔道，歌舞喧天，别庄满地，简直又要恢复南宋当时的首都旧观了。

我的来住杭州，本不是想上西湖来寻梦，更不是想弯强弩来射潮；不过妻杭人也，雅擅杭音，父祖富春产也，歌哭于斯，叶落归根，人穷返里，故乡鱼米较廉，借债亦易，——今年可不敢说，——屋租尤其便宜，铩羽归来，正好在此地偷安苟活，坐以待亡。搬来住后，岁月匆匆，一眨眼间，也已经住了一年有半了。朋友中间晓得我的杭州住址者，于春秋佳日，旅游西湖之余，往往肯命高轩来枉顾。我也因独

杭州郁达夫书房

处穷乡，孤寂得可怜，我朋自远方来，自然喜欢和他们谈谈旧事，说说杭州。这么一来，不几何时，大家似乎已经把我看成了杭州的管钥，山水的东家。《中学生》杂志编者的特地写信来要我写点关于杭州的文章，大约原因总也在于此。

关于杭州一般的兴废沿革，有《浙江通志》《杭州府志》《仁钱县志》诸大部的书在；关于杭州的掌故，湖山的史迹等等，也早有了光绪年间钱塘丁申、丁丙两氏编刻的《武林掌故丛编》《西湖集览》与新旧《西湖志》《湖山便览》以及诸大书局大文豪的西湖游记或西湖游览指南诸书，可作参考。所以在这里，对这些，我不想再来饶舌，以虚费纸面和读者的光阴。第一，我觉得还值得一写，而对于读者，或者也不至于全然没趣的，是杭州人的性格。所以，我打算先从"杭州人"讲起。

第一个杭州人，究竟是哪里来的？这杭州人种的起源问题，怕同先有鸡蛋呢还是先有鸡一样，就是叫达尔文从阴司里复活转来，也很不容易解决。好在这些并非是我们的主题，故而假定当杭州这一块陆土出水不久，就有些野蛮

的，好渔猎的人来住了，这些蛮人，我们就姑且当他们是杭州人的祖宗。吴越国人，一向是好战、坚忍、刻苦、猜忌，而富于巧智的。自从用了美人计，征服了姑苏以来，兵事上虽则占了胜利，但民俗上却吃了大亏；喜斗、坚忍、刻苦之风，渐渐地消灭了。倒是猜忌，使计诸官能，逐步发达了起来。其后经楚威王、秦始皇、汉高帝等的挞伐，杭州人就永远处入了被征服者的地位，隶属在北方人的胯下。三国纷纷，孙家父子崛起，国号曰吴，杭州人总算又吐了一口气，这一口气，隐忍过隋唐两世，至钱武肃王而吐尽。不久南宋迁都，固有的杭州人的骨里，混入了汴京都的人士的文弱血球，于是现在的杭州人的性格，就此决定了。

意志的薄弱，议论的纷纭；外强中干，喜撑场面；小事机警，大事糊涂；以文雅自夸，以清高自命；只解欢娱，不知振作等等，就是现在的杭州人的特性。这些，虽然是中国一般人的通病，但是看来看去，我总觉得以杭州人为尤甚。所以由外乡人说来，每以为杭州人是最狡猾的人，狡猾得比上海滩上的滑头还要厉害。但其实呢，杭州人只晓得占一点眼前的小利小名，暗中在吃大亏，可是不顾到的。等到大亏吃了，杭州人还要自以为是，自命为直，无以名之，名之曰"杭铁头"以自慰自欺。生性本是勤而且俭的杭州人，反以为勤俭是倒霉的事情，是贫困的暴露，是与面子有关的，所以父母教子弟的第一个原则，就是教他们游惰过日，摆大少爷的架子。等空壳大少爷的架子学成，父母年老，财产荡尽的时候，这些大少爷们在白天，还要上西湖去逛逛，弄件把长衫来穿穿，饿着肚皮而高使着牙签；到了晚上上黑暗的地方跪着讨饭，或者扒点东西，倒满不在乎，因为在黑暗里人家看不见，与面子还是无关，而大少爷的架子却不可不摆。至于做匪做强盗呢，却不会，决不会，杭州人并不是没有这个胆量，但杀头的时候要反绑着手去游街示众，与面子有关；最勇敢的杭州人，亦不过做做小窃而已。

惟其是如此，所以现在的杭州人，就永远是保有着被征服的资格的人；风雅倒很风雅，浅薄的知识也未始没有，小名小利，一着也不肯放松，最厉害的尤其是一张嘴巴。外来的征服者，征服了杭州人后，过不上三代，就也成了杭州人了，于是剃头者人亦剃其头，几十年后，仍复要被新的征服者来征服。照例类推，一年一年的下去。现在残存在杭州的固有杭州老百姓，计算起来，怕已经不上十个指头了。

人家说这是因为杭州的山水太秀丽了的缘故。西湖就像是一位"二八佳人体似酥"的狐狸精,所以杭州决出不出好子弟来。这话哩,当然也含有着几分真理。可是日本的山水,秀丽处远在杭州之上;瑞士我不晓得,意大利的风景画片我们总也时常看见的吧,何以外国人都可以不受着地理的限制,独有杭州人会陷入这一个绝境去的呢?想来想去,我想总还是教育的不好。杭州的家庭教育,社会教育,学校教育,总非要彻底的改革一下不可。

其次是该讲杭州的风俗了。岁时习俗,显露在外表的年中行事,大致是与江南各省相通的;不过在杭州像婚丧喜庆等事,更加要铺张一点而已。关于这一方面,同治年间有一位钱塘的范月桥氏,曾做过一册《杭俗遗风》,写得比较详细,不过现在的杭州风俗,细看起来,还是同南宋吴自牧在《梦粱录》里所说的差仿不多,因为杭州人根本还是由那个时候传下来,在那个时候改组过的人。都会文化的影响,实在真大不过。

一年四季,杭州人所忙的,除了生死两件大事之外,差不多全是为了空的仪式;就是婚丧生死,一大半也重在仪式。丧事人家可以出钱去雇人来哭。喜事人家也有专门说好话的人雇在那里借讨彩头。祭天地,祀祖宗,拜鬼神等等,无非是为了一个架子,甚至于四时的游逛,都列在仪式之内,到

东南形胜,三吴都会,钱塘自古繁华

了时候,若不去一定的地方走一遭,仿佛是犯了什么大罪,生怕被人家看不起似的。所以明朝的高濂,做了一部《四时幽赏录》,把杭州人在四季中所应做的闲事,详细列叙了出来。现在我只教把这四时幽赏的简目,略抄一下,大家就可以晓得吴自牧所说的"临安风俗,四时奢侈,赏观殆无虚日"的话的不错了。

刘士林
中国风——江南文化系列丛书

一、春时幽赏：孤山月下看梅花，八卦田看菜花，虎跑泉试新茶，西溪楼啖煨笋，保俶塔看晓山，苏堤看桃花，等等。

二、夏时幽赏：苏堤看新绿，三生石谈月，飞来洞避暑，湖心亭采莼，等等。

三、秋时幽赏：满家弄赏桂花，胜果寺望月，水乐洞雨后听泉，六和塔夜玩风潮，等等。

四、冬时幽赏：三茅山顶望江天雪霁，西溪道中玩雪，雪后镇海楼观晚炊，除夕登吴山看松盆，等等。

将杭州人的坏处，约略在上面说了之后，我却终觉不得不对杭州的山水，再来一两句简单的批评。西湖的山水，若当盆景来看，好处也未始没有，就是在它的比盆景稍大一点的地方。若要在西湖近处看山的话，那你非要上留下向西向南再走二三十里路不行。从余杭的小和山走到了午潮山顶，你向四面一看，就有点可以看出浙西山脉的大势来了。天晴的时候，西北你能够看得见天目，南面脚下的横流一线，东下海门，就是钱塘江的出口，龛赭二山，小得来像天文镜里的游星。若嫌时间太费，脚力不继的话，那至少你也该坐车下江干，过范村，上五云山头去看看隔岸的越山，与钱塘江上游的不断的峰峦。况且五云山足，西下是云栖，竹木清幽；地方实在还可以。从五云山向北若沿郎当岭而下天竺，在岭脊你就可以看到西岭下梅家坞的别有天地，与东岭下西湖全面的镜样的湖光。

若要再近一点，来玩西湖，我觉得南山终胜于北山，凤凰山胜果寺的荒凉远大，比起灵隐、葛岭来，终觉回味要浓厚一点。

还有北面秦亭山法华山下的西溪一带呢，如花坞秋雪庵、茭芦庵等处，散疏雅逸之致，原是有的，可是不懂得南画，不懂得王维、韦应物的诗意的人，即使去看了，也是毫无所得的。

离西湖十余里，在拱宸桥的东首，

沈燧 《东坡先生品砚图》

地当杭州的东北,也有一簇山脉汇聚在那里。俗称"半山"的皋亭山,不过因近城市而最出名,讲到景致,则断不及稍东的黄鹤峰,与偏北的超山。况且超山下的居民,以植果木为业,旧历二月初,正月底边的大明堂外(吴昌硕的坟旁)的梅花,真是一个奇观,俗称"香雪海"的这个名字,觉得一点儿也不错。

此外还有关于杭州的饮食起居的话,我不是做西湖旅行指南的人,在此地只好不说了。

清代扬州版画《卖花》

烟花三月下扬州
叶灵凤

有一年的春天,我同全平应洪为法之邀,到扬州去玩。我们从上海乘火车到镇江,摆渡过江到瓜洲,再乘公共汽车到扬州。那时正是莺飞草长的三月天气,"春风十里扬州路,卷上珠帘总不如",一路坐在车中,油绿的郊原不停地从车窗外飞过,不曾进城,我已经心醉了。

那时洪为法正在第五师范教书,热心写作,写诗也写小说。"沫若哥哥,沫若哥哥",他同郭老的许多通信,曾经发表在当时的《创造周报》和《创造日》上。后来创造社出版部成立,《洪水》创刊,他同我们的书信往还也繁密起来,可是彼此一直不曾见过面,这时他便一再写信来邀我们到扬州去玩几天。恰巧我这时在美术学校已经读到最后一年,要缴毕业制作,便决定趁这机会到扬州去作旅行写生,实在一举两得。因此,那次"烟花三月下扬州",我并不曾"腰缠十万贯",却是背了画架画箱去的。

全平因为事忙,同洪为法见了面,在"香影廊"喝了一次茶,游了一下瘦西湖,就在第二天又返回上海去了,我则一人在扬州住了将近十天左右。

本来,我在镇江住过几年,对于一江之隔的扬州,两三星火,望是久已望见了,可是始终不曾有机会去过。这

淮左名都，竹西佳处，解鞍少驻初程

时住在上海，反而远道经过镇江再过扬州去，想到人生的际遇真是难以预料，心中不免有了许多感慨。

扬州是一个具有悠久浓厚的我国古老文化传统的地方。可是即使在三十年代，当我们第一次去时，盐商的黄金时代早已是历史上的陈迹，一代繁华，仅余柳烟，社会经济的凋敝，已经使得扬州到处流露了破落户的光景。我晒着午后微暖的阳光，踏着青石板的街道，背着画架，到西门外写生时，沿街那些人家的妇女，往往两代三代一起，坐在门口糊火柴盒，可知衰落的暗影已经笼罩着这个城市了。

扬州当时的土产，除了酱菜和化妆品以外，还有漆器，这是一般人少知道的。洪为法领了我到街上去逛，有一条街一连有许多家漆器店，所制的文房用具和小摆设都十分精致，当时使我见了十分诧异，因为一向只知道福州以漆器著名，从不知道扬州也出产漆器的。我买了一只嵌螺甸的黑漆小盒，可以放书案上的零物，一直用了十多年还不曾坏。

最近读报，知道扬州地下发现了许多古代漆器，都是楚国文化遗物，原来扬州的漆器生产已经有这样悠久的历史了。

瘦西湖在扬州西门外。我到扬州的目的，除了拜访洪为法之外，另一目的就是作画，因此，在那十多天之中，差不多每天背了画架，独自步出西门，到瘦西湖上去写生。

那时的瘦西湖上，五亭桥、小金

山、白塔诸胜，由于年久失修，显得有点零落之感。沿湖的一些园林，又被白宝山徐老虎之流的小军阀和土豪恶霸占去了，一般游客休想随便闯得进去，只有沿岸的垂柳和芦苇，那一派荡漾的春光是不用钱买的，因此，我总是在西门的桥下雇一只小船，叫他沿湖缓缓的划，一直划到平山堂，然后弃船上岸去写生，同时同船家约好，在夕阳西下之际，到原处来接我回去。

有一天，不知怎样，船家竟失约不来。我在平山堂山冈的岸边等了又等，松树上归巢的喜鹊乱叫，仍不见有小船来，眼看暮色四垂了，只好赶紧沿湖步行回城。好在那时年纪轻，腰脚健，走几里路实在不算一回事，反而藉此欣赏了一次薄暮中的瘦西湖。

在整个瘦西湖上，除了沿岸的芦丛垂柳，那种草木明瑟的风光之外，当时最令我流连的是平山堂的景色。那

傅御史 《琼花图》

一带布满松林的山冈，仿佛已经是瘦西湖的尽头。高建在山冈上的平山堂，前面有一座大坪台，可以凭栏眺望瘦西湖时宽时狭的湖面。

山冈并不高，但是形势非常好，"竹床跣足虚堂上，卧看江南雨后山"，平山堂确是有这样的一种好处。

扬州在旧时不愧是一个风雅的地方。当时虽然已经破落了，但是也破落得毫不俗气。湖上有乞丐，在岸边追着船上的游客要钱，但他们并不口口声声的"老爷太太，少爷小姐"，而是用一根长竹竿系着一个白布兜，仿佛生物学家捉蝴蝶所用的那样，从岸上一直伸到你的船边，口中随意朗诵着千家诗里的绝句："两个黄鹂鸣翠柳，一行白鹭上青天……"除非你自命是一个俗物，否则对着这样风流的乞丐，你是无法不破钞的。

有一次，我同洪为法一起坐在瘦西湖边上那家有名的茶馆"香影廊"喝茶，有一个乞丐大约看出我是一个从外地来的"翩翩少年"，竟然念出了杜甫赠李龟年的那首绝句："……正是江南好风景，落花时节又逢君。"喜得洪为法拍手叫绝，连忙给了他两角小洋。

平山堂所在地的那座山冈，古称蜀冈。据近人考证，明末有名的大画家石涛，晚年寄寓扬州，运用画理为人

家园林叠石，死后就葬在蜀冈之麓，在平山堂之后，可惜现在已经湮没，找不到了。

近年国内有消息，说自古闻名的扬州琼花，绝迹已久，现在又被人发现了一株，发现的地点也在平山堂，可见在瘦西湖的名胜之中，这实在是一个重点。在平山堂的后面，有一片洼地，像是山谷，又像是沼泽，四周有大树环绕，景致特别幽静。山鸟啼一声，也会在四周引出回响。我看得着了迷，摆下了画架要想画。可是这是诗的境界，哪里画得出？我便坐在三脚帆布小凳上出神，直到脚底下给水浸湿了才起身，始终无法落笔，然而那一派幽静的景色至今仍不曾忘记。

隋炀帝开凿运河到扬州来看琼花的故事，流传已久。可是据明人的考据，琼花到宋代才著名，因此，隋炀帝是否曾到扬州看过琼花，大有疑问。宋人笔记《齐东野语》说：

扬州后土祠琼花，天下无二本，绝类聚八仙，色微黄而有香。仁宗庆历中，尝分植禁苑，明年辄枯，遂复载还祠中，敷荣如故。淳熙中寿王亦尝移植南内，逾年，憔悴无花，仍送还之。其后宦者陈源，命园丁取孙枝移接聚八仙根上，遂活。然其香色则大减矣。今后土之花已薪，而人间所有者，特当

时接木，仿佛似之耳。

据此，后土祠的真本琼花，在宋朝就已经绝了迹，后人所见，全是由聚八仙接种而成，所以，一般人都将琼花与聚八仙合而为一。郑兴裔有《琼花辨》，言之甚详。不过，缺乏实物作证，即使是聚八仙，也已经很少见。

近人邓之诚的《骨董琐记》，引《续夷坚志》，说陕西长安附近的户县，也有一株真琼花。原文云：

户县西南十里曰炭谷，入谷五里，有琼花树。树大四人合抱，逢闰开花。初伏开，末伏乃尽，花白如玉，攒开如聚八仙状。中有玉蝴蝶一，高出花上。花落不着地，乘空而起。乱后为兵所砍去。

那么，即使真有，现在已同样不存在了。

琼花既是木本植物，最近在平山堂发现的那一株，在我流连在那里的时候，应该早已存在，可惜当时年少，不曾留意到这样的问题。不说别的，我当时在扬州玩了十多天，只知道流连在瘦西湖上，连梅花岭史公祠也不曾去拜谒过一次。虽然那时我已经读过《扬州十日记》，却交臂失之。现在想来，真有点令我惭愧而且懊悔了。

说绍兴

陈从周

一帘春雨隔余寒,犹有幽情写楚兰;
点出芳心谁得似,怜他和泪倚雕栏。

十多年前在"困难"时期,我的几盆兰花早不知去向了,兰花也不画了,因为是用墨画,颜色是黑的,犯禁了,但积习未消,偷偷地还在舒叶点花,画毕自看还自惜。问花到底赠何人,朋友也不敢要,我更无胆送人,题了这么一首诗。如今我那本诗词集《山湖处处》,最近由浙江人民出版社出版了,午倦梦回,翻到了这几句,引起了我思兰的幽情,那最依恋的,要算我家乡的越兰了。叶圣陶老先生在我画的兰上,题过两句"忽忆往事坊巷里,绍兴音唤卖兰花"。的确,叶老是苏州人,当时卖兰花的都是绍兴人,挑了担跑遍全国,甚至要到海外。以很廉的价格,予人以无限幽香,窗前案上有此一丛,雅香馨芬之气,是世界上其他花所不及的,兰为国香,并非无因。当年王羲之的那篇《兰亭集序》如果不在绍兴写,恐怕也不能成为千古佳作。淡是无涯色有涯,兰花无色,而色最艳。兰花香洁,而飘最远,仿佛一个高人,具有脱俗的气概。昆曲比作兰花,在雅与淡这个特性上,确是相宜的。

兰花有性格,叶韧而花香,有些

像绍兴人。绍兴文风至盛,历史上出了那么多的文人、书画家,而脾气呢?却朴实坚强,不太好对付,如兰花的叶

丁云鹏 《漉酒图》

刘士林　中国风——江南文化系列丛书

子，使劲拉也拉不断。也可说植物也能熏陶影响民性、民情了。宜乎人称绍兴为兰乡。

"柔橹一声舟自远，家家载得醉人归。""日午闻香桥下过，村人贻我酒颜红。"绍兴人家过去家家造酒，连生个女儿也要特制酒，准备出阁时用，称为"女儿红"，过去家藏陈酒不以为是一件事。建筑大师贝聿铭先生最近接受同济大学名誉教授，因为他后年七十大寿，我送他两瓶六十年陈酒，那种喜形于色的"痴"态，实在可入画了。他久居海外，但醉心绍兴酒，可知绍兴酒迷人之深也。杜牧《阿房宫赋》上写到的"五步一楼，十步一阁"，如果将其移用来描写绍兴酒家，那实在太妥帖了。绍兴人饮酒，可说是品酒，闲适、自在，五香豆、豆腐干，自由自在，谈笑风生，恢复一天疲劳，彼此交流信息，无边无际，乐在其中，宜乎阿Q虽穷，也不能离开它呢！绍兴酒店，设备很简单，几张板桌，板凳，甚至于立着也可饮，站在柜台旁称为吃柜台酒。但是烫（热）酒，却大有功夫，过热酒性走，过冷不能上口，一定要用串筒水烫，这才是老绍兴做法。过去称花雕（坛外画花的）、陈陈、竹叶青、女儿红，如今花雕这个名称改为"加饭"，似乎不够高雅了。因为花雕这个花字多少能使人联想到兰花，兰香酒

绍兴沈园凉亭

香,交映成趣呢!

绍兴人似乎是几分吝啬气的,但客来饮酒,从不计较,主客慢慢地品尝,很斯文,没有西洋人饮酒的那种海饮情调,正如中国人欣赏风景园林一样,有着悠然自乐的风度。而且向晚归家,多少已在小酒店中乐胃过一番,因此我上面写的几句小诗,正是为此情写照也。

绍兴是水乡,以舟代车,每到斜阳在山,人影散乱,渔舟唱晚,船头小饮,各极其态,"此身从不梦长安",毫无官瘾,沉醉在醉乡之中,此景唯越人得之。绍兴之有名酒,与越水难分,越水清而纯,泉香酒冽,古之明言也。

绍兴石桥,千姿百态,数量之多委实惊人。近年来我编著《绍兴石桥》一书,进行了较全面的调查,才知道在四千座以上。洋洋乎大观哉,怎样不可称为桥乡呢?"姿容留得千秋貌,未把河梁一样形。"桥形式固多,其点缀而成水乡景物者在乎此。水乡总是赖桥名,水乡如果没有桥,那什么好景也形成不了呢。桥洞正如画框,有圆有方,它与桥的高低横直起作巧妙的构图,远山近水烘托得那样调和。我曾说过,江南的特色是软风柔波。去过绍兴的人,在感情上,必留下这种难以磨灭的印象。因此绍兴风光,可说是桥的风光,平地、山区、市坊、名胜,

以至前街后巷,无处不是桥。"粉墙风动竹,水巷小桥通。"水巷在绍兴很普遍,巷中行船,十分方便。绍兴人对于船的理解,真是无船不能行。那小船有如自行车,男女老少,个个能使用,"临流呼棹双双去,红柿盈筐入暮秋。"生活在城市中的人,谁能不羡慕这种水乡生活呢?

水离不了桥,桥又是因水而产生,两者相依为命,越水清,越山秀,水又离不了山,古人说山阴道上,亦就是山与水所构成的越中山水特色。越水弥漫,平静如镜,故有明镜湖,而小流萦回,自成村落,是处人家。柳下枕桥,晓露濛濛,莺啭林梢,无水不成景也。

绍兴因为多水,且多石山,历代因开山而形成了许多石景,而石景又必须有水方成,最著名的当然首推东湖了。东湖可称为石景水盆景,嶙峋峻峭,深渊平波,"虽由人作,宛自天开",奇险处往往令人叫绝,深佩越人之能因地制宜,因石成景,因水成趣也。于今教人悟到风景之成,不能就山论山,就水论水,要留心主题外的周遭任何东西。我最爱水边桥下的酒坛坛影,斑驳分明,整然有序,是最空灵的图案画。绍兴水乡之成,其与兰乡、醉乡、桥乡不可分割。故可谓四美具了,我曾经说过:"水本无形,因岸成之",那么如今在绍兴水乡景物的启发下,水

真是千变万化，它的千变万化，不在本身，而在环境。爱护水乡，亦就是说爱护形成水乡景物的一切，那才是使人会变得聪敏一些了。

一地有一地的"味"，这个"味"，都是极微妙而最逗人留恋难忘的感受。当然绍兴有绍兴味，而形成绍兴味，我看这与兰、醉、桥、水是分不开的。有形无形，虚实互生，恍惚迷离，且不说是仙境，但也是人间称得上美的地方，"应接不暇"，古人已先言之，兹文之作，聊抒兴会而已。

野　渡

柯灵

你可曾到过浙东的水村？——那是一种水晶似的境界。

村外照例傍着个明镜般的湖泊，一片烟波接着远天。跑进村子，广场上满张渔网，划船大串列队般泊在岸边。小河从容向全村各处流去，左右萦回，彩带似的打着花结，把一个村子分成许多岛屿。如果爬到山上去鸟瞰一下，恰像是田田的荷叶。——这种地理形势，乡间有个"荷叶地"的专门名词。从这片叶到那片叶，往来交通自非得借重桥梁了，但造了石桥，等于在荷叶上钉了铁链，难免破坏风水；因此满村架的都是活动的板桥，在较阔的河面，便利用船只过渡。

渡头或在崖边山脚，或在平畴野岸，邻近很少人家，系舟处却总有一所古陋的小屋临流独立。——是"揉渡"那必系路亭，是"摇渡"那就许是船夫的住所。

午后昼静时光，溶溶的河流催眠似的低吟浅唱，远处间或有些鸡声虫声。山脚边忽然传来一串俚歌，接着树林里闪现出一个人影，也许带着包裹雨伞，挑一点竹笼担子，且行且唱，到路亭里把东西一放，就蹲在渡头，向水里捞起系在船上的"揉渡"绳子，一把一把将那魁星斗似的四方渡船，从

渡船

对岸缓缓揉过,靠岸之后,从容取回物件,跳到船上,再拉着绳子连船带人曳向对岸。或者另一种"摆渡"所在,荒径之间,远远来了个外方行客,惯走江湖的人物,站在河边,扬起喉咙叫道:

"摆渡呀!"

四野悄然,把这声音衬出一点原始的寂寞。接着对岸不久就发出橹声,一只小船咿咿呀呀地摇过来了。

摇渡船的仿佛多是老人,白须白发在水上来去,看来极其潇洒,使人想到秋江的白鹭。他们是从年轻时就摆渡为生,还是老去的英雄,游遍江湖,破过运命的罗网,而终为时光所败北,遂不管晴雨风雪,终年来这河畔为世人渡引的呢?有一时机我曾谛视一个渡船老人的生活,而他却像是极其冷漠的人。

这老人有家,有比他年轻的妻,有儿子媳妇,全家就住在渡头的小庙里。生活虽未免简单,暮境似不算荒凉;但他除了满脸皱纹,还永远挂着严霜似的寒意。他平时少在船上,总是到有人叫渡时才上船。平常绝少说话,有时来个村中少年,性情急躁,叫声高昂迫促一点,下船时就得听老人喃喃的责骂。

老人生活所需,似乎由村中大族祠堂所供给,所以村人过渡的照例不必花钱。有些每天必得从渡头往返的,便到年终节尾,酬谢他一些米麦糕饼。客帮行脚小贩,却总不欠那份出门人的谦和礼数,到岸时含笑谢过,还掏出一二铜子,哐啷一声,丢到船肚,然后挑起担子,摇着鼓儿走去。老人也不答话,看看这边无人过渡,便又寂寞地把船摇回去了。

每天上午是渡头最热闹的时候,太阳刚升起不久,照着翠色的山崖和远岸,河上正散着氤氲的雾气,赶市的村人陆续结伴而来了,人多时俨然成为行列,让老人来来回回的将他们载向对岸;太阳将直时从市上回村,老人就又须忙着把他们接回。

一到午后,老人就大抵躲进小庙,或在庙前坐着默然吸他的旱烟,哲人似的许久望着远天和款款的流水。

天晚了,夕阳影里,又有三五人影移来,寂寞而空洞地叫道:

"摆渡呀!"

那大抵是从市上溜达了回来的闲人,到了船上,还刺刺地谈着小茶馆里听来的新闻,夹带着评长论短,讲到得意处,清脆的笑声便从水上飞起。但老人总是沉默着,咿咿呀呀地摇着他的渡船,仿佛不愿意听这些庸俗的世事。

一般渡头的光景,总使我十分动心。到路亭闲坐一刻,岸边徘徊一阵,看看那点简单的人事,觉得总不缺乏值得咀嚼的地方。老人的沉默使我喜欢，而他的冷漠却引起我的思索。岂以为去来两岸的河上生涯，未免过于拘束，遂令那一份渡引世人的庄严的工作，也觉得对他过于屈辱了吗？

水 乡 的 桥

陈从周

提起"江南水乡"，不由使人想到"户藏烟浦，家具画船"一些水乡景色，每当杏花春雨，秋水落霞，更令人依恋难忘了。这明秀柔美的江南风光，是与形式丰富多变的水上桥梁有所分不开的。它点缀了移步换影的景色，刻画了水乡的特征，同时又解决了交通问题。我们的祖先是如何地从功能与艺术两方面来处理了复杂的水乡

陈从周

交通，美化了村镇城市的面貌。

在水道纵横、平畴无际的苏南浙北地带，桥每每五步一登、十步一跨，触目皆是。在绿满江南的乡村中，一桥如带，水光山色，片帆轻橹，相映成趣。但在城镇中，桥又是织成水乡城镇的重要组成部分之一。每当舟临其境，必有市桥相迎，人经桥下，常于有意无意之中，望见古塔钟楼，与夹岸水阁人家，次第照眼了。数篙之后，又忽开朗，渐入柳暗花明的境界。

这些水乡的桥，因为处于水网地带，在建造时都是运用了"因地制宜"与"就地取材"的原则，在结构与外观上往往亦随之而异，例如在涓涓的水流上，仅需渡人，便点一二块"步石"，或置略高出水面的板梁，小桥枕水，萦回村居。在一般的河流上，大多架梁式桥，或拱桥，因河流的广狭及行船的多寡，又有一间（拱）、三间（拱）乃至五间（拱）的。上海青浦的放生桥，横跨漕港，是上海地区最大的石拱桥。江南水乡，河流纵横多支，为了适应这种情况，往往数桥相望，相互"借景"成趣；亦有在桥的平面上加以变化来解决这个矛盾，浙江绍兴宋宝祐四年（1256）建的八字桥，因为跨于三条河流的汇合处，根据实际需要，在平面与形式上有似"八"字。为便利行船背纤用的"挽道桥"，多数

江南水乡，自是离不开座座飞虹

是较长的，像苏州的宝带桥建于明正统七年至十一年（1442—1446），为联拱石桥。计孔五十三，其中最高三孔以通巨舟。这类长桥中，著名的还有吴江的垂虹桥（建于元泰定三年，1326年），而于绍兴尤为常见，长桥卧波，若长虹，似宝带，波光桥影，为水乡的绮丽更为增色。

桥的形式以拱桥变化最多，有弧拱、圆拱、半圆拱、尖拱、五边形拱、多边形拱等。青浦普济桥为宋咸淳元年（1265）建造，迄今已快七百年了，古朴低平，其拱券结构，不失为我国

桥梁发展中的重要物证。绍兴广宁桥为多边形拱桥，重建于明万历二年（1574），雄伟坚挺，桥心正对大善寺塔，为极好的水上"对景"。在建筑材料方面，不论梁式桥与拱桥，皆以石料为主，不过亦有少数砖木混合结构与木结构的。砖木混合结构桥，去冬在青浦发现一座元代桥梁，名为迎祥桥，可称是比较有代表性的，它巧妙地运用了石柱木梁及砖桥面，秀劲简洁，宛如近代桥梁。除了桥的本身外，尚有用附属建筑来丰富美化它，苏州横塘古渡的亭桥便是平添一景。宝带桥桥

边，还置小塔、石狮，桥堍又建石亭，使修直的桥身起了轻匀的节奏。

水乡的桥是那么丰富多彩，经过了漫长岁月的考验，到现在还发挥其作用，不论在艺术的造型上，风景的点缀上，都具有鲜明的民族风格，这是我国古代劳动人民的智慧与力量的结晶。如今，我国桥梁工作者正从这些宝贵的遗产中推陈出新，创造着不少既有民族传统，又适合今日功能的新型桥梁。

西湖船
丰子恺

二十年来，西湖船的形式变了四次，我小时在杭州读书，曾经傍着西湖住过五年。毕业后供职上海，春秋佳日也常来游。现在蛰居家乡，离杭很近，更常到杭州小住。因此我亲眼看见西湖船的逐渐变形。每次坐到船里，必有一番感想。但每次上了岸就忘记，不再提起。今天又坐了西湖船回来，心绪殊恶，就拿起笔来，把感想记录一下。西湖船的形式，二十年来变了四次，但是愈变愈坏。

西湖船的基本形式，是有白篷的两头尖的扁舟。这至今还是不变。常变的是船舱里的客人的座位。二十年前，西湖船的座位是一条藤穿的长方形木框。背后有同样藤穿的长方形木框，当作靠背。这些木框涂着赭黄的油漆，与船身为同色或同类色，分明地表出它是这船的装置的一部分。木框上的藤，穿成冰梅花纹样。每一小孔都通风，一望而知为软软的坐垫与靠背，因此坐下去心地是很好的。靠背对坐垫的角度，比九十度稍大——大约一百度。既不像旧式厅堂上的太师椅子那么竖得笔直，使人坐了腰痛；也不像醉翁椅子那么放得平坦，使人坐了起不身来。靠背的木框，像括弧般微微向内弯曲，恰好切合坐者的背部的曲线。因此坐下去身体是很舒服的。原来游玩这件事体，说它近于旅行，又不愿像旅行那么肯吃苦；说它类似休养，又不愿像休养那么贪懒惰。故西湖船的原始的(姑且以我所见为主，假定二十年前的为原始的)形式，我认为是最合格的游船形式。倘然座位再简陋，换了木板条，游人坐下去就嫌太吃力；倘然座位再舒服，索性换了醉翁椅，游人躺下去又嫌太萎靡，不适于观赏山水了。只有那种藤穿的木框，使游人坐下去软软的，靠上去又软软的，而身体姿势又像坐在普通凳子上一般，可以自由转侧，可以左顾右盼。何况他们的形状，质料与颜色，又与船的全部十分调和，先给游人以恰好的心情呢！二十年前，当我正在求学的时候，西湖里的船统是这种形式的。

早春晚秋,船价很便宜,学生的经济力也颇能胜任。每逢星期日,出三四毛钱雇一只船,载着二三同学,数册书,一壶茶,几包花生米与几个馒头,便可优游湖中,尽一日之长。尤其是那时候的摇船人,生活很充裕,样子很写意,一面打桨,一面还有心情对我们闲谈自己的家庭,西湖的掌故,以及种种笑话。此情此景,现在回想了不但可以神往,还可以凭着追忆而写几幅画,吟几首诗呢。因为那种船的座位好,坐船人的姿势也好;摇船人写意,坐船人更加写意,随时随地可以吟诗入画。"野航恰受两三人"。"恰受"两字的状态,在这种船上最充分地表出着。

我离杭后,某年春,到杭游西湖,忽然发现有许多船的座位变了形式。藤式木框被撤去,改用了长的藤椅子,后面也有靠背,两旁又有靠手,不过全体是藤编的。这种藤椅子,坐的地方比以前的加阔,靠背也比以前的加高,坐上去固然比以前的舒服,但在形式上,殊不及以前的好看。成了船身全是木的,椅子全是藤的,二者配合不甚调和。在人家屋里,木的几桌旁边也常配着藤椅子,并不觉得很不调和。这是屋与船情形不同之故。屋子的场面大,其所要求的统一不甚严格。船的局面小,一望在目,全体浑成一个单位。其样式与质料,当然要求严格的统一。故在广大的房间里,木的几桌旁边放了藤椅子,不觉得十分异样,但在小小的一叶扁舟中放了藤椅,望去似觉这是临时暂置性质的东西,对于船身毫无有机的关系。此外还有一种更大的不快:摇船人为了这两张藤椅子的设备费浩大,常向游客诉苦,希望多给船钱。有的自己告白:为了同业竞争厉害,不得已,当了衣服置备这两只藤椅的。我们回头一看,见他果然穿一件破旧的夹衣,当着料峭的东风,坐在船头上很狭窄的尖角里,为了我们的悦目赏心而劳动着。我们的衣

西湖的船

服与他的衣服，我们的座位与他的座位，我们的生活与他的生活，同在一叶扁舟之中，相距咫尺之间，两两对比之下，怎不令人心情不快？即使我们力能多给他船钱，这种不快已在游湖时生受了。当时我想：这种藤椅虽然表面光洁平广，使游客的身体感到舒服；但其质料样式缺乏统一性，使游客的眼睛感到不舒服；其来源由于营业竞争的压迫，使游客的心情感到更大的不快。得不偿失，西湖船从此变坏了！

其后某年春，我又到杭州游西湖。忽然看见许多西湖船的座位，又变了样式。前此的长藤椅已被撤去，改用了躺藤椅，其表面就同普通人家最常见的躺藤椅一样，这变化比前又进一步，即不但全变了椅的质料，又变了椅

丰子恺

的角度。坐船的人若想靠背，非得仰躺下来，把眼睛看着船篷。船篷看厌了，或是想同对面的人谈谈，须得两臂使个劲道，支撑起来，四周悬空地危坐着，让藤靠背像尾巴一般拖在后面。这料想是船家营业竞争愈趋厉害，于是苦心窥察游客贪舒服的心理而创制的。他们看见游湖来的富绅，贵客，公子，小姐，大都脚不着地，手不着物，一味贪图安逸。他们为营生起见，就委曲迎合这种游客的心理，索性在船里放两把躺藤椅，让他们在湖面上躺来躺去，像浮尸一般。我在这里看见了世纪末的痼疾的影迹：十九世纪末的颓废主义的精神，得了近代科学与物质文明的助力，在所谓文明人之间长养了一种贪闲好逸的风习。起居饮食用器什物，处处力求便利；名曰增加工作能率，暗中难免汩没了耐劳习苦的美德，而助长了贪闲好逸的恶习。西湖上自从那种用躺藤椅的游船出现之后，不拘它们在游湖的实用上何等不适宜，在游船的形式上何等不美观，世间自有许多人欢迎它们，使它们风行一时。这不是颓废精神的遗毒所使然吗？正当的游玩，是辛苦的慰安，是工作的预备。这决不是放逸，更不是养病。但那种西湖船载着仰天躺着的游客而来，我初见时认真当作载来的是一船病人呢。

最近某年春,我又到杭州游西湖,忽然看见许多西湖船的座位又变了形式。前此的藤躺椅已被撤去,改用了沙发。厚得"樵"的两块弹簧垫,有的装着雪白的或淡黄的布套;有的装着紫酱色的皮,皮面上划着斜方形的格子,好像头等火车中的座位。沙发这种东西,不必真坐,看看已够舒服之至了。但在健康人,也许真坐不及看看的舒服。它那脸皮半软半硬,对人迎合得十分周到,体贴得无微不至,有时使人肉麻。它那些弹簧能屈能伸,似抵抗又不抵抗,有时使人难过。这又好似一个陷阱,翻了进去一时爬不起来。故我只有十分疲劳或者生病的时候,懂得沙发的好处;若在健康时,我常觉得看别人坐比自己坐更舒服。但西湖船里装沙发,情形就与室内不同。在实用上说,当然是舒服的:坐上去感觉很温软,与西湖春景给人的感觉相一致。靠背的角度又不像躺藤椅那么大,坐着闲看闲谈也很自然。然而倘把西湖船当作一件工艺品而审察它的形式,这配合就不免唐突。因为这些船身还是旧式的,还是二十年前装藤穿木框的船身,只有座位的部分奇迹地换了新式的弹簧坐垫,使人看了发生"时代错误"之感。若以弹簧坐垫为标准,则船身的形式应该还要造得精密,材料应该还要选得细致,油漆应该还要配得美观,船篷应该还要张得整齐,摇船人的脸孔应该还要有血气,不应该如此憔悴;摇船人的衣服应该还要楚楚,不应该教他穿得像叫化子一般褴褛。我今天就坐了这样的一只西湖船回来,在船中起了上述的种种感想,上岸后不能忘却。现在就把它们记录在这里。总之西湖船的形式,二十年来,变了四次。但是愈变愈坏,变坏的主要原因,是游客的座位愈变愈舒服,愈变愈奢华;而船身愈变愈旧,摇船人的脸孔愈变愈憔悴,摇船人的衣服愈变愈褴褛。因此形成了许多不调和的可悲的现象,点缀在西湖的骀荡春光之下,明山秀水之中。

山 阴 山 水
（一）山阴道上
徐蔚南

一条修长的石路,右面尽是田亩,左面是一条清澈的小河。隔河是个村庄,村庄的背景是一联青翠的山冈。这条石路,原来就是所谓"山阴道上,应接不暇"的山阴道。诚然,"青的山,绿的水,花花世界"。我们在路上行时,望了东又要望西,苦了一双眼睛。道上很少行人,有时除了农夫自城中归来,简直没有别个人影了。我们正爱那清冷,一月里总来这道上散步二三次。道上有个路亭,我们每次走到路亭里，必定坐下来休息一会。路亭底两壁墙上，常有人写着许多粗俗不通的文句，令人看了发笑。我们穿过路亭，再往前走，走到一座石桥边，才停步，不再往前走了，我们去坐在桥栏上了望四周的野景。

桥下的河水，尤清洁可鉴。它那喃喃的流动声，似在低诉那宇宙底永久秘密。

下午，一片斜晖，映照河面，犹如将河水镀了一层黄金。一群白鸭聚成三角形，最魁梧的一头做向导，最后是一排瘦瘠的，在那镀金的水波上向前游去。河水被鸭子分成二路，无数软弱的波纹向左右展开，展开，展开，展到河边的小草里，展到河边的石子上，展到河边的泥里。……

我们在桥栏上这样注视着河水底流动，心中便充满了一种喜悦。但是这种喜悦只有唇上的微笑，轻匀的呼吸，与和善的目光能表现得出。我还记得那一天。当时我和他两人看了这幅天然的妙画，我们俩默然相视了一会，似乎我们底心灵已在一起，已互相了解，我们底友谊已无须用言语解释，——更何必用言语来解释呢？

远地里的山冈，不似早春时候尽被白漫漫的云雾罩着了，巍然接连着站在四围，青青地闪出一种很散漫的薄光来。山腰里的寥落松柏也似乎看

得清楚了。桥左旁的山底形式，又自不同，独立在那边，黄色里泛出青绿来，不过山上没有一株树木，似乎太单调了；山麓下却有无数的竹林和丛薮。

离桥头右端三四丈处，也有一座小山，只有三四丈高，山巅上纵横都有四五丈，方方的有如一个露天的戏台，上面铺着短短的碧草。我们每登上了这山顶，便如到了自由国土一般，将镇日幽闭在胸间的游戏性质，尽情发泄出来。我们毫没有一点害羞，毫没有一点畏惧，我们尽我们底力量，唱起歌来，做起戏来，我们大笑，我们高叫。啊！多么活泼，多么快乐！几日来积聚的烦闷完全消尽了。玩得疲乏了，我们便在地上坐下来，卧下来，观着那青空里的白云。白云确有使人欣赏的价值，一团一团地如棉花，一卷一卷地如波涛，连山一般地拥在那儿，野兽一般地站在这边：万千状态，无奇不有。这一幅最神秘最美丽最复杂的画片，只有睁开我们底心灵的眼睛来，才能看出其间的意义和幽妙。

太阳落山了，它的分外红的强光从树梢头喷射出来，将白云染成血色，将青山也染成血色。在这血色中，它渐渐向山后落下，忽而变成一个红球，浮在山腰里。这是它底光已不耀眼了，山也暗淡了，云也暗淡了，树也暗淡了，——这红球原来是太阳底影子。

苍茫暮色里，有几点星火在那边闪动，这是城中电灯放光了。我们不得不匆匆回去。

（二）山阴水上
陈从周

近几年来我因为编撰《绍兴石桥》一书，来往山阴水上已不知多少次。古人说："山阴道上，应接不暇。"而我如今说是在水上，那岂不是唱反调了吗？原来古人越中是舟游的，一叶徐来，双桨轻漾，不像今天汽车扬尘，过眼行云，什么越山之秀，越水之清，连稍事盘桓、略作周旋的时间也没有，我只好暂叫它道上，与水上分明有今古之别了。

绍兴是个古城，又是水乡城市，如何体现是水乡，水当然是主体，但组成水乡的部分，还有各式各样的桥，临水人家，粉墙竹影以及远水近水，曲岸流沙，渔村蟹舍，片帆轻舟等等，这些交映成景，绘出了浅画成图的越中山水。我本越人，自然会更加流露出乡土感情，也许体会比别人多些，曾信手写过这样一首小词：

似睡群山入暮冬，
扁舟来往从容，
乍疑无路却相逢，

看尽鹅黄嫩绿，都是江南旧相识（龚修森摄）

粉墙风动竹，
水巷小桥通。

潋滟波光长作态，
鱼龙唼影其中，
江湖老去乐归篷，
乡音犹未改，
雪菜味无穷。（《临江仙》）

绍兴的雪菜又名雪里红，用来生吃也好，炒吃也好，真是其美难言。每次乡游都要尝它一下，带点回上海。全家在围炉细嚼时，便是我谈绍兴风光的最好助兴品。

绍乡真是名副其实的水乡，家家置船，人人操舟，小孩子五六岁便能上船做动作了，正如城市中小孩学骑自行车那样，已是习以为常了。船有乌篷船、划子等。操舟有用手摇、手划，更有举世无双的脚划，男女老少无不咸宜，我看乡村中的居民，运用小舟比我们骑自行车还方便。我们久居大城市的人看来，真是羡慕啊！我常常怪来到绍兴旅游的人们，为什么不去真正享受一下水乡的情味呢？这不能错怪他们，多少也要埋怨搞旅游的同志们太现代化了。将"旅速游慢"这个基本概念没弄清。

我曾经说过，山不在高，贵有层次；水不在深，贵在湾环。我从鉴湖经

过陆放翁隐居过的快阁，转入九岩，曲水一回环，其间景观是由平水远山，荡入清溪危岸之中，嶙峋的山石，漫山的翠竹，显影在澄澈晶莹的水面，是一卷溪山无尽图手卷，人斜依船舷，有时游鱼会向你逗欢，我过去对"陶醉"两字，至此自认有些体会不够，这样的醉人景色，确是使人忘世忘机。但一忽儿想起明天又要回到满眼烟尘的上海去，不觉沉默了。然而今天大家又都留恋着大城市，这又是为了什么？一个人年龄一天大一天，可能逐步会得理解："小城春色"不是诗一般的美丽吗？

物质的享受与自然的享受，本来是统一的，古代的城市选址，没有不考虑山水"借景"，我们多少中小城市都具备了这个条件。无锡的惠山，扬州的瘦西湖，肇庆的七星岩，杭州的西湖等等。而绍兴城的"山阴水上"更为突出，从《兰亭集序》到《越中山水记》等，早已是引人入胜，先贤在前，也不必我再多说了。

江南的冬景
郁达夫

凡在北国过过冬天的人，总都知道围炉煮茗，或吃涮羊肉，剥花生米，饮白干的滋味。而有地炉，暖炕等设备的人家，不管它门外面是雪深几尺，或风大若雷，而躲在屋里过活的两三

个月的生活，却是一年之中最有劲的一段蛰居异境；老年人不必说，就是顶喜欢活动的小孩子们，总也是个个在怀恋的，因为当这中间，有的萝卜、雅儿梨等水果的闲食，还有大年夜、正月初一、元宵等热闹的节期。

但在江南，可又不同；冬至过后，大江以南的树叶，也不至于脱尽。寒风——西北风——间或吹来，至多也不过冷了一日两日。到得灰云扫尽，落叶满街，晨霜白得像黑女脸上的脂粉似的清早，太阳一上屋檐，鸟雀便又在吱叫，泥地里便又放出水蒸气来，老翁小孩就又可以上门前的隙地里去坐着曝背谈天，营屋外的生涯了；这一种江南的冬景，岂不也可爱得很么？

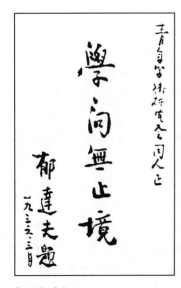

郁达夫手迹

我生长江南，儿时所受的江南冬日的印象，铭刻特深；虽则渐入中年，又爱上了晚秋，以为秋天正是读读书，写写字的人的最惠节季，但对于江南的冬景，总觉得是可以抵得过北方夏夜的一种特殊情调，说得摩登些，便是一种明朗的情调。

我也曾到过闽粤，在那里过冬天，和暖原极和暖，有时候到了阴历的年边，说不定还不得不拿出纱衫来着；走过野人的篱落，更还看得见许多杂七杂八的秋花！一番阵雨雷鸣过后，凉冷一点，至多也只好换上一件夹衣，在闽粤之间，皮袍棉袄是绝对用不着的；这一种极南的气候异状，并不是我所说的江南的冬景，只能叫它作南国的长春，是春或秋的延长。

江南的地质丰腴而润泽，所以含得住热气，养得住植物；因而长江一带，芦花可以到冬至而不败，红叶亦有时候会保持得三个月以上的生命。像钱塘江两岸的乌桕树，则红叶落后，还有雪白的桕子着在枝头，一点一丛，用照相机照将出来，可以乱梅花之真。草色顶多成了赭色，根边总带点绿意，非但野火烧不尽，就是寒风也吹不倒的。若遇到风和日暖的午后，你一个人肯上冬郊去走走，则青天碧落之下，你不但感不到岁时的肃杀，并且还可以饱觉着一种莫名其妙的含蓄在那里

苏州拙政园冬景

的生气；"若是冬天来了，春天也总马上会来"的诗人的名句，只有在江南的山野里，最容易体会得出。

说起了寒郊的散步，实在是江南的冬日，所给与江南居住者的一种特异的恩惠；在北方的冰天雪地里生长的人，是终他的一生，也决不会有享受这一种清福的机会的。我不知道德国的冬天，比起我们江浙来如何，但从许多作家的喜欢以Spaziergang一字来做他们的创造题目的一点看来，大约是德国南部地方，四季的变迁，总也和我们的江南差仿不多。譬如说十九世纪的那位乡土诗人洛在格（Peter Rosegger 1843—1918）罢，他用这一个"散步"做题目的文章尤其写得多，而所写的情形，却又是大半可以拿到中国江浙的山区地方来适用的。

江南河港交流，且又地滨大海，湖沼特多，故空气里时含水分；到得冬天，不时也会下着微雨，而这微雨寒村里的冬霖景象，又是一种说不出的悠闲境界。你试想想，秋收过后，河流边三五家人家会聚在一道的一个小村子里,门对长桥,窗临远阜,这中间又多是树枝槎丫的杂木树林;在这一幅冬日农村的图上,再洒上一层细得同粉也似的白雨,加上一层淡得几不成墨的背景,你说还够不够悠闲? 若再要点些景致进去,则门前可以泊一只乌篷小船,茅屋里可以添几个喧哗的酒客,天垂暮了,还可以加一味红黄,在茅屋窗中画上一圈暗示着灯光的月晕。人到了这一个境界,自然会得胸襟洒脱起来,终至于得失俱亡,死生不问了;我们总该还记得唐朝那位诗人做的"暮雨潇潇江上村"的一首绝句罢? 诗人到此,连对绿林豪客都客气起来了,这不是江南冬景的迷人又是什么?

一提到雨,也就必然的要想到雪:"晚来天欲雪,能饮一杯无?"自然是江南日暮的雪景。"寒沙梅影路,微雪酒香村",则雪月梅的冬宵三友,会合在一道,在调戏酒姑娘了。"柴门村犬吠,风雪夜归人",是江南雪夜,更深人静后的景况。"前树深雪里,昨夜一枝开。"又到了第二天的早晨,和狗一样喜欢弄雪的村童来报告村景了。诗人的诗句,也许不尽是在江南所写,而做这几句诗的诗人,也许不尽是江南人,但假了这几句诗来描写江南的雪景,岂不直截了当,比我这一枝愚劣的笔所写的散文更美丽得多?

有几年,在江南也许会没有雨没有雪的过一个冬,到了春间阴历的正月底或二月初再冷一冷下一点春雪的;去年(一九三四)的冬天是如此,今年的冬天恐怕也不得不然,以节气推算起来,大约大冷的日子,将在一九三六年的二月尽头,最多也总不过是七八天的样子。像这样的冬天,乡下人叫作旱冬,对于麦的收成或者好些,但是人口却要受到损伤;旱得久了,白喉、流行性感冒等疾病自然容易上身,可是想恣意享受江南的冬景的人,在这一种冬天,倒只会得感到快活一点,因为晴和的日子多了,上郊外去闲步逍遥的机会自然也多;日本人叫作Hikeng,德国人叫作Spaziergang狂者,所最欢迎的也就是这样的冬天。

窗外的天气晴朗得像晚秋一样;晴空的高爽,日光的洋溢,引诱得使你在房间里坐不住,空言不如实践,这一种无聊的杂文,我也不再想写下去了,还是拿起手杖,搁下纸笔,上湖上散散步罢!

叁 在神圣之夜走过大地

海德格尔非常推崇荷尔德林的这样两句诗:

他们像酒神的祭司,

在神圣之夜走过大地。

以为它们道出了诗人在现代世界中的真实天命。

而在中国的张岱则有著名的"夜航船"的典故。它们相同之处都是在夜晚的精神活动，所不同的是，夜航船上的谈论更加审美化，"赋诗饮酒谈方技，听曲弹棋观异书"，是一种更接近于日常生活本身的诗性智慧。尽管知识比赛的失败者，也有伸脚与缩脚的区别，但那也纯是为了让生命的血肉之躯更加舒服一些。在夜航船上的知识竞赛，还可以看出古代南北读书人的差别。北方人基本上都是发愤读书的，它的两个特点一是读书报国，二是自身富贵。这些尽管也不能算错，但生命本身因此而过于紧张和艰深则是无疑的。而在江南

张岱像

则不同，大约是经济条件比较好的缘故，所以读书更类似于一种游戏的项目。在《儒林外史》中有一个细节，说读书纯粹是为了"破破俗"，就可以见出这一点。也许正是在这样一种文化氛围中，才哺育出连担粪的挑夫都懂得去栖霞山上看夕照，——这在北方只有高雅的士大夫才会予以关注的大自然的形式美。当然，这些精神境界很高的挑夫也一去不复返了。而在依然漫长而无聊的当代生命旅行中，由于缺少了夜航船上的谈论声，所以已很难看出这旅行与其他的自然运动或物理变化过程还有什么差别。也正是由于这个原因，夜航船上的声音与西方世界神圣之夜的夜行人，才有了一种沟通和对话的可能。它们都是诗性智慧的直系后裔，它们使暗夜中的世界与生命，在幽幽历史中显示出真实的面容。

在一些精神寂寞的夜晚里，我在想到同样在远方夜幕中的友人时，就会情不自禁地打开他们的书，一边读一边想他们在异地夜晚写作的情景，然后把自己带入一个远离了世俗的神圣之夜中。每当我在阅读时，就仿佛乘上一条只能负载二三人的夜航船，在时代的风雨中，向着一个已经逝去辉煌的古代文明之岸，默默地然而坚毅地前行着……

空见梅花似人影

洪亮

从小便熟读了这首《约客》：

黄梅时节家家雨，青草池塘处处蛙。
有约不来过夜半，闲敲棋子落灯花。

寂而不枯。

这大约也是"四灵诗"的总体风格。

赵师秀

方回说："四灵诗，赵紫芝为之冠。"

贺裳说："永嘉四灵，赵紫芝最为佼佼。"

紫芝是赵师秀的字，他又字灵秀，号天乐。"四灵"中，除翁卷（字续古、灵舒）是温州乐清人外，他与徐照（字道晖、灵晖，号山民）、徐玑（字致中、文渊，号灵渊）的籍贯，都为温州永嘉。

他系宋宗室，先世南渡时，徙居永嘉。他做过几任小官，对汴京的怀想，也只有偶发的几声喟叹：

"残风忽送吹营角，声引边愁不可听。"（《多景楼晚望》）

找得到的，还有一些断句："北望徒太息，归欤寻故园"、"听说边头事，时贤策在和"……

对于薄宦，也不感到快乐。印象深的，有这样一首七律：

乌纱巾上是黄尘，落日荒原更恐人。
竹里怪禽啼似鬼，道旁枯木祭为神。
亦知远役能添老，无奈高眠不救贫。
此地到城惟十里，明朝难得自由身。

这是赴筠州（今江西高安）推官，未至郡十里所作。明天上任，便失去"自由身"了，所以珍惜这"十里"，尽管途中气氛阴森。

还有送人诗"几于言事日，已作去朝心"，虽从唐人林宽"长因抗疏日，便作去朝心"借来，但也算表明一种处世态度吧。

《宋诗随笔》书影

他的诗，非但寂而不枯，甚至还有一股生机，令人赞叹。

尽管"病身飘零"，但"赁得民居"后却自得其乐，写出"笋从坏砌砖中出，山在邻家树上青"的名句。这方面例句不少：

"惟有爱花心未已，遍分黄菊插空瓶。"（《病起》）

"岩竹倒添秋水碧，渚莲平接夕阳红。"（《陈待制湖楼》）

"最怜隐者高眠地，日日春风是管弦。"（《孤山寒食》）

"羸病不能亲送别，梦魂先立渡头沙。"（《会宿再送子野》）

还可以举出一些，如"池成逢夜雨，篱坏出秋山"、"野水多于地，春山半是云"、"菊开嫌径小，荷尽觉池宽"、"或行或坐水边亭，处处春风户不扃"……

天乐天乐，不愧天乐。

正因为"无欲自然心似水，有营何止事如毛"，才可以自诩"鸟飞竹叶霜初下，人立梅花月正高"（《呈蒋、薛二友》）。

杜耒问诗于他，他答："但能饱吃梅花数斗，胸次玲珑，自能作诗。"

于是杜耒也留下了那首题为《寒夜》的名诗："寒夜客来茶当酒，竹炉汤沸火初红。寻常一样窗前月，才有梅花便不同。"

所以苏泂（名相苏颂之孙）才会推崇备至："为爱君诗清入骨，每常吟便学推敲。明知箧笥篇篇有，百度逢来百度抄。"

"四灵"不是没有报国之志，只因生逢衰世，政治险恶，仕途艰狭，才喜爱晚唐的贾岛、姚合那种清苦诗风与狭小诗境。正如赵师秀的自白："昔夸春径妍，今爱秋塘静。"

贾岛"尝为衲子，故枯寂气味，形之于诗句中"（胡仔语），师秀却少有此"枯寂气味"。

只是鬼使神差，赵与时在《宾退录》中载："吾族子紫芝亦尝赋一绝云：'数日秋风欺病夫，尽吹黄叶下庭芜。林疏放得遥山出，又被云遮一半无。'……选而卒。"

这大概是他最萧瑟的一首诗了。

传闻归传闻，其实还是他自己清醒。尽管"一片叶初落，数联诗已清"，最终还是"病多妨野兴，贫甚损诗情"的。

友人薛师石，在他墓前留下诗句："空见梅花似人影。"

徐玑

江湖漂泊，异乡异客，"永嘉四灵"与以后的"江湖诗派"，那种对友情的珍重,令七八百年以后的我,怅然动容。

徐玑曾写过一首《述梦寄赵紫芝》:

江水何滔滔,渡江相别离。
楫子客舍前,对子衣披披。
问子何所为?旅客未得归。
执手一悲唤,惊觉妻与儿。
起坐不得省,清风在帘帷。
平明出南门,将以语所知。
过子旧家处,寒花出疏篱。
萧萧黄叶多,袅袅归步迟。
子去不早还,何以慰我思?

思君情切,梦魂渡江而去,来到友

芥子园画传·老树土墙

人的客舍。两人互诉衷肠,言及伤心处,不觉"执手一悲唤,惊觉妻与儿"。再也难以入睡,索性平明来访友人旧居,面对疏篱寒花、萧萧黄叶,更增离别之痛。归步迟迟,只盼在外的师秀早日回来,以慰相思。

与师秀一样,他也只做过"微官"、"冷官",也写过一首不错的七律:

星明残照数峰晴,夜静惟闻水有声。
六月行人须早起,一天凉露湿衣轻。
宦情每向途中薄,诗句多于马上成。
故里诸公应念我,稻花香里计归程。

他多次提到"客怀随地改,诗思出门多"的道理,并留下不少佳作。

"断崖横路水潺潺,行到山根又上山。眼看别峰云雾起,不知身也在云间。"(《过九岭》)

"戛戛秋蝉响似筝,听蝉闲傍柳边行。小溪清水平如镜,一叶飞来细浪生。"(《秋行》之一)

"红叶枯梨一两株,翛然秋思满山居。诗怀自叹多尘土,不似秋来木叶疏。"(《秋行》之二)

这样看来,"宦情薄"(诗怀清)才能"诗思多",他那首七律的颈联,本应完整地读解。

于是在乡居,徐玑写下了压卷之作《新凉》:

刘士林

中国风——江南文化系列丛书

水满田畴稻叶齐，日光穿树晓烟低。
黄莺也爱新凉好，飞过青山影里啼。

还有一些值得一提的佳句：

"雨来山渐远，潮去水还清。"
"晓晴千树绿，新雨半池浑。"
"红日千峰晓，清霜几树丹。"
"秋风分手地，霜叶满江城。"
"寒水终朝碧，霜天向晚红。"
"夜来天地洁，惟是月华明。"
"荷花晴带粉，蒲叶晓凝珠。"
"野花开别岸，春色在行舟。"
"湖上明月夜，风露菊花时。"
"月生林欲晓，雨过夜如秋。"
"风急满江皆白浪，雨收何处不青山。"

"清得门如水，贫惟带有金。"那屡屡被人引用的名联，也出自他的《见杨诚斋》。

还记得他写过一首题名《梅》的七律，后四句为："幽深真似《离骚》句，枯健犹如贾岛诗。吟到月斜浑未已，萧萧鬓影有风吹。"

徐照

怀念师秀的徐玑，却不幸比师秀早逝。师秀有《哭徐玑》五首，惋惜道："……心夷语自秀，一洗世上陈。使其养以年，鲍谢焉足邻！"而打开师秀的《清苑斋诗集》，第一首便是《哀山民》，这是痛彻心扉的哀恸："哭君日无光，思君月照床。……忧心不能寐，无梦得相逢。……"

"四灵"之中，徐照最为他们的宗主、大儒叶适所嘉许。叶适写的《徐道晖墓志铭》，就不像赵师秀悼诗，而是理论的阐发："有诗数百，研思尤奇，皆横绝欹起，冰悬雪跨，使读者变踔慄栗，肯首吟叹不能已。然无异语，皆人

叶适像

所知也，人不能道尔。"

也许是绛云楼一场大火，使宋本《四灵诗集》残缺不全，我们难以将他的作品，与叶适的评论印证。

只知道他终身布衣，"嗜苦茗甚于饴蜜，手烹口啜无时"（叶适语）。卷首《送徐玑》确实"斫思尤奇"："一舸寒江上，梅花共别离。不来相送处，愁有独归时。……"

此外尚有一些佳句：

"流来天际水，截断世间尘。"（《题江心寺》）

"不念为生拙，偏思得句清。"（《归来》）

"千岭经雨后，一雁带秋来。"（《山中即事》）

"千年流不尽，六月地长寒。"（《石门瀑布》）

"四望空无地，孤舟若在天。"（《过鄱阳湖》）

"自怜为客久，谁忍送君行。"（《湘中别邓诙》）

"吉人天不佑，直道世难行。"（《哭翁诚之》）

"吟诗能愈疾，得酒自忘贫。"（《赠朱道士》）

"高情天外远，暑气竹间无。"（《喜翁卷至》）

"孤坐形生影，穷吟谷应声。"（《林中奉酬翁卷》）

"愁心如屋漏，点点不移踪。"（《自君之出矣》）

"丈夫力耕长忍饥，老妇勤织长无衣。"（《促促词》）

"且缓归舟知有月，不生酒兴为无钱。"（《同刘孝若野步》）

再"有句无篇"地下去，还能找到一些断句："去梦千峰远"、"枝脆经霜气"、"诗清不怨贫"、"贫惟诗送别"、"看山半是云"、"钟韵含霜气"、"身高去鸟平"、"巨浪贴天白"、"西风先向客衣飘"、"波水不摇楼影直"……

叶适推出了"四灵"，后来又悟到它的不足，用了"敛情约性，因狭出奇"作为总括。在"敛情约性"上，徐照的暮气是比较重的。

《芳兰轩诗集》卷末为《爱梅歌》，写得并不出色，且有残缺。但我们记住他在《题慧二梅图》中的好句："东君只付一家春。"

翁卷

与徐照一样，他也是一介布衣。但有几首绝句，可以传世：

"一夜满林星月白，亦无云气亦无雷。平明忽见溪流急，知是他山落雨来。"（《山雨》）

"绿遍山原白满川，子规声里雨如

王绂　《江山渔乐图卷》

烟。乡村四月闲人少，才了蚕桑又插田。"（《乡村四月》）

"一天秋色冷晴湾，无数峰峦远近间。闲上山来看野水，忽于水底见青山。"（《野望》）

眼界被困于"无数峰峦"之间，便想看一看"野水"，但又看见了"水底青山"，情绪也新鲜灵动起来。令人想起宋人许颉《彦周诗话》中"荆公爱看水中影"的佳评。也许岸上的景物太现实，太清晰，而水中之影则有一种缥缈之姿、梦幻之美吧。

"知分贫堪乐，无营梦亦清。"《野望》便是"无营梦亦清"的果实。

即便是摘句，他也高于二徐。

"秋来有新句，多半为黄花。"
"一片太湖水，远涵秋气空。"
"满寺是秋风，吹开黄菊丛。"
"石老苔为貌，松寒藓作衣。"
"树蝉经雨少，门柳望秋疏。"
"回首秋风路，闽山复几重。"
"花飞春已老，云散晚方晴。"
"夕阳波上寺，明月戍边楼。"

他的诗，比师秀略冷，但于"秋怀何处不凄清"中，"亦有新诗对雨成"（《秋怀》）。

自然，在《道上人房老梅》中，他也是"头白狂诗客，花时屡往回"的。

杨万里以空灵轻快的"晚唐异味"改变江西末流的僵化硬拙，自有其开辟草莱之功。"四灵"则紧随其后，主张"捐书以为诗"、忌用事而贵白描，重景联而轻意联，反对江西诗派的"资书以为诗"，造成了"厌傍江西篱落"的风气。正如叶适指出的，江西诗派虽"以杜甫为师"，"然格有高下，技有工拙，趣有浅深，材有大小"，所以不一定真学到什么，贾岛、姚合等人才气虽不大，却以"苦吟"名家。走贾、姚之路，只要下功夫，"因狭出奇"，庶几终可"有获"。（见《徐斯远文集序》）

"四灵"的出现，也是对理学诗的反拨。刘克庄评斥说："近世贵理学而贱诗，间有篇咏，率是语录讲义之押韵者耳。"（《吴恕斋诗稿跋》）针对"理学兴而诗律坏"，他认为"惟永嘉四灵复为言苦吟"（《林子敬诗序》）。

清人顾嗣立作了较为公允的归结："四灵以清苦为诗，一洗黄、陈之恶气象、狞面目。然间架太狭，学问太浅，更不如黄、陈有力矣。"（《寒厅诗话》）

忧时原是诗人职

洪亮

《宋诗鉴赏辞典》里收了翁卷的《哭徐山民》，颔联为"分明上天意，磨折苦吟人"。阐述者李壮鹰先生有一段很有意思的话："如果这个《哭徐山民》的题目，给后期的江湖诗派诗人刘克庄来写，他很可能由'悲'入

'怨'，说不定要在诗中把引起这一悲剧的社会根子兜一兜。但'四灵'是以'泊然安贫贱'来自命的……他宁可把悲剧的缘由归结于杳冥的'上天'，而不愿意去接触那个现实原因。"

的确，在四灵诗中，虽然"定将咏物意，移作爱民心"的内容有一定体现，翁卷本人就写过《东阳路旁蚕妇》："两鬓樵风一面尘，采桑桑上露沾身。相逢却道空辛苦，抽得丝来还别人"，但从总的倾向看，是"有口不须谈世事，无机惟合卧山林"（《翁卷《行药作》》）的。

虽然清代学者全祖望认为：江湖诗人"多四灵之徒也"，纪昀认为四灵"写景细琐，边幅太狭，遂为宋末江湖之滥觞"，其实情况要复杂得多。

比如刘克庄就提出："忧时原是诗人职，莫怪吟中感慨多。"（《有感》）

原先对四灵大力推扬的叶适，也在《题刘潜夫（刘克庄字潜夫，号后村）南岳诗稿》中说："今四灵丧其三灵……而潜夫思益新，句愈工，涉历老练，布置阔远，建大将旗鼓，非子孰当？"

刘克庄

开禧二年（1206），权臣韩侂胄北伐失利，史弥远等矫诏诛韩，函封其首，送往金廷乞和。嘉定元年（1208），即夏历戊辰年，和议告成。

夏圭 《雪堂客话图》

宋每年向金增纳白银三十万两、细绢三十万匹。刘克庄十分愤慨，写下了《戊辰即事》：

> 诗人安得有青衫？今岁和戎百万缣。
> 从此西湖休插柳，剩栽桑树养吴蚕。

另一首《军中乐》，在讽刺了将军"射麋捕鹿来行酒。更阑酒醒山月落，彩缣百般支女乐"后，发出了愤怒的控诉："谁知营中血战人，无钱得合金疮药！"

他的父亲刘弥正，与叶适一样，是开禧北伐的支持者。史弥远一掌权，刘克庄自然被视为异类，加之诗犯时忌，宝庆元年（1225），"江湖诗祸"一发生，他便首当其冲，因诗获罪。

史弥远"决事于房闼，操权于床第"，执政择易制之人，台谏用慎默之士，对不同意见一概加以压制，形成了士大夫以言为讳、钳口成习的局面。皇子赵竑对史弥远擅权极为不满，写"弥远当决配八千里"。在宁宗驾崩后，史弥远再次矫诏，废赵竑为齐王，立宁宗远亲赵昀为理宗，后又逼死赵竑。许多有正义感的朝臣反对，史弥远便想一一收拾。但魏了翁、真德秀等人为宿学鸿儒，士大夫谁都不愿出面。一个秩满待迁的知县梁成大出现了，"日坐茶肆中"，毁谤"真德秀乃真小人，魏了翁乃伪君子"。太学生们气不过，叫他"大字旁宜添一点"，改其名为"梁成犬"。史弥远却命梁为监察御史，与莫泽、李知孝控制言路，人称"三凶"。用专政的手段，使"名人贤士，排斥殆尽"。

书商陈起刊刻的《江湖集》，正巧在大规模的迫害声中问世，命运可想而知。言官从中摘出刘克庄的"不是朱三能跋扈，只缘郑五欠经纶"、"东风谬掌花权柄，却忌孤高不主张"，陈起（或说敖陶孙）的"秋雨梧桐皇子府，春风杨柳相公桥"，曾极的"九十日春晴景少，一千年事乱时多"，加以治罪，劈《江湖集》板，一时"诏禁士大夫作诗"。

"不是朱三"句，出于刘克庄的《黄巢战场》，"东风谬掌"句，出于刘克庄的《落梅》，皆被"指为谤讪"。"秋雨梧桐"句，被认为是同情赵竑，讥刺史弥远；而"九十日春"句，"当国者见而恶之"。

这些诗，都写于早期，与史弥远废立之事无关。李知孝等大兴诗狱（规模远超过北宋的"乌台诗案"），目的是借以打击朝野不驯服的士人。但江湖诗人普遍反感史弥远，又是事实。据《西江志》载：曾极"尝游金陵，题行宫龙屏，忤时相史弥远"。诗曰："乘云游雾过江东，绘事当年笑叶公。可恨横空千丈势，剪裁今入小屏风。"

忧时必然忤世，刘克庄因《落梅》诗坐废十年。后来他写了《病后访梅》，自嘲道：

梦得因桃数左迁，长源为柳忤当权。
幸然不识桃与柳，却被梅花误十年。

二句原注："邺侯（指李泌——笔者）咏柳云：'青青东门柳，岁晏必憔悴'，杨国忠以为讥己。"

他的诗，转益多师，早学晚唐、四灵，《南岳稿》受叶适激赏，如"字瘦偏题石，诗寒半说云"、"山头云似雪，陌上树如人"、"飘泊何须远，离乡即旅人"等。而他又自称学诗"由放翁入"，这并非虚语，爱国精神贯串了他的一生，如晚年的《赠防江卒》六首等。还有一首《莺梭》：

掷柳迁乔大有情，交交时作弄机声。
洛阳三月春如锦，多少工夫织得成？

盛懋 《秋舸清啸图》

充满了故园之思、哀郢之痛。

《玉林诗话》载:"刘后村尝言古乐府惟李贺最工。"并举了刘克庄学李贺的三首例诗。现摘如下:

"素蛾划袜跨玉兔,回望桂宫一点雾。……寻愁不见入香髓,露花点衣碧成水。"

"青桂寒烟湿不飞,玉龙呵暖红薇水。"

"月青露紫翠衾白,相思一夜贯地脉。"

另一首诗,又平淡有味:

稚子呼牛女拾薪,山妻自脍小溪鳞。安知曝背庭中老,不是渊明行辈人。

他的缺点,是贪多求博。"老子胸中有残锦,问天乞与放翁年。"既批评江西诗派"资书以为诗失之腐",也批评晚唐体"捐书以为诗失之偏",自己却大掉书袋。

在六十岁至八十二岁之间,他写成《后村诗话》。郭绍虞先生在《宋诗话考》中将其与《沧浪诗话》并提:"沧浪之长在识,后村之长在学。重在识,故锋芒毕露而或失之偏;重在学,则不拘一格,而转若无所见其长。《后村诗话》之不及《沧浪诗话》者在此。

然而网罗众作,见取材之博,平衡惬当,见学力之精……则又《后村诗话》之长,而为《沧浪诗话》所不能及者。"

《四库全书总目》言"克庄晚节颓唐,诗亦渐趋潦倒","晚节颓唐"大约指诮贾似道事。但《后村诗话》多少照亮了他的余年。

戴复古

刘克庄是江湖诗派中的达者,戴复古却终身布衣,是更为典型的江湖诗人。他们漂泊江湖,干谒公卿,以资生计;多为布衣、清客,即便入仕,官也不大。他们是中国文学史上较早的一支以写诗为职业的队伍。官与商、士与商的融合与渗透,使他们既不愿走科举之路,又不愿枯守山林。"山林与朝市,何处着吾身?"(戴复古)"山林与朝市,底处豁愁襟?"(罗与之)。南宋商品经济的发展,使他们产生强烈的物欲,但又没有包括劳动力在内的一般商品,惟一可行的便是"卖诗"。由对达官贵人经济的依附,往往转向对政治的依附。宋自逊上谒贾似道"获楮币二十万以造华居"的运气,必然产生极大的诱惑。所以江万里痛斥:"诗本高人逸士为之,使王公大人见为屈膝者,而近所见类猥甚……往往持以走谒门户,是反屈膝于王公大人。"江万里用的是葛立方《韵语阳秋》中张芸叟评梅尧臣诗事:"如深山道人,草衣捆屦,王公大人见之屈膝。"北宋到南宋,真是江河日下。张宏生先生在《江湖诗派研究》中精辟指出:当时樵隐、渔隐不见,只剩"吟隐",即便对陆龟蒙的仰慕,也只是出于一种补偿心理。

在反江西崇晚唐上,江湖诗人与四灵相同,但堂庑较大,取材较广,并不赞同四灵的"捐书以为诗"。当然,这只是相对而言。总的讲,早期江西诗人的创新精神与自立气度已不复存在,杨(万里)、范(成大)、陆(游)的大家风范也难以重现。政治压迫("江湖诗祸")与社会黑暗,使他们中的不少人从忧时愤世到避祸全身,对现状有一定的冷漠感。

当然,情况也不尽如此。

戴复古虽然吟过"读书增意气,携刺减精神",但依旧是一位热血男儿。请看:

> 有客游濠梁,频酌淮河水。
> 东南水多咸,不如此水美。
> 春风吹绿波,郁郁中原气。
> 莫向北岸汲,中有英雄泪。

又如《江阴浮远堂》:

> 横冈下瞰大江流,浮远堂前万里愁。
> 最苦无山遮望眼,淮南极目尽神州。

再如《盱眙北望》:

> 北望茫茫渺渺间,鸟飞不尽又飞还。
> 难禁满目中原泪,莫上都梁第一山。

他广游闽、越、江、淮,而且"登三山陆放翁之门而诗益进"(楼钥《石屏诗集序》)。他也最推崇陆游:"茶山衣钵放翁诗,南渡百年无此奇。"这便孕育了上述诸诗。与刘克庄一样,他也提倡:

> 陶写性情为我事,留连光景等儿嬉。
> 锦囊言语虽奇绝,不是人间有用诗。

> 飘零忧国杜陵老,感寓伤时陈子昂。
> 近日不闻秋鹤唳,乱蝉无数噪斜阳。

这都是有感而发的。周裕锴先生对此颇加赞许。在《宋代诗学通论》"从治世的药石到娱心的丝竹"一章中,周先生精当地指出:"当诗的'有用'主要在于'自适'、'娱心'之时,离'甜美'那一端也就不远了。……从崇尚'有用'到倾心'甜美',从鄙薄晚唐到追慕晚唐,宋诗学仿佛完成了一次宿命的循环。每当'斯道之不行',诗的政治功能因文网森严而幻灭之时,便会有所谓'形式主义'的诗派出现,如'乌台诗案'后的江西诗派,'江湖诗祸'后的江湖诗派,便会有'文章不犯世故锋'(晁补之语)或'有口不须谈世事'(翁卷语)之类的言论出现。"

在江湖诗派中，戴复古最为关心民生疾苦，如《庚子荐饥》：

> 饿走抛家舍，纵横死路歧。
> 有天不雨粟，无地可埋尸。
> 劫数惨如此，吾曹忍见之。
> 官府行赈恤，不过是文移。

当时就有人说他："长篇短章，隐然有江湖廊庙之忧，虽诋时忌、忤达官，弗顾也。"

端平元年（1234），宋蒙联军攻克汴京，金国灭亡。戴复古却写下《闻时事》："昨报西师奏凯还，近闻北顾一时宽。……事关气数君知否？麦到秋时天又寒。"提醒统治者警惕蒙古——更为凶猛的敌人。风透微寒，他提早打了一个寒噤，比朝野许多盲目乐观者更为清醒。

方回在《瀛奎律髓》中，批评江湖诗人"什佰为群"，"往往雌黄士大夫，口吻可畏，至于望门倒屣。石屏为人则否，每于广座中，口不谈世事……"大概是指他为人厚道，出语谨慎的一面。当然，也无形中把他从"什佰为群"的潮流中分离了出来。

他曾写过《春日》（其一）：

> 野人何以得诗鸣？落魄骑驴走帝京。
> 白发半头惊岁月，虚名一日动公卿。

> 颇思湖上春风约，不奈楼头夜雨声。
> 柳外断云筛日影，试听幽鸟话新晴。

最终鄙弃了"干求要路，动获千万"的谒客之途，保持了自己的人格。

长年的漂泊，使他对家庭有一种感人的深情：

> 强言不思家，对人作意气。
> 惟有布被头，见我思家泪。
> ——《怀家》
> 醉来风帽半欹斜，几度他乡对菊花。
> 最苦酒徒星散后，见人儿女倍思家。
> ——《九日》
> 一秋无便寄平安，新雁声声报早寒。
> 昨夜检衣开故箧，去年家信把来看。
> ——《到南昌呈宋愿父伯仲》

这种生活，也使他格外珍视友情：

> 天台山与雁山邻，只隔中间一片云。
> 一片云边不相识，三千里外却逢君。
> ——《湘中遇翁灵舒》

一居黄岩，近天台，一居永嘉，近雁荡，命运却让他与翁卷这两位无缘识面的邻居，在"三千里外"的湖南相逢了。

在《诗论十绝》（其三）中，他宣称：

> 意运如神变化生，笔端有力任纵横。

须教自我胸中出，切忌随人脚后行。

除上引诸诗外，还有写于浙江临海县南的《巾子山翠微阁》：

双峰直上与天参，僧共白云栖一庵。
今古诗人吟不尽，好山无数在江南。

又如《钓台》：

万事无心一钓竿，三公不换此江山。
平生误识刘文叔，惹起虚名满世间。

再如《中秋》：

把酒冰壶接胜游，今年喜不负中秋。
故人心是中秋月，肯为狂夫照白头？

"梦中亦役役，人生良鲜欢"，他把人生的辛劳引入梦中，一种白昼不安的延续，一种灾难连绵不绝的睡眠，以见生命的大悲哀，机杼别出，手眼生新。阿根廷诗人博尔赫斯曾用相似的句子，表达过这种苦难的经历，虽然是现代人的："我们被赋予梦魇，几乎每夜，我们的使命就是将它们变成诗。"

另有不少警策：

马远 《踏歌图》

"江湖好山色，都在夕阳时。"

"青山何处隐，白发也愁人。"

"黄花一杯酒，白发几重阳。"

"天地一大窖，阳炭烹六月。"

"春水渡旁渡，夕阳山外山。"

"风雨愁人夜，草茅忧国心。"

"醉里不知身是客，故人多处亦吾乡。"

"接物罕逢人可语，寻春多被雨相妨。"

"身在乱蛙声里睡，心从化蝶梦中归。"

"东园载酒西园醉，摘尽枇杷一树金。"

"湘江一点不容俗，岳麓四时皆是秋。"

"白鸟一双临水立，见人惊起入芦花。"

"又恐好枝为雪压，或生幽处被云遮。"

……

芥子园画传·自有人知处

最后一联是咏梅的。作为一介布衣，处于险恶的政治环境，他的忧时之心最终只能陷于"不须谈世事，万虑满乾坤"、"相逢莫说伤心事，且把霜螯荐酒樽"、"七十老翁头雪白，落在江湖卖诗策"的精神困境。这是不是"好枝为雪压"呢？但在云遮雾罩的"幽处"，他的诗，依旧有暗香隐隐而来。

方岳

幼时最熟悉的是那首《春思》：

春风多可太忙生，长共花边柳外行。

与燕作泥蜂酿蜜，才吹小雨又须晴。

这大概是他的理想吧。而实际生活却"不如意事常八九，可与语人无二三"。

这部分得归咎于他志节磊落的个性。端平元年（1234），蒙古灭金侵宋，要挟割江为界，当时史嵩之为京湖制置吏，力主和议，方岳代赵葵写信骂史，及史为相，岳便罢官，闲居四年。淳祐六年（1246），岳受知于宰相范钟，升宗学博士，次年做了赵葵督视江淮京湖军马行府的参议。因与同僚辩论不合，求去，赵葵不许；在赵葵外出巡边时，岳自己向朝廷求去，改知南康军（今江西星子县）。南康军当鄱阳湖要冲，湖广总领所的纲哨，把持水闸，敲诈民船，不缴万钱不得入闸停泊，造成许多覆舟的惨剧。方岳气愤不过，

洪亮

痛打了纲哨一顿，因此得罪了湖广总领贾似道，被劾，郡民洒泪相送，旗上大书"秋崖（方岳的号）秋壑（贾似道的号）两般秋"。调邵武军（今福建邵武县）后，又上疏揭发大豪廖复之、廖宗禹的罪恶，最后弃官抛印而走。程元凤当国，岳起知袁州（今江西宜春市）。后来丁大全为右相，因恨岳过去没有准许他求荐的要求，故意先降岳官，再嗾人弹劾，岳又罢官。

在《感怀》中，他也悟到了这一点："老天无意独穷我，直道有时能误人。"

公正热心的春风，是吹不绿他的双鬓的："衰白东风那解绿，底事苦向鬓边吹。"（《除夕》）

他的诗"不用古律，以意为之"，与他本人"盛气抗辩"的个性正相符合。但又"工于琢镂，清隽新秀，高逸绝尘。挹其风致，殆如云中白鹤，非尘网所能罗也"（《宋十五家诗选》）。他也自称："断无尘土到灵台。"如《泊歙浦》：

此路难为别，丹枫似去年。
人行秋色里，雁落客愁边。
霜月欹寒渚，江声惊夜船。

孤城吹角处，独立渺风烟。

如《入闽》：

山云底事夜来雨，藏却奇峰不与看。
政说雨中看更好，划然卷起出晴峦。

又如《清明日舟次吴门》：

篷窗恰受夕阳明，杨柳梨花半月程。
老去不知寒食近，一篙烟水载春行。

《农谣》也很有名：

春雨初晴水拍堤，村南村北鹁鸪啼。
含风宿麦青相接，刺水柔秧绿未齐。

雨过一树桑柘烟，林梢日暮鸟声妍。
青裙老姥遥相语：今年春寒蚕未眠。

最能代表他"清隽新秀，高逸绝尘"诗风的，莫过于《立秋》：

秋日寻诗独自行，藕花香冷水风清。
一凉转觉诗难作，付与梧桐夜雨声。

"不肯避人当道笋，相看如客对门山"（《独往》），实为精彩的自我写照。

虽然屡受挫折，性格也未尝稍改："宦情已矣随流水，老色苍然上面来。

已惯山居无历日，不知人世有公台。"

叶绍翁

最为传诵的，当然是《游园不值》：

应怜屐齿印苍苔，小叩柴扉久不开。
春色满园关不住，一枝红杏出墙来。

有脱颖之态、冲决之意，张良臣的"一段好春藏不尽，粉墙斜露杏花梢"，则平弱多了。

在中国诗史上，他因了这首诗，也成了出墙的红杏。

其实，还有几首七绝，如《夜书所见》：

萧萧梧叶送寒声，江上秋风动客情。
知有儿童挑促织，夜深篱落一灯明。

牵动着"进无所依，退无所据"的千年中华游子之心。

还可以提到《田家》（其三）：

抱儿更送田头饭，画髻浓调灶额烟。
争信春风红袖女，绿杨庭院正秋千。

钱钟书先生评曰："参看白居易《代卖薪女赠诸妓》：'乱蓬为鬓布为裙，晓踏寒山自负薪；一种钱塘江上女，著红骑马是何人？'苏轼《於潜女》'青裙缟袂於潜女，两足如霜不穿

屦……逢郎樵归相媚妩,不信姬姜有齐鲁。'叶绍翁写得比白深刻,比苏醒豁。"(《宋诗选注》)

其他

纵观江湖派,视野不免局促,整体上缺乏超越感,但形象更直观,感觉更细腻,从而在常见的事物之中,进一步开掘出清新自然之美。

"忧时原是诗人职。"朱继芳吟过:"长淮万里秋风客,独上高楼望秋色。说与南人未必听,神州只在栏干北。"邓林吟过:"西湖多少闲春水,不洗中原二百州。"叶茵吟过:"有谷未为儿女计,半偿私债半官租。"但在时代的高压下,他们慢慢地走上不犯时忌,精求诗艺的道路。赵汝绩的"不随不激真吾事,乍佞乍贤皆世情",颇能代表一部分人的心态。

一多亲情诗,如利登:"缓作行程早作归,倚门亲语苦相思。白头亲老今多病,不似当初别汝时。"宋伯仁:"未得还乡泪欲珠,一书封了又踌躇。家人会得征夫意,门外西风即是书。"

一多友情诗。如朱继芳:"相逢已恨十年迟,买酒吴山一夜诗。明日送春仍送客,柳花风扬鬓丝丝。"何应龙:"客怀处处不宜秋,秋到梧桐动客愁。想得故人无字到,雁声远过夕阳楼。"

至于风景诗,更是佳作叠出。

黄陵庙前湖水春,春烟愁杀渡湖人。
人随归应去无迹,水远山长歌又新。
　　——游子蒙《绝句》
梨花风起正清明,游子寻春半出城。
日暮笙歌收拾去,万株杨柳属流莺。
　　——吴惟信《苏堤清明即事》
秋入白蘋风浪生,痴云未放楚天晴。
青山湖外知何处? 中有斜阳一道明。
　　——严粲《秋入》

还有一些情趣诗,如高翥《秋日》:

庭草衔秋自短长,悲蛩传响答寒螀。
豆花似解通邻好,引蔓殷勤远过墙。

如施枢《夜泊黄湾》:

移近黄湾泊短篷,野云垂地一溪风。
渚香吹散荷花雨,几点流萤出苇丛。

在东南半壁的残山剩水中,江湖派诗人留下了他们的丹青岭树、水墨江天,间或还有西风蟋蟀、夕阳衰草、断雁孤鸿、寒云冷雨……甚至还能听到鱼唼蝉吟、看到鸥眠蝶倦……这正是山雨欲来的前兆。当蒙古铁蹄的风雨席卷江南,也叩响了宋末诗坛慷慨的别调和悲壮的余响。

解读秦淮

庄锡华

秦代的南京只是一个名为金陵邑的小镇,传说自从秦始皇发现了此处的王气,着人开凿秦淮,小小的金陵邑便热闹了起来。

秦淮河从南京的东南方向流向城区。一路在武定门外绕城西行,至凤凰台掉头北上,流入长江,俗称外秦淮河;一路则由通济门经桃叶渡进入城南市区,逶迤十里,这就是内秦淮河。内秦淮地区是旧日的欢场,然而正是这片欢场,在展现都市的繁华和推出名目繁多的游戏享乐项目的同时,却也目睹了封建王朝的兴衰,士子们的沉浮和金陵苍生的颠沛流离,乱世男女的悲欢离合。

秦淮河流淌着,它那包藏阴谋的河水,真的销蚀了金陵的王气。

自秦皇东巡,历史已匆匆走过了二千多个年头,如今再回过头来看秦始皇开凿秦淮,虽然,"坑灰未冷山东乱",他那将王业传之万世的梦想成了泡影,但秦淮果然凿坏了金陵的风水。

秦淮河将长江深蕴力度的汹涌和钟山气势磅礴的雄奇化作风情万种的媚笑,使那些沾上了秦淮水的政治强

水乡的河港也挡不住蒙元的铁骑,旧日繁华终成一场梦而远逝(龚修森摄)

人，失去了往日英气逼人的风采，变得柔情起来、缠绵起来，终于在河畔醉卧不起。秦淮河浇灌滋养了金陵畸形的王气，也成了埋葬一个个短命王朝的坟地。

龙蟠虎踞的金陵，为何只能孕育短命的王朝和畸形的王业？

江南割据这幕大剧的主角当然是那些划江而治的王者。不过，他们在苟安的日子里感受到的窘迫是可想而知的。他们在中原失鹿，便扬帆南渡，来金陵落脚。登基的鼓吹余音未息，江淮那里的边报便接踵而至。疲惫的帝王们只好强打起精神忙不迭地打发金陵的子民们去戍守江防。或者要度日艰辛的苍生额外贡献子女玉帛，取悦其实无法取悦的强权。偏安之局成，蹈厉之志消。好不容易将局势稳定下来，惊魂甫定，便一头钻进秦淮河畔过起了逍遥的日子，定格在莺歌燕舞的安乐乡里。割据之主们戎马半生，他们驻足金陵，立即为秦淮河绮丽的风光陶醉了，便在河边大兴土木，将江南的珍玩淑女奇花异草网罗在秦淮河畔的崇阁高楼之中。于是，与破败的残山剩水形成鲜明的反差，秦淮越来越繁华，为士大夫们享乐冶游而建的青楼也越来越多。日积月累，临流梳妆的商女，终于用脂粉改变了秦淮的面貌与性格。如果说，割据的帝王

们对畸形的王业只求苟且的话，那么，他们制造绯闻，演绎霓裳羽衣的风流故事却分外地内行。六朝及后来南唐南明的割据之主们，于横刀立马、争衡中原无所用心，但却从秦淮河的歌舞樽前习得了诸般风流本事，一个个成了风月场中的高手。东昏侯萧宝卷穷极无聊，便在宫中设市，男女杂处，他自己则甘心扮演一个屠户的角色。陈后主在金陵城中大兴土木，为他的宠妃们建造金碧辉煌的宫殿，颇有艺术天赋的他，又热心于指挥宫女排演御制的《玉树后庭花》，隋兵纷至，景阳魂断，难怪后人要将此曲斥为亡国之音。南唐李煜，一意填词，不问苍生，春梦未醒，便作了汴梁之囚，亡国之余，悲悲戚戚，所系念者，无非是旧时相过从的金陵名姬。秦淮因此背上了恶名。据说，南朝时，士大夫们争效商女，涂脂抹粉，作女人之态。"金粉秦淮"，原来污染这条本来清绮的河流的还有男士们的功绩。而南唐名士韩熙载在得悉李煜要他出面来撑持小朝廷的危局时，竟连日拥妓宴乐，颇有心计地用放浪形骸的秽行，对帝王的诏命说不。经过岁月淘洗，南唐那浓艳的颜色正在褪去，但由当时的丹青高手顾闳中就着韩府通明的灯火画成的长卷《韩熙载夜宴图》却成了国宝级的文物，面对图上这位不知国家安危

庄锡华 《斜阳旧影》扉页

不说佞佛会耽误国事，只就这十万人的衣食花销而言，恐怕也会让雅好佛老的梁武有捉襟见肘的困窘。"南朝四百八十寺，多少楼台烟雨中"，奉佛的庙宇壮丽得让人眩目。但只要一想到当时战乱频仍中的江南百姓经受的痛苦，人们也就很难为六朝佛教文化的这种失去理性的繁盛叫好。那个开国又亡国的梁武帝，不仅亲自设坛讲经，还数度舍身寺庙，要他的大臣们掏腰包为他赎身。失人心者失天下，六朝的统治者"不问苍生"，媚事鬼神，对佛祖百般讨好，便一定会开罪金陵城里的百姓。当东吴在上游的战争中

顾自享福的南唐老臣，即使是局外人也只能报以无奈的长叹，人人醉生梦死，南唐国又怎能指望被绵软的秦淮河水泡软了骨头、缺少血性的人来重整残局、起死回生？秦淮河似乎只能哺养醉生梦死的酒徒与嫖客，一旦边声四起，小朝廷又能差遣谁去为残缺的王业执戈前驱呢？南朝的帝王们将江山社稷和身家性命全部托付给了一条宽阔的大江，但是，被视为天堑的长江何曾挡住过准备充分的北来征帆？

金陵的帝王们还有佞佛的通病。佛风之盛始于东汉末年，六朝之中又以梁代为甚。据史书记载，当时建康城里注册的僧尼竟达十万。且

梁武帝舍身佛寺

频频失利,孙皓要金陵的士子们同赴武昌,为他的王业效命时,后者毫不客气地高叫:"宁饮建邺水,不食武昌鱼。"喊声中包含了一种毫不掩饰的快意。他们终于有机会向昏暴的帝王吐出一口郁积很久的恶气。而当后主们或被献俘阙下,或被废身死的时候,那些养尊处优供奉多时的菩萨们的脸上,依然漾满了痴痴的笑意。

"沧海横流,方显出英雄本色。"社会动荡,往往又是英雄辈出的时代。割据分裂,对安邦治国人才的需求会变得更为迫切,从而为那些满腹经纶,又极想有为的人杰,提供尽情表现其才能的机会。割据王朝的京城中,曾经聚集了无数当时的精英。试想,如果没有中原板荡,司马睿仓皇南渡,又怎么会有现在的人们所熟知的王导?同样的,如果苻坚听从臣下的劝告,停止南征,又怎会有谢家的辉煌?回顾这段历史,我一直在想,刘备三顾茅庐请出了一个能够治邦安国的诸葛亮,千百年来为人津津乐道,但对王导当时请隐士举逸民匡扶晋室的功业,却如何不见宣扬、见轻如此呢?如果没有他当时对江南士人出以真诚的安抚,晋室又怎能在江南延祚百年呢?现在想来,王导当时请出那些对南渡人士充满疑忌的江南人杰似乎更为不易。这些江南望族,本来与司马氏家族有许多夙怨,司马氏中原失鹿,仓皇南渡,要钱没钱,要粮没粮,要兵没兵,谁还愿意为这个正在沉陆,前途未卜且旧日恩怨未了的王朝垫背呢?因此,要让他们出来做事,该有多难,哪一个不是要三请四请的呢?如果我们能在金陵东郊的枯冢中唤醒一个建康城的旧日居民,他一定会告诉我们他当时经常见到的一幕。漆黑的夜色中一个中年男子由一个提着灯笼的童子引路,去敲那一扇扇紧闭着的大门。弄得好,让进去了,还得等上半天,主人出来敷衍两句,便急急地连呼送客。弄不好,任你敲门呼唤,他那里就是不开门,让你吃个闭门羹,你也奈何他不得。但是事物总是会转化的,一回不行,二回,二回不行,三回,巨大的情感投入,终于感动了上帝,一扇扇紧闭着的大门打开了。而打开的岂止是大门,那是一颗被至情感动的心;迎进的又何止是一个操着鲁南口音的陌生男子,那是整整一个南渡的王朝!从史书的记载看,王导虽然担任过将军一类的职务,却似乎从未临阵指挥过战斗。但尽管如此,他的那种勇于任事,从容若定的作风曾经折服了无数当时的名士。南渡之后,东晋朝野弥漫着一股失败主义的悲观情绪。许多人惶惶不可终日,或以酒浇愁,或因无计归家而满面啼痕。王导对此十分不屑,他拍案而起，大喝："大丈夫当戮力王室，共图克复，缘何颓然不振，作楚囚对泣！"话语间充满了慨然英气。新亭席上的那一通棒喝，唤醒了不少只知悲悲戚戚，对前途失去信心的南渡士人。话语间所包含的那股浩然正气，至今闻之，尚能令人振奋。

割据的形势和昏庸的帝王，形成南朝独特的政治形势，这种形势又为培养政治强人准备了绝好的社会条件。南朝的帝王们于马上得天下，半生征战，对边境上频繁发生的战事渐渐有了倦意。他们在秦淮河畔的温柔乡里歇下马来，就再也不愿去战场过栉风沐雨的生活。因此，当江淮那边边报频频的时候，被秦淮河畔的美人们缠住了身子割舍不下儿女之情的帝王们，就不得不将赖以起家的军队交由他们的将军去指挥。战争是割据时代的特有景观，而战争又是培养新的政治强人的温床。南朝政治生活中的那些强人大多通过战争的锻炼脱颖而出，站到了历史的前台。他们先是在江淮鏖兵，尽情表现他们不俗的军事才能，战争结束之后，他们便率领着大军班师而归，屯驻阙下。于是，边患方销，内乱的祸根却深深地种下，南朝的政局立即陷入新的动荡。其时各代的陆沉，多数情况下，主要祸胎不是来自外部势力的侵凌，而是内部的僭夺。

郭存仁 《金陵八景图咏卷之乌衣夕照》
朱雀桥边，乌衣巷口，至今还能让人依稀想起晋代衣冠，王谢功业

王导像

战争中涌现的政治强人很自然地成了南朝政坛上的新星，他们呼风唤雨，八面威风，并不掩饰问鼎神器的野心。此时金銮殿上的那个即将成为后主的皇帝，早已成了一场政治阴谋中的玩偶，而和平的"禅代"，总是掩盖不了狰狞血腥的杀戮。

割据的年代，需要武备。但是，有意思的是，六朝的帝王们一脱下戎装，便喜好斯文，萧衍便是他们的代表。他能征惯战，却又痴迷诗文。登基之后，便热心地与那些文采风流的臣下唱和，于是上行下效，蔚为风气。文人墨客躬逢其盛，纷纷施展出自己的诸般本事，或以诗歌邀誉，或以文章干人，务以才调取悦于附庸风雅的达官贵人。虽然文学创作中掺入了不少功利目的，但他们的创作热情和争新出奇的追求，却推波助澜，造成了一个

时代的文化的繁荣。王导子侄辈们的书艺，谢安谢玄后人别求新声的诗歌，沈约对诗歌音律的探索，刘勰对文艺实践的理论总结，以及昭明编古籍，定《文选》，人文荟萃，极一时之盛，战乱频仍的六朝竟成了中国文化史上的盛世，中国文学发展进程中一个承前启后、特别重要的时期。封建时代的京城，既是当时的政治中心，又成了当时的文化中心，衣冠人物云集金陵，六朝遂成了后世文人心向往之的时代。鲁迅因称这一时期是中国文学发展的自觉时代。都说六朝的文学风范是轻靡，但是，我们分明看到该时期人兼收并蓄的美学趣味。他们青睐婉约，也并不拒绝豪放。这一点可以从萧统编《文选》的旨趣中看出。他敬仰三闾大夫，又推崇五柳先生。婉约也罢，豪放也罢，只要是"事出于神思，义归乎翰藻"，精诚所至，加以藻饰，他都照收不误。

王浚楼船下益州，金陵王气黯然收。

宽阔的大江终于敌不过人类的决心。霓裳舞破，金陵瓦解，辉煌的业绩如何经得起血与火的洗礼，终于委弃在钟山脚下，化作萋萋芳草中隐约可辨的一堆断壁残垣。只有钟山依旧，秦淮依旧。"六朝文物草连空"，数百年间创造的有形的文化全都毁于一

连环画《三国演义》
千寻铁锁沉江底，一片降幡出石头

旦，地下出土的东西如此可怜，又怎能彰显那个令人为之惊叹的时代？幸运的是，那一个辉煌的历史时段中形成的文化风习却被保存了下来，并作为优秀的文化遗产受到人们的珍视。

王朝的更迭，给集合在秦淮河畔的衣冠人物带来了精神的磨难。他们与那个逝去的王朝有着千丝万缕的感情联系，他们虽然没能决绝地离去，却对新王朝并不认同；同样地，作为遗民，新皇们对前朝臣子的政治忠诚也满怀疑忌，不少人便因王朝的鼎革而过早地结束了自己的政治生命。他们中的许多人是那样卓越，那样优秀，本可以有所作为，展示自己的平生抱负，却因政局的动荡，被无情地排除在当时社会政治生活的中心之外，生命还

时时受到威胁。人生的遗憾还有胜过于此的吗？拿王谢家族来说吧，这两个东晋朝的望族的许多风华绝代的后辈不少就死于非命，因此，当东晋南朝落下它那上演了三百年的历史活剧的大幕时，两个如此声名显赫的世家大族，子弟零落，终于在六朝之后的中国政治生活中消失，奏响了它的凄惨的终曲。

倾圮基业上的骚客

庄锡华

李煜生于公元937年的七夕。此时，他的祖父李昇正紧张地为自己的代吴而立作着最后的准备。三个月以后，李昇便正式登基，做起了南唐的皇帝。七夕在中国传统文化中是一个吉庆的日子。李煜于七夕出生，而且又生得相貌不凡，因而使整个王府都充满了喜气。据说他天庭饱满、一只眼睛是重瞳的，还长着与众不同的两层的门牙。这些异于常人的长相，被那些趋奉李家善于投主人所好的门客们说成是"吉兆"。而不以为忤的李家的长辈们，如祖父李昇，父亲李璟也便格外地宠爱这位长相不凡的李家新生儿。李璟给李煜取名从嘉，清楚地表明了长辈们对他的美好祝福和寄托在他身上的殷殷期望。生于帝王之家的孩子，一方面，享受着锦衣玉食的优渥

生活,另一方面,宫廷内不可避免的权力斗争,也往往构成对他们的生命的威胁。所谓"祸起萧墙",便是对宫闱中骨肉相残,血淋淋的杀戮的事实的一个极度雅化的概括。

李煜的青少年正是在这样的特殊的环境中生活着的。李煜是李璟的第六子,按照当时已经确立起来的"嫡长相继"的原则,王位与他无缘,他本不应处在权力斗争的中心。但是,李煜的几个兄长死得早,只有干练的长兄弘冀活跃在当时的政治舞台上。弘冀长李煜六岁,十六岁便受封为燕王。在弘冀的心目中,他是王位的当然继承人,因此,他对来自皇族中的对他的王位继承权的任何潜在的威胁都显得特别敏感。他城府很深,且在残酷的政治斗争中养成了一种冷酷的性格。因为他桀骜不驯,李璟也确曾有过将皇位传于他的兄弟晋王景遂的打算,为此,弘冀居然毒杀了他的这位叔父。由此,我们也便不难想象,长相不俗,深得父亲宠爱的李煜亦必时时受到弘冀的猜忌。南唐宫廷中因此常常有燕王将加害李煜的传闻。李煜生性不爱政治,但以他那极度敏感的个性,是不会不意识到来自皇室内部对他的敌意的。然而他的懦弱又决定了他不会通过抗争来寻求别样的人生。因此,作为王室子弟,消解心灵痛苦的最便捷也最可行的方法就只有一意冶游,寻求麻木了。对于受到暴戾的兄长的威胁的他来说,对声色犬马的追逐,既箓合他享受人生的本性,也是他的一种极富深意的表白:他无意觊觎王位。从后来李煜的表现看,也许,这确实不是矫情。他真的只须在歌舞樽前,石榴裙下消磨去无忧的光阴,而让弘冀这样的政治强人去执政掌权。翻看史书,我们不难发现,对于那些割据江南的称帝者来说,称王道孤,固然能满足他们对权力的欲望,却也因此要承担对付边境上时燃时灭的烽火的责任。而这些都是具有诗人气质的李煜所讨厌也无力胜任的俗务。

如果说,这位多才多艺的后主,在许多方面都表现出极高的天分的话,那么,他在政治上的怯弱和碌碌无为也是为史家所公认的。但李煜也自有其可贵之处,那就是他对自己政治上的无能是了然于心的,也根本没有要将自己作一番新的塑造的打算。也许正是因为他对自己有较清醒的认识,他便索性罔顾政治,在诗歌词赋和声色犬马中打发日子。因此,李煜的诗词是玩物的,充满了对纸醉金迷的奢靡的生活方式的留连。而在玩物的背后,又让人感到抒情主人公身处末路,身不由己的无奈和抑郁寡欢的惆怅。他早期的诗词和行迹似乎都在有意识

剪不断，理还乱，是离愁，别是一般滋味在心头

地示人以弱，告诉人们自己无意于王位的争夺。后来他又以同样的行迹向赵宋王朝传达了这样的信息：他只须苟安，绝不想对赵宋王朝的权威进行挑战。

弘冀暴卒，李煜解除了生命的威胁。但刚过了几年太平日子，中主李璟驾崩，李煜被推上了南唐国主的高位，并因此要承担他在香艳的交游中消磨得十分懦弱的肩膀承受不了的重大的责任。强敌在北，社稷随时都会倾覆，李后主不是陈后主，他与陈后主

不同之处在于，他是意识到亡国的危险的。他酷爱诗文，像刘禹锡的《西塞山怀古》和李商隐的《南朝》《咏史》这些深有寄托的诗篇，他早在孩提时代就已烂熟于心了。"王浚楼船下益州，金陵王气黯然收。千寻铁锁沉江底，一片降幡出石头。"和"三百年间同晓梦，钟山何处有龙盘。"这些优秀的前辈诗人，似乎是以他们充满历史感喟的诗篇告诫这位同样以诗文名世的后来者：倘不能奋发进取，无所作为，那么，苟安之局是不会长久的。因此，在我看来，李煜之所以纵情声色，不过是他深深地感受到亡国的威胁但又回天乏术时的一种及时行乐，企图寻得片时麻醉的无望之举。我们看到，在与赵宋王朝的周旋中，他在政治上所采取的方略只是尽可能地虚与委蛇，拖延时日。并将因此赢得的暂时的安宁空掷于歌舞樽前的骄奢享乐。在生活的奢靡上，他足可与陈后主比肩。

概言之，声色犬马的冶游与寻章觅句痴迷翰墨构成了李煜生活的两大主题。

李煜冶游的足迹遍及金陵的几乎每一个角落。那时，南唐都城金陵，历经李煜祖、父多年经营，城郭严整，屋宇井然，俨然是江南最大的都会。金陵古称秣陵，又因吴大帝孙权建都于

此，故又称建业。后来南朝诸帝均定都于此，虽然代有兴废，但始终保持了江南政治经济文化中心的地位。隋灭陈，将陈之宫室付之一炬，金陵元气大伤。杜牧诗云："六朝文物草连空，天淡云闲今古同。鸟来鸟去山色里，人歌人哭水声中。深秋帘幕千家雨，落日楼台一笛风。惆怅无因见范蠡，参差烟树五湖东。"写出了江南劫后的荒凉。唐末韦庄也有"江雨霏霏江草齐，六朝如梦鸟空啼。无情最是台城柳，依旧烟笼十里堤"。极写故都

石涛 《清凉山》
清凉山上的树影莺啼大约可以使南唐后主稍微忘却政治的颓唐

沦落后的凄迷。尽管如此，但金陵山川形胜犹在，钟山龙蟠，石城虎踞，加上它占据南北交通的要津，其地理位置的重要性一目了然。所以胸怀大志的李昇，一到金陵便大兴土木，重建了城墙。这时的金陵城郭周长四十五里（约今天的四十里），西据石头岗阜之脊，南接长干山势，东以白下桥为限，北以玄武桥为界，城高三丈五尺，上阔二丈五尺，下阔三丈五尺，内卧半城四丈一尺。并建有八个城门。南唐立国后，李璟又筑宫城。城周四里二百六十五步，高二丈五尺，下阔一丈五尺，以护城河围绕，并以升平桥（即今东虹桥）、虹桥与外相通。宫内建有澄心堂、资善堂、罗木堂、百尺楼、朝殿、寝殿、大射殿、直笔殿等建筑。而李煜最喜欢去的地方，大约莫过于宫城西面、石头城边的清凉山了。

清凉山，原名石头山，是钟山西延余脉的尾端，由七座山阜组成，海拔高度为六十米，绝对高度大约只有二三十米的样子。南唐时，清凉山直逼江中，形势十分险要。赭红色的峭壁危崖，拔起于江畔，江潮拍岸，在江面上形成巨大的回响，久久不得消散。诸葛亮"石城虎踞"，所说的虎，即指引颈蹲伏于江畔的清凉山。李昇早在开基之前，就已在这里建有石头清凉大道场。后来，礼佛的李煜又在清凉

庄锡华

寺边上建了消暑纳凉的离宫，使其成为一处既可礼佛颂经，又可消夏游乐的极佳的去处。绿树掩映着山间崎岖的小径，道旁载满了各种名贵的花草，树上的莺啼婉转动听，仿佛在欢迎这位衣冠楚楚的贵人的光临。拾级而上，风中传来了寺中僧人们的颂经声，李煜的心情也便不断地得到净化，南唐宫廷中的莫测高深的争斗和登基后赵宋政权的威逼及由此引起的种种不快，随着向山深处不断挪移的脚步而淡化了，渐渐地被远远地撇在了身后。清凉山给了他一种幽深宁静的感觉，

在这里，李煜领略到了宫廷生活所缺乏的自然情趣，他对着自然尽情放歌，每每有物我两忘的欢愉。每次出游，他都要让童子带上他所钟爱的享有盛誉的南唐特产的文房四宝。正如史家所说，南唐的三位皇帝，在武功上可以说是一代不如一代，而在舞文弄墨上所花的精力，则是一代胜过一代。开国的李昪，戎马倥偬，厉兵秣马才是他的急务。到了中主，开始时，亦有进取之心，他用兵楚汉、挥师经略闽粤，但志大才疏，频频败绩，又被乘机南下的后周扫荡了江北诸州，国势日削，只好

对后周俯首称臣。从此不再有拓疆开土的心思。建功立业既然此路不通，于是弃武从文，到笔墨纸砚中寻找别样的情趣。李璟在饶州（即今江西波阳）、歙州、扬州三地设置专官，督办墨务、砚务和纸务。李煜即位后，雅好此道的他，对此更表现出异乎寻常的关心。皇帝既然喜欢舞文弄墨，善于趋奉的臣僚也就投其所好，更加起劲地为之经营。这样就形成了名冠天下的南唐李廷珪墨、澄心堂纸、龙尾砚和宣州诸葛氏的"点青螺"笔，当时的文人以拥有这样的文房四宝而骄傲。

登上清凉山，后主有一种豁然开朗的感觉。在清凉山上，他又特地建了一座翠微亭。这是一座八角重檐的亭子，亭中设有石桌石凳，它八面来风，视野十分开阔。伫立亭中，既可以俯瞰如练澄江，眺望斜阳里匆匆过往的归帆去棹。亦可回眸金陵城郭里的屋宇店肆街市和金陵郊外的暮霭烟树田舍庐墓。李煜对金陵旖旎的风光格外痴迷，每一次登临，都让他忘记了生活于帝王之家特有的烦恼。贴身的童子知道他的脾气，一上山，只要收拾好案几，摆放好笔墨纸砚，就不必去管这位性格乖戾的主人，尽可以任情地顾自游玩。如果过于尽心，依然在主人身边转悠，破坏了主人的诗兴，反倒要受到责罚。是的，伫立山头，纵目远眺，确是这位后主心情最最痛快的时候了。此时，身边不再有饶舌的臣子以社稷为重的劝诫，和心术不正的奸佞之徒谄媚的谑笑。清凉山给了李煜尘世生活少有的清静，清凉的氛围恢复了他的诗人的本质：任其慷慨，任其缠绵。

多情也是南唐的这位后主性格中的一个突出特点。有人经过对南朝历代皇帝的考察，将"多情"称作"后主情结"。但与南唐之前历代风流皇帝们相比，李煜自有其不同处。他善于将自己的情感经验作诗意的升发与渲染，他的那些充满感伤的抒情诗，在人们的心中产生了强烈的心理共鸣，从而模糊了帝王的淫乐生活与男女纯真爱情的界限。李煜的爱情诗往往有这样的审美效果：让人感觉到诗人对生活于他周围并与他过从甚密的那些美丽而年轻的女子们个个都怀着真情，每一次亲幸，对他来说，都是那么认真，仿佛是在完成一次感情的升华。宫娥庆奴早年曾与李煜有过相恋的经历，后来周后娥皇和小周后专宠，庆奴连李煜的面也见不到了。但多年以后再度相遇，李煜仍然不能忘情于当时与庆奴两小无猜真情相待的往还。感慨之余，他为这位两鬓染霜、让岁月淘洗去了青春的旧友写下了这样动情的诗句：

风情渐老见春羞，到处消魂感旧游。

多谢长条似相识，强垂烟态拂人头。

（《杨柳词》）

短诗朴实无华，既有对旧日交游的深情的回忆，也写出了对受到冷遇的庆奴的愧疚。作为一国之主，他在后宫中可以与许多女子有染。但在李煜那儿，他与每一位女子超越常规的交往，在他来说，都是一种倾心的投入。这就形成了这样一种独特的现象：分明是帝王对女性的玩弄，却成了男女之间真情的欢会。这也就怪不得亡国后羁旅汴梁的李煜常常不能忘情于那些与他一起度过了一个个良辰美景的女子。也怪不得他的那些爱情诗会赢得那么多的读者，它们真诚、热烈、缱绻，表达了李煜在幽囚生活中对那些善良的宫女们的深情的忆念：

多少恨，昨夜梦魂中：还似旧时游上苑，车如流水马如龙，花月正春风。　多少泪，断脸复横颐。心事莫将和泪说，凤笙休向泪时吹，肠断更无疑！（《望江南》）

春花秋月何时了，往事知多少？小楼昨夜又东风，故国不堪回首月明中！　雕栏玉砌应犹在，只是朱颜改。问君能有几多愁？恰似一江春水向东流。（《虞美人》）

顾闳中　《韩熙载夜宴图》（部分）

南唐群臣对文治武功都已不再抱幻想，只能寄情于声色

在李煜那朦胧的泪眼里,那些和他相爱过的嫔妃、宫娥的影子不时从记忆的深藏中涌现,激动着他,使他幽禁中的生活更加难熬,常常辗转反侧,不能成眠。

当然,在李煜的感情生活中,最值得一写的当是他同两位周后的感情纠葛。李煜同大周后娥皇的婚姻完全是一种政治意义上的结合。大周后的父亲周宗是南唐的一位开国老臣,正是他和宋齐丘等人一起导演了吴王杨溥"禅位"和李昪登基的闹剧。为了回报他对李唐立国的功劳,李昪父子除了任命周宗为南唐宰相之外,还有意与周宗联姻,为李煜娶下周宗之女娥皇为妻。幸运的是,娥皇好像正是李煜"众里寻他千百度"的那个"她"。

娥皇才貌双全,她和李煜的结合,被人称作恍如天造地设的一对。据说,娥皇生得明眸皓齿,冰肌玉骨,双眼如清澈的秋水,在脉脉含情的顾盼间,漾起一道道摄人魂魄的漪澜。她知书达理,精通音律,亦善歌舞。平日里和李煜一起欣赏宫女们的歌舞,品评前代留下的脍炙人口的曲赋,有时李煜填写了新词,娥皇还会依韵谱曲,操琴为李煜弹唱,真可谓珠联璧合,完全称得上是灵犀相通、声气相投。对于李煜来说,歌舞樽前、繁华镜里,又多了一个红粉知己、

神仙伴侣。内宫禁苑,外人当然不能尽知当日内宫缠绵的一幕,但从李煜写给周后的充满柔情蜜意的诗篇中,我们是不难知道当时那种琴瑟相和的欢愉的。请看:

晓妆初过,沈檀轻注些儿个,向人微露丁香颗。一曲清歌,暂引樱桃破。 罗袖裛残殷色可,杯深旋被香醪涴。绣床斜凭娇无那,烂嚼红茸,笑向檀郎唾。(《一斛珠》)

有时候李煜出巡,或娥皇省亲,虽然是暂别,也会在这对恩爱的夫妇中产生强烈的相思:

樱花落尽阶前月,象床愁倚熏笼。远似去年今日恨还同。 双鬟不整云憔悴,泪沾红抹胸。何处相思苦,纱窗醉梦中。(《谢新恩》)

一重山,二重山,山远天高烟水寒,相思枫叶丹。 菊花开,菊花残,塞雁高飞人未还,一帘风月闲。(《长相思》)

然而天有不测风云,结婚十年伉俪情深的日子也终于走到了尽头。公元964年,周后娥皇突然病了,且很快卧床不起。李煜虽然对娥皇关怀备至,但娥皇的病久治不愈,并将本来十分美貌的她折磨得形容枯槁,神情

木然。宫中因此再也听不到欢快的笙歌，听不到帝后的调笑。正在李煜为周后的病一筹莫展的时候，另一个美丽的女子闯进了李煜的生活，她就是周后的妹妹。娥皇的妹妹的名字已不可考，后人为与周后区别，将她称作小周后。小周后比李煜小十三岁，此时正当妙龄。她性格开朗，天真烂漫，所到之处，都能听到她那银铃般的笑声。小周后因探视姐姐周后的病情而来，却与李煜产生了强烈的感情，终于发展成私通。李煜的一首《菩萨蛮》记录下了他们背着周后欢会的情景：

花明月暗笼轻雾，今宵好向郎边去！刬袜步香阶，手提金缕鞋。 画堂南畔见，一向偎人颤。奴为出来难，教君恣意怜。

小周后和周后娥皇一样琴棋书画无所不通，一样善解人意，填补了李煜因周后患病而出现的感情真空，南唐后宫中又充满了欢快的气氛。周后一死，他就很快续娶了小周后。虽然，李煜和小周后在周后在日的私通曾经受到人们的议论，但小周后毕竟在李煜最需要感情抚慰的时候，陪伴李煜度过了他一生中最困难最伤心的日子，陪伴他走完人生最后的也是最为凄凉的旅程。

鹅 湖 之 会

杨海文

任何一个哲学家都有自己的"真理"和"方法"，固执己见更是每一个哲人的天性。明白了这一点，朱熹与陆九渊之间的唇枪舌剑似乎在所难免。坐在一起当面辩论，或许有可能促使双方取长补短、相得益彰。理学和心学，是否也可以如此试试呢？

从1175年四月下旬开始，呷着脱粟饭，啃着熟茄子，吕祖谦在福建崇安与朱熹花了四十多天时间，从周敦颐、二程和张载的著作中，选取语录622条，编成了一部名为《近思录》的道学入门书。

其间也时常谈起陆九渊。正如吕祖谦当年对陆九渊的《易》卷和程文大加赞美，朱熹对陆九渊也不乏好感。好感归好感，"收拾精神，自作主宰。万物皆备于我，有何欠缺"的心学纲领，却是《近思录》的两位编者未必首肯的。一个日后将成为理学的集大成者，另一个现在对道学越来越充满同情与敬意，所以，理学和心学究竟差别何在，必然是朱熹与吕祖谦在崇安的日子里讨论得最多的话题之一。

当局者迷，旁观者清。刚刚编好《近思录》的吕祖谦，大概算不上一个标准的旁观者。这不要紧，因为做人

陆九渊像

平易、处事公允，足以保证他的清醒。更何况，这个只活了四十五岁的婺州学者，一直有着调停理学和心学，使之会归于一的良好愿望呢？面对这份良好的愿望，两个局中人是无法拒绝的。

信州鹅湖寺位于今天的江西上饶境内。朱熹与吕祖谦五月底就到了这里，陆九渊和他的五哥陆九龄数日后风尘仆仆地抵达。鹅湖是当地名胜，要是没有两位哲学巨子1175年在此风云际会，它无疑也不会名垂青史。当然，在禅佛教的地盘上举办一次儒学的会议，同样很有意思。

南宋儒学史上最重要的这次学术研讨会，大约是六月五日正式开幕的。出席会议的临川太守赵景明没有致开幕词，这一点想必与今天的情形不大相同。主持人吕祖谦阔别陆九龄已久，会议就是从吕祖谦询问老朋友最近有什么哲学心得开始的。这种直奔主题的做法，也与时下学术研讨会的做派形成了有意味的对照。

哲学心得还是有的，陆九龄说，你们不妨听听我的一首诗。诗言志，陆九龄的诗是这样的："孩提知爱长知钦，古圣相传只此心。大抵有基方筑室，未闻无址忽成岑。留情传注翻蓁塞，着意精微转陆沉。珍重友朋相切磋，须知至乐在于今。"

任何孩子从小就知道敬爱自己的父母，长大以后还会尊重自己的兄长。前者是"仁"，后者是"义"。亲亲之仁，敬长之义，也就是孔孟相传的本心，它是一切的基址和根源。问题在于怎样证求自己的本心。既不能留情于纷纭繁杂的传注，也不能着意于辨析精微的说解；唯有超脱这种蓁塞和陆沉，才能直指自己的本心。说到底，友朋之间的切磋琢磨，最大的目的与快乐只能是在发明本心的过程中将圣学发扬光大。

陆九龄的诗念到一半时，朱熹对

吕祖谦说，他已经上了陆九渊的心学之船。会前陆氏兄弟确实有意识地统一了思想，毕竟"攘外必先安内"。

接着，附和五哥的韵脚，陆九渊也吟诵了一首诗："墟墓兴哀宗庙钦，斯人千古不磨心。涓流滴至沧溟水，拳石崇成泰华岑。易简工夫终久大，支离事业竟浮沉。欲知自下升高处，真伪先须辨只今。"

看见墟墓就会兴起悲哀之情，瞻仰宗庙就会涌现钦敬之心，此情此心，即是千古不灭的本心。而且，你的心，我的心，他的心，乃至东南西北、古往今来的圣人之心，都只是一个心。在本心面前，所有的人都是平等的。心学是所有人的心学，它绝不能只属于圣人。因此，陆九渊深思熟虑的"斯人千古不磨心"，比他的五哥无疑说得更为圆妙。

心学的"真理"陆九渊表述得要好，"方法"也如此。体认本心，圣贤的著作当然要读，还应该对传注留意，着意精微。不过，也不能只做六经的仆人，六经必须、也只能成为证明"我"与圣人一样拥有本心的注脚。换句话说，必须采取切己自反、直指本心的易简功夫，才能将一己的本心发扬光大。相反，一件一件地格物致知是不可能抓住根本的，这种支离事业决不会长久地护守自己的本心。

"方法"显然是陆九渊这首《鹅湖和教授兄韵》刻意要表达的东西。一个成熟的哲人坚信自己的"方法"，无可厚非。但是，说自己的"方法"好，却挖苦别人的"方法"，于情于理似乎都少了一层火候。当听到"易简工夫终久大，支离事业竟浮沉"时，朱熹大惊失色，这份感受想必吕祖谦和与会的朱氏门人也有。同样，陆九渊念完他的诗，朱熹也是高兴不起来的。

陆氏兄弟的两首诗，在以后的三天里，遭到了朱熹和他的思想盟友吕祖谦的反驳。据说，理学家商量出来的数十折议论，均被心学家一一破解。譬如，关于"方法"，亦即所谓

朱熹像

"为学之方"，朱熹主张首先泛观博览，然后返归简约。陆九渊则认为只有首先发明本心，泛观博览才会有真正的成效。三十七岁的心学领袖还想了一个"尧舜之前，何书可读"的问题，准备让四十六岁的理学大师回答。幸好陆九龄及时劝阻了陆九渊，因为这个问题朱熹应答的可能性似乎不大。毕竟心学家的嘴上功夫，比理学家要强一些。

鹅湖之会是六月八日落幕的。陆氏兄弟凯旋归去，被扣上"支离事业"帽子的朱熹落落寡欢。本着善良的动机来调和朱陆异同的会议主席吕祖谦，大概也是不无失望地踏上了东归故乡浙江的道路。哲学史上极其有名的这次学术研讨会竟然不欢而散，多多少少我们将感到遗憾。当然，会后发生的许多故事，也多少能够使我们的遗憾有所冲淡。

心学的"方法"不是全无道理。首先从大处挺立自己的本心，细枝末节的确才会疏而不漏。也惟有如此，才能做到——只要合于情理，即使不是圣人之书，亦可全盘吸收，反之，如果不合乎情理，圣人之书也是不必相信的。这种"方法"陆九渊或许能够得心应手地运用，但从人之常情看，至少普通人一年半载难以做到。普通人即使希望做到，首先也得向书本学习，而这种"方法"恰恰是朱熹提倡的，理学的"方法"，同样也有道理。

尽管将"真理"平等地分给了每一个人，然而，心学的"方法"事实上只有少数人才能把握，理学似乎相反。理学的"方法"，是任何一个勤奋的人都可以学到的。学会了"方法"，然后也就可以发现"真理"。对于普通人来说，我想，理学要比心学更具有可操作性。陆九龄后来的醒悟，就是最有说服力的例子。

1179年，陆九龄来到信州铅山观音寺拜访朱熹。这次拜会有着负荆请罪的意味，因为几年来，主张少读书、多存养的心学越来越流于空疏，他觉得还是理学说得实在。看到陆九龄这种转变，朱熹在鹅湖之会上的不快记忆，顿时烟消云散。于是，和着当年陆氏兄弟的诗韵，他写了这样一首诗："德义风流夙所钦，别离三载更关心。偶扶藜杖出寒谷，又枉蓝舆度远岑。旧学商量加邃密，新知培养转深沉。却愁说到无言处，不信人间有古今。"

与陆九渊的诗相比，朱熹的这首诗较为客气。他对他的学生多次说过，心学的根柢是禅学，心学家很可能变成"便是天上天下惟我独尊"的狂妄自大者。不过这首诗的最后两句，谈到心学有可能坠于空疏的危险时，语调还是很委婉。当然，老老实实地商量旧学，意气风发地培养新知，在积累的基础上创新，通过创新带动积累，理学的"方法"才是这首诗最关心的东西。

朱熹与陆九渊生活在同一个时期。两人见过多次面，信函往来也多，相互论争也不少。譬如，1186年至1188年间，围绕周敦颐的《太极图说》，双方借助书信方式，就无极/太极、形而上/形而下等等问题展开过讨论。这次讨论陆九渊的四哥陆九韶也参加了。当然，"真理"之争的脉络，是不会像"方法"之争那样清晰的。因此，在后人的记忆清单上，无法抹掉的仍是1175年的鹅湖之会，以及1179年朱熹所做的善后事宜。

有生之年，陆九渊一直和朱熹齐名，他以他独创的心学抗衡着被朱熹集其大成的理学。后来的情形有了很大变化，理学成了钦定的国家意识形态，心学的影子则只是闪烁在士大夫与读书人的民间语文之内。倘若事情仅是一个"中心"、一个"边缘"的差别，也许并不紧要。我觉得，问题的严重性还是与鹅湖之会有关。

只开了几天的鹅湖会议确实太重要了，后来的宗朱派和宗陆派时常都会追忆它。一旦追忆，"道问学"还是"尊德性"、"支离"还是"易简"之类问题就将纷至沓来。宗朱派讥讽心学是狂禅，宗陆派反骂理学是伪学，双方面红耳赤地争辩，人身攻击的杀手锏也总能派上用场。这种意气用事的门户相斗，持续了六百多年。

哲学是愈辩愈明的，但人身攻击大可不必。陆九渊对此不会赞同，朱熹也不会的。你可以采取许多办法去讨好学界泰斗朱熹，就是不能靠骂陆九渊来讨好。这种人朱熹当面即会严辞痛骂，因为他素来相信——赵姓天子南渡以来，只有他和陆九渊最有天分说活孔孟之道。难怪黄宗羲编写《宋元学案》时，如此揣测：看到朱熹在鹅湖会议上处于下风，一条汉子义愤填膺地说要帮朱熹一把，这时朱熹也会把他赶出去。

大哲学家对待论敌的高风亮节，无疑也将使今天的很多人汗颜。只有具备这种气节，你的"真理"和我的"真理"才会沟通，我的"方法"与你的"方法"才可能对话。不能没有"真理"，不能没有"方法"，你的与我的甚至可以针锋相对，然而我与你谁也不能缺少为人的正直和善良。惟有妙悟了这些，1175年的鹅湖之会才不只是一个学术事件，它才会与我们全部的人生同在；"君子尊德性而道问学，致广大而尽精微，极高明而道中庸"，《中庸》这句名言才会显得更有力量。

像黄宗羲一样正气凛然

杨海文

"风声、雨声、读书声,声声入耳;家事、国事、天下事,事事关心。"当顾宪成和高攀龙为位于江苏无锡的东林书院挂起这副对联时,也许他们就已深知——人文知识分子的社会关怀,根本无法抗衡阉宦越来越肆无忌惮的晚明政治。

事态到朱由校做皇帝时,果然日趋明朗。比刘瑾更有名的宦官魏忠贤成了"九千岁",这是个说话阴阳怪气、工于欺上瞒下的假男人。宫中的太监再有权势,也是不能"人道"的,但他们也模仿着正常人的夫妻生活,

找个宫女或其他女人同居。宫中称这种关系叫"对食",女的则被称为太监的"菜户"。朱由校的乳母客氏(封奉圣夫人),就是魏忠贤的"菜户",因为传说魏忠贤并不是一则著名笑话中的那个"'从前有一个太监……''下面呢?''没了'"之类的人物。这两个人狼狈为奸,一手遮天,全然不将文武百官放在眼里。当然,对声名越来越响的东林党人,他们仍心有余悸,因为东林党人"一堂师友,冷风热血,洗涤乾坤",从来就不给他们面子。于是,天启年间的东林党事件,也就会弥漫着浓烈的血腥味。

天启五年,也就是1625年,有六个东林党人死在魏忠贤、客氏的屠刀下。次年,他们又逮捕了七个东林党人。前者,史称"六君子";后者,史称"七君子"。七君子之中,有高攀龙,他因拒捕而自杀了;还有黄宗羲的父亲黄尊素,六月一日被杀害,年仅四十三岁。

噩耗传来,黄宗羲一家人悲痛至极。面对阉党的淫威,痛哭是无济于事的。精通易学的祖父心想,倒不如化悲痛为力量,倒不如在十七岁的黄宗羲时常出入的地方贴上八个大字:"尔忘勾践杀尔父乎!"杀父之仇怎么敢忘记呢?所有儿子一生的每一个时刻,都是忘不了的。

明王朝最后一个正正经经的皇

黄宗羲像

帝，终于粉墨登场了。如同大多数刚刚执掌君权的人，崇祯也很想有一番作为。看到新皇帝处死了客氏、屏斥了魏忠贤、还准备让刑部审讯许显纯和崔应元，黄宗羲觉得，祖父写在墙上的八个大字有了实现的可能。1628年春天，告别祖父和乡亲殷切的目光，也告别故乡余姚，他来到了首都北京。

刑部会审五月份举行。现在，许显纯、崔应元两个阉宦就站在那里。仇人相见，分外眼红。蓄积了七百多个日日夜夜的一腔愤慨，促使黄宗羲取出预先藏在袖中的锥子，朝着许显纯猛地刺去。孝定皇后的外甥许显纯，顿时满身血污。在场的官员们震惊了，在场的烈士遗孤们震惊了，——被十九岁的黄宗羲出人意料的动作而震惊。

这个动作此时必须定格起来。它哪里只是一把锥子刺向了仇人，它分明显示了一种过人胆略！东林烈士的遗孤们就这样跟随着黄尊素的大儿子，亲手处死了当年屠杀亲人的两个刽子手，还设祭诏狱门外，告慰先辈忠魂。父辈的血，是复仇的动力。黄宗羲这个动作，无疑也是催促着烈士遗

东林书院，见证了多少明代政治的腥风血雨

孤们勇往直前的一种力量。

假如我们今天还憧憬着做人要做得正气凛然，谨让我们铭记1628年五月黄宗羲十九岁时这个大无畏的动作。

明朝中后期的政治很黑暗，阉宦为非作歹是一个相当重要的原因。远水解不了近渴，身边时常伴随着阿谀奉承才最是受用。皇帝做到十多个年头时，崇祯也不能不重蹈覆辙，备感阉宦比满朝文武更为可靠。既然如此，马士英就被重新起用了，阮大铖也在南京蠢蠢欲动。他俩过去都是魏忠贤的忠实走狗。

阉宦卷土重来，东林烈士的冤魂怎会答应呢？锄奸的重任这次落到了复社的身上。复社是明朝晚期继东林党之后的又一个学术政治性团体，甚至可以说它是崇祯年间的东林党。黄尊素的大儿子和许多东林遗孤，这时都已成为复社的重要成员。

1638年至1639年间，黄宗羲和顾宪成的孙子顾杲等一批复社名士，聚集南京。他们签发了《留都防乱公揭》，揭发了阮大铖的丑恶历史，痛斥了阮大铖的狼子野心。这场声讨运动，也像当年东林遗孤在北京的复仇一样，引人注目，大快人心。

当然要对在《留都防乱公揭》上签名的人进行报复。而且，阮大铖的报复"意味深长"地选择了1644年。这一年，崇祯在煤山自缢而死，李自成攻下北京了；吴三桂引狼入室，清兵入关了；第一个南明小朝廷由福王朱由崧在南京建立，马士英、阮大铖因而得势了；李自成败走麦城，清兵占领北京了。也就是在发生了这一切骤变的这一年，黄宗羲只身来到南京，希望福王奋起抗清、恢复河山。然而，阮大铖却将他抓进了监狱。

戴着脚镣手铐，直面天崩地裂的1644年，这还只是一种小绝望。不能为天下国家的深重灾难赴汤蹈火，这

《扬州十日》书影

才是一种大绝望。满族人的战马正在逼近江南,就将席卷南京;大绝望是精神的炼狱,它在黄宗羲的心中咆哮得越来越凄厉……

三十六岁的黄宗羲,在南京沦陷的前夕,趁着混乱摆脱了阮大铖的监管。然后,他不再是极仇心切的东林遗孤,也不再是讲学议政的复社名士。比家事更重要的是国事,比国事还要紧迫的是天下事。从1645年到1653年,他在家乡组织了人称"世忠营"的抗清义军,做过朱元璋的十世孙、鲁王朱以海手下的左副都御史,甚至远赴日本去求过援兵。在这八年里,黄宗羲是一个反清复明的坚强斗士。

满族人一统中国的局面,毕竟变得越来越固若金汤。到1653年,鲁王朱以海在东南沿海的抗清活动,基本上以失败告终。迫于这一形势,黄宗羲从餐风露宿的军旅之途,回到了书斋。不能再以刀和剑抗击异民族的统治了,但是,黄宗羲拿起了笔。这支笔仿佛就是当年那把扬眉出鞘的锥子,这支笔更是一面猎猎的旌旗。高擎着这面旗帜,黄宗羲聚合了数百万个方方正正的汉字,为自己,也为人们营造了"文化的华夏"。

明代社会图景

三百年凄迷日月,在诗性的江南出现了多少目光坚毅的学人

从现在开始，我们似乎也唯有仰仗这面旗帜，才能走进黄宗羲长达四十一个年头的后半生。

正如埃菲尔铁塔是巴黎的象征，《明夷待访录》也是黄宗羲后半生的"标志性建筑"。这部不到三万字的著作，成于1663年。此时黄宗羲像一个刚从火线上下来的人，字里行间充满了火药的味道。

有这样一个人，极其贪得无厌，总是将自己的快乐建筑在千百万人们的痛苦之上，却偏偏标榜大公无私，而且说自己的一家之法，理所当然地是所有人必须遵循的天下之法。关于这个人的所作所为，从前数不清的御用文人总是极尽所能地吹吹打打。然而现在，五十四岁的黄宗羲悟透了历史的沧桑，心头始终浮现着"扬州十日"、"嘉定三屠"的惨绝人寰。他明知这个人的尾巴轻易不能踩，明知这个人就是"为天下之大害者，君而已矣"，但他还是将火药对准了这个人。

从《易经》的六十四个卦中挑出"明夷"，我想，黄宗羲是独具慧眼的。明夷的卦象是离（火）在下，坤（地）在上，象征沉沉大地下，隐伏着光明的火种。所以，除了声讨"敲剥天下之骨髓，离散天下之妻女，以奉我一人之淫乐"的封建君主专制，黄宗羲的火药更是为了捍卫普通人和知识分子的理想家园。

——财富是一个人有尊严地活着的基础。老百姓的私欲，当然绝对不能被任何人的贪婪架空，即使这个人就是皇帝。而且，只有以工商为本，社会财富才会逐渐增长。

——比物质财富更高层次的，是言论自由。皇帝是不能垄断舆论的，作为议政机关的"学校"尤其必须真正做到直言不讳。否则，君主和官吏就会为所欲为，贻害无穷。

——还有，宰相臣辅不应成为皇帝颐指气使的宦官、宫妾，他们应该是皇帝的师友、同事。惟有如此，政治清明才将落在实处。

天下不是皇帝一家一姓的，天下是老百姓的天下。不用说，一看到黄宗羲浓墨重彩地写下"天下为主君为客"的条幅，那么，面对《明夷待访录》，我们事实上也就是在面对着"十七世纪的中国民权宣言"。当然，当笔剑纵横的翩翩少年梁启超、谭嗣同，携带着《明夷待访录》迈上戊戌变法的历史前台时，他们的感受无疑要比我们今天更为真切。他们借用古人的语言，传播了时代的呼声，我们呢？

也就在《明夷待访录》成书的这一年，被金庸的小说、李敖的杂文反复描写过的庄廷鑨"明史案"发生了，先后株连致死的有七十余人。要是《明夷待访录》这时已经公开发表，想必康熙皇帝也饶不了黄宗羲。自己的书是在"沉默"中爆发的，庄廷钺的著作为什么爆发之后就会"死亡"呢？如果黄宗羲就是你，置身于这样一种草木皆兵的文化高压氛围中，你将如何重新打量一个读书人的人生道路呢？

有了心头的慷慨激昂，文字狱再酷烈，黄宗羲也是无所畏惧的。不过，理想与现实之间如此鲜明的对照，同时使他不断变得清醒起来。他越来越觉得，必须反对空谈，主张实用，必须杜绝抄袭，追求根柢，必须重视读史，强调贯通。

从此，这个老人怀抱着"治学必以六经为根柢"的务实观念，活跃在讲坛。他的讲学，轰动了大江南北。附带说一句，自从刘宗周1645年绝食殉国以后，证人书院就停办了，现在黄宗羲恢复了老师创办的这所书院，使它成了浙江学术文化的一个中心。

一边讲学，一边也深感必须给自己的理论提供系统的根据。就这样，黄宗羲含辛茹苦地整理着宋、元、明六七百年间的学术文献，并于1675年编定了总共六十二卷的《明儒学案》。

二百零八位学者的学术思想，清晰地陈列在19个学案之中。因而，说《明儒学案》展现了明代三百年学术思想发展的脉络，毫不为过。另外，它还首创了分源别派、把握宗旨、条理演变的学案体编纂方法，深深地影响了后世学术史的编纂。

《明儒学案》的"内容"与"方法"都很重要，然而，它们也许还是难以与"文化的华夏"相提并论。在我看来，也唯有"文化的华夏"历久弥坚地荡漾在黄宗羲的心头，这部关于明代的学术史专著才会显得如此厚重，才会成为黄宗羲的又一个"标志性建筑"。

今天，《明夷待访录》和《明儒学案》，无疑值得郑重其事地摆上我们的书架。因为留下了不朽的作品，所以，哲人是伟大的。然后，从书架上取下《明夷待访录》《明儒学案》阅读时，我们就该仔细琢磨"言为心声"这句古话。

在明末清初的历史转折关头，在诗性而又苍凉的江南，有一个人，曾经是血气方刚的东林遗孤，曾经是横眉冷对的复社名士，后来更是激扬文字的学界泰斗，而他自始至终都洋溢着令仇者恨、亲者快的凛然正气。风声雨声读书声今天也有，家事国事天下事今天也有，那么，我们是否也应该像黄宗羲一样做人做得正气凛然呢？

后 记

自从去年读完博士之后，便有了一种忙完"公家事"的轻松。从《谁知盘中餐》开始，终于可以做一点自己想做的书了。这种来自内心深处的愉快与欣然，我想古代的陶渊明在"晨光熹微"的早晨、苏东坡在泛舟赤壁的夜晚也不过如此吧。

尽管自由的基础薄备，但一旦进入真实的写作中，在面对所收罗的一大筐材料时，才发现，在为生计写作了过多的时文之后，自己的思维已不那么灵活，而内心更时时充满了疙疙瘩瘩的板结，如同我小时候在豫东经常注视的那一片无边际的白花花的盐碱滩，好像什么东西都不可能再生长出来了。这时我就要特别地感谢女儿和妻子，不仅《谁知盘中餐》就是从她们母女的朗读中获得了灵感，这本小书也同样如此。在我为本书的开头而苦思冥想的时候，正是女儿特别地喜欢《采莲曲》的日子。在她们母女读诗的声音引导下，我才又一次找到了进入诗性江南深深庭院的门。尽管现在女儿已很少再念《采莲曲》了，但我们在一起朗读与倾听的幸福和快乐，都已经永远融入这本书的字里行间了。

此外，我的研究生朱逸宁、李正爱、施依秀、刘铁军等成长很快，他们协助我做了很多材料工作以及其他的日常琐事，使我可以保持较好的精力与情绪来从事这样一种诗性的阐释。在这里我谨向他们表示深深的感谢。

刘士林
2003年农历8月18日于南京白云园寓所

修订后记

　　我们的江南文化研究和出版，始于2002年。当时我还在南京师范大学教书，洛秦也刚主持上海音乐学院出版社。大家在古都南京一见如故，遂决定携手阐释和传播江南文化，到今年正好是10周年的纪念。

　　10年来，工作一直没有停顿，大体分为三个阶段，略记如下：

　　在决定出版"江南话语"丛书后，我们首先于2003年8月推出了《江南的两张面孔》，当年的12月，又推出了《人文江南关键词》和《江南文化的诗性阐释》。这3种图文并茂、配有音乐碟片的小书，颇受读者青睐，先后几次重印。

　　2008年，在上海世博会来临之前，我们对全三册的《江南话语》丛书做了第一次大的修订，除了校订文字、重新设计版式、补充英文摘要，还增加了洪亮的《杭州的一泓碧影》和冯保善的《青峰遮不住的寂寞与徘徊》，使丛书规模从3种扩展到5种。

　　2012年开始，我们又酝酿做第二次大的修订，在原有5种的基础上，增加了《吴山越水海风里》《世间何物是江南》《诗性江南的道与怀》《春花秋月何时了》和《桃花三月望江南》，内容更加丰富，也记录了我们的新思考和新关切。在此，我们希望她能一如既往地得到读者朋友的喜爱。

　　最令人高兴的是，历经10年时光的考验，我们两个团队没有任何抵牾，而是情好日密、信任如初。在当今时代，这是很不容易做到的。仔细分析，原因大致有二：一是我们最初的想法不是用它赚钱，而是做一点自己喜欢的书；二是更重要的，10年来我们一起努力坚持了这个在常人看来颇有些浪漫和不切实际的约定。

　　记得在少年时代，第一次读到古人"倾盖如故，白发如新"一语时，我就为这句话久久不能平静。现在看来，"倾盖如故"，我们在共同的书生事业里已经做到，放眼未来，"白发如新"也应该不是问题，因为我们在一起发现了江南的美，也都愿意做这种古典美的传播者和守护者。当然，我们也希望有更多的朋友参与这个过程，为中国文化的复兴和江南文化的现代转换贡献各自的力量和智慧。

刘士林

二〇一三年五月十七日于春江景庐薄阴细雨中

图书在版编目（CIP）数据

江南文化的诗性阐释 / 刘士林编著. —上海：上海音乐
学院出版社，2013.6

（中国风：江南文化丛书）

ISBN 978-7-80692-872-1

Ⅰ.① 江… Ⅱ.① 刘… Ⅲ.① 文化史 - 研究 - 华东地
区　Ⅳ.① K295

中国版本图书馆 CIP 数据核字（2013）第 112488 号

书　　名：江南文化的诗性阐释
编　　者：刘士林
责任编辑：夏　楠　鲍　晟
封面设计：范　模
出版发行：上海音乐学院出版社
地　　址：上海市汾阳路 20 号
印　　刷：上海天华印刷厂
开　　本：787×1092　1/16
字　　数：178 千字
印　　张：16
版　　次：2013 年 6 月第 1 版　2013 年 6 月第 1 次印刷
书　　号：ISBN 978-7-80692-872-1/J.842
定　　价：45.00 元

本社图书可通过中国音乐学网站 http: // musicology. cn 购买